四川大学"985工程"经费资助出版

四川大学检察制度研究中心与四川省眉山市人民检察院合作研究项目"新刑诉法的实施与检察机关的应对——以眉山为样本的实证研究"经费资助出版

程序法论评

总主编 万毅

刑事诉讼法2012年修正案实施情况调研

以四川省眉山市人民检察院为样本

XINGSHISUSONGFA
2012NIANXIUZHENGAN SHISHIQINGKUANG DIAOYAN

万毅 等 著

上海三联书店

目　录

□　主题聚焦

·并案管辖·

新刑诉法实施后并案管辖适用情况实证研究
　　——以人民检察院为视角 ………………………………… 马牧原(1)
渎职犯罪并案侦查的适用范围、程序和底线 ……… 张勇勤、彭林泉(15)

·庭前会议·

被告人参加庭前会议的范围、程序 ………………………… 彭林泉(25)
论庭前会议中的非法证据排除 ……………………… 万　超、鄢　勇(40)

·司法救济·

人民检察院刑事司法救济研究 ……………………………… 彭林泉(47)
刑事被害人救助的现状调查及制度构建
　　——以S省M市检察机关为例 ……………………………… 李　杨(75)

□　学术争鸣

论《刑事诉讼法》修改后的几个证据问题 ………………… 叶　玲(113)
强制措施制度改革虚置化原因
　　——基于检察视角的分析 ………………………………… 姜　宇(135)

□ 司法适用

逮捕程序若干证据法难题及其破解
　　——法解释学角度的思考 …………………… 万　毅(147)
论检察机关对瑕疵证据的补正与合理解释 …………… 彭林泉(166)
论附条件不起诉中的条件 ……………………………… 彭林泉(177)

□ 调研报告

新刑诉法下简易程序实施情况调研报告
　　——以四川省眉山市人民检察院为样本 …………… 黄　曼(188)
我国减刑假释程序运行现状探究
　　——以M市检察院减刑假释程序实践为样本 ………… 彭欧健(208)
新刑事诉讼法特别程序的眉山经验
　　——检察环节特别程序实践初探 …………………… 杨大庆(224)

新刑诉法实施后并案管辖适用情况实证研究
——以人民检察院为视角

马牧原[*]

摘要：新刑诉法的颁布实施，以及配套司法解释的相继出台，一些新制度或者在司法实践中取得了良好成效的老制度，得到了此次修法的进一步确认，其中并案管辖在此次出台的检察规则和六部委规定中再次被确认提出。赋予检察机关并案管辖权是具有一定争议的制度，此次再次被确认，反映出司法实践对于该制度的需要，而争议的继续存在也说明并案管辖的理论和实践研究仍然未能很好地解决赋予检察机关并案管辖权这一问题。本文通过实证调研、与基层司法实务人员的交流，试图以理论为出发，以实践为指导，从实证角度对这一制度进行剖析。

关键词：并案管辖　检察机关　职务犯罪

新《刑事诉讼法》颁布实施至今，相应的司法解释、部门规章——出台，在新刑诉法运行过程中，其对司法实务部门产生了何种影响，对整个诉讼程序的进行带来了怎样的变化，立法者的初衷在实践中是否得到了实现，基层的司法工作者对修改后的新刑诉法及其司法解释又是怎样一种态度，带着诸多疑问，笔者随同课题组对S省M市的五县一区基层检察院及市检察院进行了为期一周的调研活动，试图从基层检察院的角度观察新刑诉法的运行情况。而本文将主要针对并案管辖的适用情况，从基层检察院的角度，以背景、现状、问题、重构等几个方面入手，一一分析，就新刑诉法修改后并案管辖的适用情况进行分析，得出结论。

一、并案管辖概述

（一）问题的提出

在司法实务中，刑事案件往往出现相互交织、彼此牵连的情形，为了应对此类案件，办案实践中经常采取并案处理的方式来进行解决。所谓

---

[*] 马牧原，四川大学2013级诉讼法硕士研究生。

"并案处理",是指并案管辖,即将原本应由不同机关管辖的数个案件,合并由同一个机关管辖。并案管辖在性质上属于管辖权的合并,系对法定管辖制度的变通和突破。① 在办案实践中,检察机关对于并案处理的应用主要集中在自侦案件,对于与本案有牵连的本应由其他机关,特别是公安机关管辖的普通刑事案件进行并案管辖的情况。这种情形的存在究竟有没有法理和立法依据,其原因如何,在实践中究竟是如何运行的,本文将主要就检察机关并案处理本应由公安机关管辖的普通刑事案件这一情况进行分析论证,以反映该项立法在司法实践中的本来面目。

并案管辖的本质目的在于赋予检察机关一定的机动管辖权,即检察机关对于其认为符合并案条件,但并不属于自己管辖范围的案件可以一并行使管辖权。这样就赋予了检察机关较大的自主决定权,其侦查权也得到了进一步扩张,对于赋予检察机关侦查权的配置,理论界早有争议,反对者认为,检察机关应当立足于宪法定位,行使法律监督与控诉职能,而侦查权与监督权的并存则会导致自己监督自己的局面出现,"大包大揽"的方式更不能保证其法律监督职能的实现。笔者以为,侦查权对于检察权的实施起到了保障作用,其属于检察权的应有之义。侦查权与控诉权在本质上具有同质同构性,侦查权是基于更好地履行控诉权的需要而产生的,是直接为控诉权服务的。② 有权利必有限制,即对检察机关侦查权进行严格的控制,刑事诉讼立法将其限制在职务犯罪案件的范围之内,以职能管辖将侦查权划分,然而这种绝对分案的侦查模式在实务中遇到牵连案件时却极易遇到阻碍。如何解决办案实践与权属划分的冲突,并案管辖不失为一种好的方式和途径。有异议者认为,并案管辖会导致检察机关权力扩大,不利于公安机关侦查工作的开展,笔者以为,从实践来看,并案管辖案件只占了检察机关自侦案件很小的一部分,其并不会动摇公安机关作为侦查主力的地位,同时也不会弱化检察机关的监督角色,这种方式并不会对现有的检警关系造成实质性的冲击。如果以一刀切的方式限制检察机关的并案处理权,对于处理职务犯罪与牵连案件就会遇到极大的困难。一些渎职犯罪的认定,往往与公安机关管辖的犯罪相关联,而公安机关管辖的犯罪往往又是构成这些渎职犯罪的要件,如徇私枉法罪、徇私舞弊不移交刑事案件罪、放纵走私罪、玩忽职守罪等。而在实践中,对公安机关管辖的犯罪,由于检察机关无权管辖,致使相关的证据不

---

① 万毅:"解读'并案管辖'四个关键词",载《检察日报》2014年3月5日第3版。
② 万毅、华肖:"检察机关侦查权溯源",载《法学》2005年第11期。

能及时收集获取,或者延误侦查时机,妨碍侦查活动,影响了渎职犯罪的正常查处,也容易滋生腐败。以主罪或最先发现作为确定侦查管辖的原则,对案件进行并案处理,有利于查明案件事实,许多国家在立法与司法实践中均采取这种做法。③且我国《刑事诉讼法》对于职能管辖的规定过于僵化,难以解决在司法实践中职务犯罪案件与关联案件的并案处理问题,从而影响到该类案件侦查活动的效率和惩处犯罪的力度。因此实务中对于职务案件与牵连案件的管辖进行合并的变通性手段并不罕见。

(二)并案管辖立法沿革

对于并案管辖理论的博弈也深刻地反映在了并案管辖的立法过程中,早在1979年刑诉法中第13条曾明确规定:"贪污罪、侵犯公民民主权利罪、渎职罪及人民检察院认为需要自己直接受理的其他刑事案件,由人民检察院侦查和决定是否提起公诉。"这一规定赋予了检察机关完整的机动管辖权,即检察机关只需认为该案件需要由检察机关受理,即可以对该案件进行管辖。由于立法技术粗糙,时代条件限制,该项规定存在着检察机关侦查权扩大化,监督机制不完善等问题,在随后1996年的刑诉法修改中,对检察机关超越职能管辖范围的管辖权进行了严格的限制,删除了检察机关对于其他普通刑事案件的侦查权。在立法者看来,取消这种机动侦查权的主要原因在于:一是希望检察机关集中力量对职务犯罪进行侦查;二是加强检察机关对公安机关的侦查监督,更好地发挥监督职能作用。④2000年最高人民检察院出台的《最高人民检察院关于加强渎职侵权检察工作的决定》中就提出了对重特大渎职犯罪案件所涉及的必须及时查清的案件,经上级检察机关同意,可以并案查处。再一次提出了赋予检察机关对于职务犯罪关联案件的管辖权。由此,我们发现在检察实务操作中,检察人员对于职务犯罪关联犯罪管辖权的确立仍然有较强的期望,在检察工作中,这一权力的赋予对于检察机关顺利的侦破职务犯罪案件具有重要的意义,这一期望也深刻地反映在了立法过程中,因此在新修改的检察规则中对这一规定进行了明确和细化。然而《刑事诉讼法》的修改并未明确这一点,只是在第18条中规定"对于国家机关工作人员利用职权实施的其他重大的犯罪案件,需要由人民检察院直接受理的时候,经省级以上人民检察院

---

③ 陈国庆、李昊昕:"《人民检察院刑事诉讼规则(试行)》修改的主要问题理解与适用",载《人民检察》2012年第24期。

④ 张曙、阿儒汗:"职务犯罪案件与牵连案件的侦查管辖研究",载《中国刑事法杂志》2012年第9期。

决定,可以由人民检察院立案侦查"。在配套出台的《人民检察院刑事诉讼规则(试行)》(以下简称《规则》)以及《最高人民法院、最高人民检察院、公安部、国家安全部、司法部、全国人大常委会法制工作委员会关于实施刑事诉讼法若干问题的规定》(以下简称《六部委规定》)中对于并案处理提出了细化的标准和要求。其中《规则》第12条第2款规定:"对于一人犯数罪、共同犯罪、多个犯罪嫌疑人实施的犯罪相互关联,并案处理有利于查明案件事实和诉讼进行的,人民检察院可以对相关犯罪案件并案处理。"《六部委规定》关于管辖的第3条中规定:"具有下列情形之一的,人民法院、人民检察院、公安机关可以在其职责范围内并案处理:(一)一人犯数罪的;(二)共同犯罪的;(三)共同犯罪的犯罪嫌疑人、被告人还实施其他犯罪的;(四)多个犯罪嫌疑人、被告人实施的犯罪存在关联,并案处理有利于查明案件事实的。"

(三)并案管辖之必要性探究

并案管辖的立法反复,突显了这一制度的争议性,也从另一个方面反映出检察人员对于并案管辖权的迫切需求,这种需求从根源上讲在于,合理的机动管辖权配置,对于检察机关自侦案件侦破工作的开展,有着极为重要的保障作用,对于侦查手段相对单一,侦查技术相对落后的检察机关而言,赋予其并案管辖权是办案实践的必然要求,通过与基层办案人员的交流,并案管辖的核心在于有利于检察机关侦查工作的开展,这种有利于主要体现在以下几个层面:

1. 证据的角度

自侦案件对象的特殊性,决定其证据的收集与普通刑事案件之间有着很大的差异。

从证据收集的难度来看,在职务犯罪案件中,由于犯罪主体的特殊性,犯罪行为的隐蔽性,犯罪主体的反侦查能力往往要强于一般刑事案件,证据的收集较为困难。这是由于职务犯罪是特殊主体的智能型犯罪,有些主体还熟悉法律,懂得侦查技能,加上有一定的职权和社会地位,因而其反侦查能力特别强。⑤ 特别是针对公安人员职务犯罪案件这一特点更为明显,在此类案件的侦办中由于涉及到公安机关的内部人员,从调查取证到侦查工作的开展,都更容易遇到阻碍,在侦查活动中存在"护短"甚至包庇行为的可能性。

---

⑤ 朱孝清:"职务犯罪侦查措施研究",载《中国法学》2006年第1期。

从证据的种类来说,自侦案件的证据种类单一,口供在证据收集中扮演着举足轻重的角色,侦查实务中多年来也沿袭着"一张纸,一支笔"的传统讯问方式。同时证据取得相较于其他案件更为困难,且证据灭失的可能性也较大。如若主案和从案分案侦查,那么对于从案侦破有着极大依赖的主案,就可能由于从案侦查结果迟迟未能出来,案件材料移送不及时等原因而丧失关键证据。而并案后,这一问题随着检察机关第一时间的介入将会得到很好的解决。如果将牵连案件的管辖权一并交于检察机关,检警机关则可以以普通刑事案件的侦破为突破口,推动自侦案件的侦破,且普通刑事案件的证据种类要远丰富于自侦案件,证据的获取和保存较之自侦案件也更为容易。

2. 分案管辖的局限性

根据我国《刑事诉讼法》对于职能管辖的相关规定,刑事案件的侦查主要由公安机关负责,职务犯罪由人民检察院立案侦查。对于国家机关工作人员利用职权实施的其他重大的犯罪案件,需要由人民检察院直接受理的时候,经省级以上人民检察院决定,可以由人民检察院立案侦查。此外,国家安全机关依照法律规定,办理危害国家安全的刑事案件,行使与公安机关相同的职权。军队保卫部门对军队内部发生的刑事案件行使侦查权。对罪犯在监狱内犯罪的案件由监狱进行侦查。可见,我国实行的是侦查机关多元化的管辖机制,主要是针对不同的案件类型和性质,由不同的侦查机关进行管辖,区分对待,各司其职。然而如果硬性强调按照刑诉法关于职能管辖的"绝对分案"的要求处理牵连案件,极易造成司法资源的浪费,降低刑事诉讼活动的效率。因此在《六部委规定》和《规则》中对于此类案件的处理又做出了划分主罪次罪,以主侦机关为主,辅侦机关配合的"相对分案"方式。其中规定了公安机关侦查刑事案件涉及人民检察院管辖的贪污贿赂案件时,应当将贪污贿赂案件移送人民检察院;人民检察院侦查贪污贿赂案件涉及公安机关管辖的刑事案件,应当将属于公安机关管辖的刑事案件移送公安机关。在上述情况中,如果涉嫌主罪属于公安机关管辖,由公安机关为主侦查,人民检察院予以配合;如果涉嫌主罪属于人民检察院管辖,由人民检察院为主侦查,公安机关予以配合。

实践的效果来讲,这种分案方式,基本上解决了牵连案件主从案之间侦查管辖协调问题。通过移送的方式,以主案侦查机关为主,从案侦查机关为辅,互相配合,共同侦破。

然而这种分案处理的方式依然存在着很多缺陷:一是刑事案件复杂

多样，有些案件立案前侦查线索多有杂乱、粗糙且不真实之处，即使存有犯罪证据也是比较表面和初步的，需要经过详细甄别和判断，因此在立案前很难对这些案件的主罪与次罪进行严格区分。二是随着侦查的逐渐深入和证据的全面收集，原先认定的主罪与次罪可能随时转化，而此前为辅侦查的机关反过来有权为主侦查并对整个侦查行为进行统筹和协调。这样，因角色的相互转化难免会使侦查机关之间的配合出现程度不一的问题。三是对于那些关联程度紧密的牵连案件，过于强调主次罪分案侦查，会使得侦查机关无法通过合并管辖提高侦查的效率，降低了惩处犯罪的力度。此外，由于公安机关侦查任务繁重，能否对于作为从案的普通刑事案件保证足够的重视，积极配合主案侦查机关工作的开展，对案件侦查工作保持高度的积极性。这些是存在疑问的。而在本次调研中，笔者了解到，对于基层公安机关而言，办案量大、人手不足、任务繁重、时间紧迫等情况普遍存在，在这种现实条件下，公安机关能否像立法者所构想的积极配合，笔者以为，基于司法实践中公安机关面临的诸多困难，这一点恐难以实现。

3. 新刑诉法对侦查工作带来的挑战

此次刑诉法修改，将尊重和保障人权写入法条，充分体现了对犯罪嫌疑人合法权益的切实保障，为了确保这一原则的充分落实，刑诉法又相应地规定了"不得强迫自证其罪"，强化了律师权利，将律师介入刑事诉讼的时间提前，明确了全程录音录像规定，确定了非法证据排除规则。这些具体规定的实施，一方面加大了对犯罪嫌疑人的保护，另一方面也对我们的侦查人员和侦查工作提出了更高的要求，特别是在言词证据的获取方面。职务犯罪案件的侦破主要依赖于言词证据，言词证据的获取在司法实践中主要是通过侦查人员的讯问工作获取。这样一来对侦查人员的取证工作提出了更高的要求，进一步加大了取证的难度，特别是在职务犯罪与牵连犯罪案件情况本身就相对复杂的情况下，分案侦查的模式，如何充分保证取证效率和质量就存在很大的问题，且分案侦查中的证据共享效率也将对侦查工作时效性产生限制，实质上还是会制约案件侦破工作的开展。

而作为侦查主体的检察机关相较于公安机关在侦查能力方面存在着很大的差距。侦查人员经验不足，侦查设备落后的情况是很普遍的现象。在本次调研过程中，笔者通过调研发现，我国基层检察院特别是边远地区的基层检察院，侦查设备相当落后，主要还是依赖侦查人员进行调查询问来侦破案件。

二、M市基层检察院并案侦查适用总体情况分析

在新刑诉法实施一年内M市范围内实施并案处理的案件有两起,其中D区人民检察院一例,H县人民检察院一例。在调研过程中,其他检察院还未遇到类似情况。总体来看,并案处理在基层检察院的应用并不多,究其原因,笔者分析主要有以下几点:第一,基层检察院自侦案件数量相对较少,而其中符合并案要求的案件则更少。其次,《规则》出台只有一年有余,基层检察院还在尝试和摸索的过程中,对于新规的适用仍报以谨慎的态度。最后,配套机制还在探索过程中,在许多工作的衔接阶段还存在争议,对于自主权相对较小的基层检察机关,主要依赖上级检察院的指导和管理,不敢轻易做出并案的要求和决定,特别是公安司法机关对并案的态度还存在不一致的地方,没有统一的规定和机制来进行协调。

(一)典型案例分析

1. 案件概况

2013年6月8日,M市检察院反渎局将M市某驾校D区训练场非法占用农用地存在监管渎职的线索移交H县检察院,H县检察院反渎局负责办理此案。为了有利于查明案件事实,H县检察院请示M市人民检察院,将两案并案处理。通过一个星期迅速查明了徐某(男,39岁,M市某驾校D区训练场负责人)破坏毁坏基本农田21.19亩,一般农田3.1亩事实和白马镇国土负责人杜某(男,50岁,中共党员,白马镇经济发展中心副主任——负责国土工作)疏于自己的职责,误认为徐某修建训练场具有手续,所以没有到实地进行检查,也未安排国土所的其他工作人员进行检查,造成基本农田被破坏的事实,随即分别对两案立案侦查,2013年9月1日该案侦查终结。目前该案已诉至D区人民法院在审理阶段。

2. 并案过程中遇到的困难与解决方式

在本案的并案处理过程中,经办本案的检察人员反映主要出现了以下几个困难:

(1)并案程序问题

此次刑诉法的修改,仅就并案处理做出了原则性的规定,并未就具体适用程序做出详尽的规定,在并案的适用程序问题上,检察人员最终是选择按照2000年最高人民检察院颁布的《最高人民检察院关于加强渎职侵权检察工作的决定》第9条第2款"对于重特大渎职犯罪涉及的必须立即查清的案件,经上级人民检察院同意,可以并案侦查"的规定,经请示M市人民检察院批准,由H县人民检察院并案管辖,从而解决了并案程序

操作问题。对于这一程序操作,笔者认为按照立法精神,应当将并案管辖的决定权应上调一级,经省级人民检察院批准,方可并案。将并案交由省级人民检察院批准,可以防止法条冲突,同时也有利于保护从案中的犯罪嫌疑人的权利,这种严格的程序设置可以最大限度地减少基层检察院对一些没必要并案侦查的案件进行并案处理。⑥

(2) 检察机关侦查人员侦查经验欠缺,侦查设备落后

由于职务案件牵连案件往往是普通刑事案件,因此,检察机关侦查人员对于普通刑事案件的侦查经验较之公安机关明显不足,且在本次调研过程中,笔者发现,我国基层检察院特别是边远地区基层检察院,侦查设备普遍落后,基本没有配备现代电子设备,侦查手段主要依赖侦查人员进行调查询问来侦破案件,诸如指纹鉴别技术,手机定位技术等在基层检察院基本无法实现,对于侦查设备的使用,主要依赖于公安机关和纪检机关的配合。

(3) 工作量增大

新刑诉法修改后,简易程序检察机关必须出庭,非法证据排除规则的确立,犯罪嫌疑人权利保障的加强等制度的出台,使得基层检察院的工作量明显增加,鉴于并案之后工作量增大的情况,H县检察院主要从以下三个方面来解决:第一,加强学习,由于该案件涉及到了国土资源类渎职侵权案件,H县检察院组织人员到经办过此类案件的R县法院进行了学习,掌握办案方式和方法同时收集学习国土资源相关法律法规,并对公安管辖的非法占用农用地罪进行深入了解。第二,统筹全院力量,为了解决办案力量不足,人手短缺的情况,在该案件的侦办过程中,H县检察院统筹全院力量,从反贪、侦监等部门抽调人员,组成专案组,协助反渎职部门办案,并将工作任务细化落实到人头,确保办案效率和质量。第三,市院指导协调,由于并案的决定权掌握在上一级检察机关手里,完成好上下级之间的协调问题就显得尤为重要。在本案中,市院指派专人对案件的办理全程指导,做好重大问题的汇报工作,保持案件侦破工作的顺利进行。

(4) 同人民法院的认知分歧

本案在起诉至D区人民法院后,D区人民法院承办法官就本案提出了与H县检察院认定的原案管辖权分歧:在原案管辖权的问题上,D区人民法院承办法官认为,H县检察院并案所依据的《规则》不应当超越

---

⑥ 李高明、吴晓宁、郑隆峰:"职务犯罪案件侦查过程中的并案侦查研究",载《河北法学》2013年第10期。

《刑事诉讼法》规定的职能管辖范围,H县检察院对原案无管辖权。H县检察院的侦办人员则认为,承办法官对于并案处理的立法本意产生了曲解,如若只单纯强调职能管辖,将检察机关的侦查权仅限于职务犯罪,则并案处理的立法意图就无法实现,与立法初衷相悖。

3. 并案管辖的实践效果

(1) 提高渎职犯罪案件侦查效率

在侦办渎职案件过程中,关联案件往往与渎职案件间存在着特殊因果关系,关联案件是构成渎职案件的要件,关联案件的犯罪嫌疑人往往是渎职案件中的关键证人。在分案侦办的情况下,检察机关需要就对关联案件犯罪嫌疑人是否采取强制措施,采取何种强制措施、讯问等环节与公安机关进行反复协调,交流,以保证渎职案件侦查活动的顺利进行。职务犯罪案件与之相关联的案件相互间在案件事实和证据调取等方面多有重合,通过并案侦查,有些诉讼程序就无需重新开展,有些证据无需重新调查,案件可以在最短的时间内予以侦查终结。并案之后大大缩减了公安、检察机关的横向衔接协调工作,特别是在讯问取证环节,可以达到双向取证的目的,提高办案效率。

(2) 强化了渎职犯罪关联犯罪的法律监督

作为国家法律监督机关,检察机关通过并案管辖,可以更好地加强对于关联案件的法律监督,防止关联案件出现久侦不结,甚至无法立案的情况,保障监督权的有效实施,提升检察机关法律监督公信力。

(3) 有助于挖掘渎职犯罪背后的经济犯罪案件

与经济犯罪相交织作为当前渎职犯罪的一种常态,职务犯罪关联案件的犯罪嫌疑人往往是经济犯罪的参与者,通过并案的方式对职务犯罪关联案件一并进行处理,使得检察机关通过询问策略,强制措施等方式掌握经济案件的主动权,以达到深挖职务犯罪背后的经济犯罪的目的。

4. 诉讼参与各方态度

在座谈中,笔者就该案件的并案管辖方式公检法三方以及诉讼参与人的态度进行总结,得出下表:

	态度	原因
检察机关	支持	提高办案效率;加强法律监督。
公安机关	支持	公安机关人手不足;在解决普通刑事案件的同时有利于职务犯罪案件的侦破;有利于提高办案效率。

续 表

	态度	原因
审判机关	中立	超越职能管辖范围，检察机关扩大解释，放大了检察机关侦查权。
犯罪嫌疑人	未提出明显意见	犯罪嫌疑人对并案管辖难以产生切实的体会，对并案未提出明显排斥和抗议。
律师	未知	该案目前还未审理完毕，律师可能会就管辖权属提出争议。

从上表我们可以明显看出在此案的处理过程中公检法表现出了不同的态度和考量，其中，检方对于该案的并案管辖一直持积极态度，从基层检察院到市检察院，不难感受到《规则》的制定修改有一种"方便自己人"的保守倾向，在实施操作中更利于检察机关工作的开展，而对于法院而言，则提出了一个难题，是否应当就检察机关打破管辖范围的侦查活动提出否定，法院内部也未达成统一意见，这一点在以后的并案管辖案件中也将成为法检之间争议的一个焦点。

三、核心问题解读

通过对调研地区的考察以及对代表案例的分析，笔者认为并案管辖作为一项弹性程序规则自身所存在的确定性不足，一方面赋予了侦查人员较大的自由裁量权，另一方面带来了一些理论上和操作上的问题。主要集中在以下几个方面：

（一）并案管辖能否突破职能管辖的界限

并案管辖能否突破职能管辖的范围？这也是在并案管辖中遇到的最核心问题。通过上述案例我们发现对于并案能否突破职能管辖的界限，司法实务部门依然存在着分歧，理论界也存在着较大争论，龙宗智教授就认为"刑事诉讼法对于刑事案件的职能管辖有明确规定，对于检察机关因为侦查需要扩大管辖也作了明确规范"[⑦]。笔者以为，按照我国《宪法》第129条规定"中华人民共和国人民检察院是国家的法律监督机关"，检察机关作为国家法律监督机关的宪法地位得到确认。而侦查权作为法律监督权的派生权力，从本质上讲是对检察机关法律监督

---

⑦ 龙宗智：" 新刑事诉讼法实施：半年初判"，载《清华法学》2013年第5期。

权的延伸和保障,对于职务犯罪案件牵联犯罪的并案处理其本质是履行检察机关作为国家法律监督机关进行法律监督的职责,如果以不符合职能管辖范围为由限制检察机关对于职务犯罪案件关联犯罪进行并案管辖。实质上会造成对于检察权的不当限制,不利于检察机关法律监督的实现。对于检察侦查权,我国检察机关的侦查权是以检察监督权为前提和核心构建的,检察机关是法律监督机关,为宪法第129条所确认,检察机关的侦查权、对公安等侦查机关或部门侦查活动的具体监督权,以及公诉权都是宪法确认的法律监督权的派生权,都是为法律监督服务的。⑧ 实际上,并案侦查是一种机动管辖权,既涉及职能管辖,也涉及地域管辖。它主要是解决和排除由于牵连管辖而出现的诉讼障碍。因此,并案是有条件、受限制的,绝不可无原则地任意并案侦查。⑨ 但是鉴于侦查权天生就具有自我膨胀的特征,极易产生滥用,其具有主动性与强制性,要严格控制并案范围,防止检察机关权力扩张,防止并案滥用。

(二) 并案条件需严格限制

并案的目的在于推进自侦案件侦办工作的开展,这并不意味所有牵连案件都可以并案处理,由于职务案件往往涉密,如若盲目并案,甚至会导致案情外传,影响案件侦破,与立法初衷相悖。对于并案范围的把握一定要持以谨慎的态度。

在《规则》和《六部委规定》中没有明确规定职务犯罪牵连案件可并案处理的类型、种类等。在调研中,检察人员对于并案的条件的理解主要是基于关联性和必要性,认为只要是符合这两个条件的案件都可以并案管辖,对于关联性和必要性的把握则主要依赖办案经验和请示上级来决定。这样就造成在司法实践中标准不一、执行随意的情形。因此,笔者认为在遵循关联性和必要性的前提下应出台相应的司法解释明确并案范围,同时应当遵循以下两类禁止:

(1) 特定案件类型禁止

与职务犯罪关联的命案、社会影响重大的严重暴力犯罪案件、涉及群体性事件和其他疑难复杂敏感的刑事犯罪案件一般不宜实施并案处理。此类禁止主要是从案件侦查的难易程度来衡量。

(2) 特定管辖机关禁止

诸如国安、军队保卫部门管辖的案件,由于此类案件的特殊性,也不

---

⑧ 樊崇义、刘涛:"检察机关侦查权需要局部适当调整",载《检察日报》2003年11月13日。
⑨ 郑广宇:"并案侦查在职务侦查中的应用",载《检察日报》2013年7月28日。

适于检察机关管辖,不宜做并案处理,应明确予以排除。此类禁止主要是从案件性质的特殊性来考量。

(三) 犯罪嫌疑人辩护权受限之"风险"

对于牵连案件的犯罪嫌疑人在并案后是否应当按照职务犯罪侦查标准来对待,是否会存在对律师会见权的限制在此次《规则》的修改中也未明确。按照我国《刑事诉讼法》的规定:"特别重大贿赂犯罪案件,在侦查期间辩护律师会见在押的犯罪嫌疑人,应当经侦查机关许可。"那么对于并案管辖的职务犯罪案件关联案件的犯罪嫌疑人是否可以适用,检察机关是否会基于案件涉及重大贿赂犯罪案件的理由对从案犯罪嫌疑人的会见权进行限制。如果一律实行合并侦查使其牵连案件并入职务犯罪的侦查活动中,可能由于职务犯罪案件侦查的特殊性使得其律师会见的时间往后拖延。从笔者私下与检察人员的交流中,对于该项规定侦查人员是持以积极适用的态度,笔者认为,从尊重和保障人权的角度出发,以及牵连案件的实质是应由公安机关管辖的普通刑事案件来分析,对于牵连案件的犯罪嫌疑人,不应以涉及重大贿赂犯罪案件为由,对其辩护权进行限制,律师会见在押的犯罪嫌疑人不需要获得侦查机关的许可。

四、反思与重构

通过此次调研,笔者得出如下初步结论:作为一种处理职务犯罪关联案件方法,并案管辖的作用的确比较明显。明确并案管辖这一制度,赋予检察机关机动管辖权是有必要的,其可行性在司法实践中已经得到了证明。然而由于其对于职能管辖的突破与变通,使得该制度颇有争议,那么对于并案管辖的应用,笔者以为,在现有司法体制下,仍然应当以分案管辖为主,并案管辖为辅的方式处理职务犯罪牵连案件,并案管辖只是应当作为对于牵连案件处理过程中的一种补充方式,即在严格并案标准的前提下,对于符合这一标准的案件,以关联性必要性的角度出发,谨慎适用,严格控制,基于这一前提,结合此次调研过程中发现的问题,结合实践案例,以下几个方面是我们在并案过程中应当着重考虑和构建的。

(一) 并案程序之反思

以分案管辖为常态,并案管辖为例外的思路下,对于并案管辖的决定应当由谁来做出,在调研地区中,检察机关的工作人员主要是按照2000年最高人民检察院颁布的《最高人民检察院关于加强渎职侵权检察工作的决定》第9条的规定:"对重特大渎职犯罪案件所涉及的必须及时查清的案件,经上级检察机关同意,可以并案查处。"通过向上级检察院请示同意之后再进行并案。而《规则》主要规定了人民检察院可以对相关犯罪案件并案处理,并未提出做出并案决定权由谁掌握。《六部委规定》中对于并案的决定权也没有明确规定。根据新刑诉法第 18 条关于立案管辖的规定:"对于国家机关工作人员利用职权实施的其他重大的犯罪案件,需要由人民检察院直接受理的时候,经省级以上人民检察院决定,可以由人民检察院立案侦查。"从立法统一,严格控权的角度,对于并案管辖的决定权也应上调一级,由省级人民检察院决定。对于决定的解读,究竟是口头还是书面,是指导性的还是意见性,是否有强制力,是由直属领导决定还是由检委会通过决定等等,都未有一个统一的规定。笔者认为,从权力控制的角度分析,对于并案管辖的具体流程和规定设定一定要从严出发,高检应尽快处理相应的实施细则,明确并案的条件、范围和流程,规范各地并案管辖机制,让基层检察机关有章可循。就具体程序而言,对于并案管辖决定的作出,应当是由省级检察机关分管领导或检委会作出书面决定,且该决定的作出不是建议性的,而应是具有强制效力的,这样一来,将并案的决定权上调并固定,将很好的防止并案管辖的随意性和扩大化,限制检察机关侦查管辖权的扩张,也有利于上级检察院对于下级检察院的工作开展指导和监督。

(二)"可以"并案之解读

在《六部委规定》和《规则》对于并案处理的相关规定中,都提出了"可以"一词,所谓"可以",意味着对于关联案件并非一律必须并案处理,只有能够并案处理的关联案件才作并案处理。然而可以并不意味着检察机关就享有了并案处理的裁量权,从法理上讲,"可以"一词在公法上表示对公权力机关授权时,原则上不能轻易地将其解释为裁量权,因为对于公权力机关而言,法律的授权既是职权也是职责,而职责是不能任意放弃的。即在并案决定的过程中,对于牵连案件并非全部都要进行并案,但是对于符合并案标准的案件则应当并案。笔者在上文中已经提到过,并案处理存在着很大的随意性,如果对于牵连案件使用一刀切的方式统统并案,则会与立法者的初衷想背离。应在严格并案条件的前提下,基于案件侦破工作需要,结合检察机关侦查能力,对符合并案标准的案件进行并案处理,这才能充分发挥该项制度的作用。

(三)内外衔接制度的构造

在解决了能否并案这一先决问题后,如何更好的实现并案效果,体现立法初衷,则需要相应的衔接制度作为支撑和保障,具体而言,可以从内外两个方面进行建构：

第一，从检察院内部来讲，应当构建职务犯罪侦查一体化。从检察机关内部进行资源挖掘，充分整合检察机关内部力量，构建反贪反渎等部门对于并案的案件统一侦查模式。对于并案案件成立专案组，由检察长或分管副检察长牵头联系各部门，统筹全院力量。同时上下级检察院之间，特别是上级检察院对于下级检察院并案工作的开展要进行全方位指导，鉴于并案的决定按照立法精神应由省一级人民检察院批准，对于并案工作应由省一级人民检察院指派专人进行，且由省检牵头，定期对基层检察人员就并案标准、并案条件进行培训，严格并案程序，防止随意并案的发生。同时省一级检察院在审批程序上要进一步简化，加大对于基层检察院开展并案工作的支持，特别是侦查人员培训方面，提供切实的人力物力保障。

第二，从检察院外部来讲，应当加强与有关部门的协调。在对于外部衔接制度的构建上，最关键也是最重要的就是要处理好与公安机关的关系。按照我国现行《刑事诉讼法》的规定："人民法院、人民检察院和公安机关办理刑事案件，应当分工负责，互相配合，互相制约，以保证准确有效地执行法律。"作为处理公检法三个关系的基本原则，"分工负责，互相配合，互相制约"在实践中却往往容易出现配合不强、制约不力的情况。尤其是在处理检警关系时，其效果往往差强人意。一是检察机关对侦查活动的调控力度不足，不适应形势发展的需要，在刑诉制度对控诉活动要求更高的情况下，检察机关对警方的侦查取证控制指导不够，难以保证其侦查活动符合追诉要求，导致控诉力量不足，妨碍对犯罪的有效追诉；二是法律与实际的脱节，检察机关的法律监督名不符实，警察行为不能受到检察官有效的法律控制，仍然存在所谓"侦查任意主义"，妨碍了侦查程序的法治化。[10] 基于此种现实，为了保障检察机关并案管辖的切实实现，应当构建公安检察相关案件资源共享平台，建立信息交流制度，通过检警之间建立有效的信息交流模式，提前进行备案，使并案信息能在两机关之间交流，从而节约办公成本，提高侦查效率。同时应建立健全案件移送机制，对于牵连案件决定实施并案处理的，公安机关应当及时移送。

---

[10] 龙宗智："评'检警一体化'兼论我国的检警关系"，载《法学研究》2000年第2期。

渎职犯罪并案侦查的适用范围、程序和底线

张勇勤　彭林泉[*]

摘要：渎职犯罪关联犯罪的并案侦查，是检察机关管辖的个别扩张或例外情形，在实践中多有运用，但在学界和实务界存在较大的争议。应明确其适用范围和程序，对一人犯数罪、共同犯罪、多个犯罪嫌疑人实施的犯罪相互关联，并案处理有利于查明案件事实和诉讼进行的，应并案侦查。并案侦查的程序包括立案程序、审批程序、办案程序和监督制约程序。渎职犯罪关联犯罪的并案侦查，实际上扩大了检察机关的侦查权，但这并不等于检察机关机动侦查权的简单回归和任意扩张，应以不超越刑事诉讼法规定的案件管辖分工为底线，对公安机关应当立案而不立案的，通过立案监督程序通知其立案。

关键词：渎职犯罪　关联案件　并案侦查

一、问题的提出

对渎职犯罪关联案件的并案侦查，在这次《刑事诉讼法》修改之前已经存在，在一些地方还形成了实践经验，也有规范性文件的规定。2013年以来，在司法实践中多有运用。但在学界和实务界一直存在较大的争议，甚至质疑。这种争议或质疑主要集中在并案侦查的适用范围、程序以及底线三个方面，也就是说，渎职犯罪关联案件并案侦查的适用范围是什么，有哪些程序，底线何在。

关联案件是指一人犯数罪或者共同犯罪的犯罪嫌疑人、被告人实施其他犯罪或者多个犯罪嫌疑人、被告人实施的犯罪之间存在关联的案件。具体说，主要是指与渎职犯罪紧密相连，是该渎职罪成立的构成要件之一的案件或者对该渎职罪成立具有重要影响的案件。现行《刑法》第九章规定的许多渎职罪都以查清渎职犯罪的关联案件为基础。如，《刑法》第402条规定的徇私舞弊不移交刑事案件罪，要查清行政执法人员是否构成该罪，须先查清行政执法人员不移交的案件是否构成犯

---

[*] 张勇勤，眉山市人民检察院副检察长、高级检察官。彭林泉，眉山市人民检察院专委、高级检察官。

罪以及相应的犯罪事实,但是,行政执法人员不移交的案件,按照1996年《刑事诉讼法》的规定,往往不属于检察机关管辖,原案无法查实,造成渎职案悬而不决。类似的情况还有徇私枉法罪、放纵走私罪、放纵制售伪劣商品犯罪行为罪等。[①] 这是一个涉及侦查管辖的难题。

在检察机关查办渎职犯罪案件中,经常会涉及到渎职犯罪关联案件的侦查管辖问题。就其实质而言,主要是检察机关将公安机关管辖的与渎职犯罪相关案件一并立案侦查是否具有合法性或正当性。在检察机关对渎职犯罪的并案处理中,存在三种情形:一是上下级检察机关、同级检察机关一并办理本该由对方管辖的案件;二是检察机关将渎职案件与贪污贿赂案件并案处理;三是检察机关将公安机关管辖的与渎职犯罪相关案件一并立案侦查。前两种方式属于检察机关内部职能分工,实践运用较为广泛,而第三种方式系检察机关与公安机关侦查管辖分工的例外,涉及跨职能管辖问题,也是争议所在,在司法实践中往往导致适用法律的困惑。本文要研究的正是第三种特殊情形,对此进行详细分析,不仅有理论意义,对实践也有指导意义。

二、渎职犯罪并案侦查的适用范围

对渎职犯罪关联案件的并案侦查,从法律文本来看,经历了一个变迁,涉及其适用范围的确定及明晰。

2000年5月最高人民检察院发布的《关于加强渎职侵权检察工作的决定》第9条规定:"对属于渎职犯罪案件认定要件的其他刑事犯罪案件,应当按管辖分工移送有关部门查处,涉及渎职犯罪的相关证据的,检察机关可直接进行调查,也可请有关单位、人员协助查证。对公安机关应当立案而不依法立案的案件,要依法通过立案监督程序通知其立案侦查。对重特大渎职侵权犯罪案件所涉及的必须及时查清的案件,经上级检察机关同意,可以并案查处。"这是检察机关有权可以对渎职犯罪关联案件实行并案侦查的最早的规范性文件。2010年最高人民检察院出台的《关于加强和改进新形势下惩治和预防渎职侵权犯罪工作若干问题的决定》中再次提到了并案侦查,进一步对涉及渎职犯罪关联案件并案侦查工作进行了明确。2010年12月,中共中央办公厅和国务院办公厅以中办发〔2010〕37号文件转发了中央纪委、最高人民检察院等九部门制定的《关

[①] 岳金矿、邢庆、李华伟:"渎职犯罪并案侦查制度运行研究",载《人民检察》2012年第12(下)期。

于加大惩治和预防渎职侵权违法犯罪工作力度的若干意见》,明确提出要"整合检察机关内部资源,形成惩治渎职侵权犯罪的合力,在查办职务犯罪中对涉及的渎职侵权、贪污贿赂犯罪要并案查处"。此次《刑事诉讼法》的修改未涉及渎职犯罪关联案件的并案侦查。2012年12月26日,最高人民法院、最高人民检察院、公安部、国家安全部、司法部、全国人大常委会法制工作委员会《关于实施刑事诉讼法若干问题的规定》(以下简称《六部委的规定》)第3条规定:"具有下列情形之一的,人民法院、人民检察院、公安机关可以在其职责范围内并案处理:(一)一人犯数罪的;(二)共同犯罪的;(三)共同犯罪的犯罪嫌疑人、被告人还实施其他犯罪的;(四)多个犯罪嫌疑人、被告人实施的犯罪存在关联,并案处理有利于查明案件事实的。"这是对修改后的《刑事诉讼法》的补充规定,与过去的规范性文件的规定相比,是在更高效力的层面上确立了并案侦查制度。修改后的《人民检察院刑事诉讼规则(试行)》(以下简称《刑事诉讼规则》)第12条第2款在此基础上,又对人民检察院并案侦查进行了明确,对并案处理作了相应规定:"对于一人犯数罪、共同犯罪、多个犯罪嫌疑人实施的犯罪相互关联,并案处理有利于查明案件事实和诉讼进行的,人民检察院可以对相关犯罪案件并案处理。"这为渎职犯罪关联案件的并案侦查提供了法律依据,不仅从检察院工作文件上升到司法解释层面,而且将并案侦查的适用范围从重特大渎职侵权案件扩大到所有类型的渎职侵权案件和职务犯罪案件。

从《六部委的规定》和《刑事诉讼规则》的上述规定来看,表面上规定了并案处理和并案侦查的适用条件,实际上规定了包括渎职犯罪在内的职务犯罪关联案件的并案侦查的适用范围,即一人犯数罪或者共同犯罪或者共同犯罪的犯罪嫌疑人、被告人实施其他犯罪或者多个犯罪嫌疑人、被告人实施的犯罪之间存在关联的案件。这里的关联案件,常见的有三类,即关联案件、渎职犯罪中的"原案"或"前案"和侦查中派生的案件,下游犯罪。[②] 这涉及一个重要的、在实务界经常使用的概念:"原案"或"前案"。修改后的《刑事诉讼法》和司法解释在规定案件管辖时,使用的是主罪和从罪的概念,而没有使用"原案"或"前案"等词。"原案"、"前案"是指与渎职犯罪案件有关联,要认定渎职犯罪是否构成,须先查清与此相关或在此之前发生的案件,比如徇私枉法罪、放纵走私罪等认定,往往以行为

[②] 最高人民检察院组织编写:《检察机关执法办案培训学程》,中国检察出版社2013年版,第164页。

人经办的"原案"或"前案",是否构成犯罪为前提。渎职犯罪的"原案"或者"前案",是对渎职犯罪关联案件并案侦查的必要条件。

这里的两大核心条件是犯罪相互关联,并案处理有利于查明案件事实和诉讼进行,可以概括为关联性和必要性。有论者在谈到关联性时认为,关联性包括三种情形,一是所涉案件是职务犯罪(渎职犯罪在内——笔者注)案件的构成要件,这在渎职罪中比较常见。如,查办渎职案件以原案构成刑事犯罪为前提,原案是渎职罪的犯罪对象(徇私舞弊不移交刑事案件);原案的结果要件同时也是渎职罪的结果要件(违法发放林木采伐许可证等);二是不同身份主体共同实施犯罪行为触犯不同法条和一人实施多种相关联犯罪行为构成数罪;三是涉及关键证据的认定。[③] 这可以理解为对关联案件事实的认定起决定性或关键性作用的证据。持与此相近的观点是,关联案件须为职务犯罪成立的构成要件之一的案件或者对该职务犯罪案件成立具有重要影响的案件。这种关联性体现在四个方面:一是关联案件是职务犯罪案件的构成要件;二是涉及认定职务犯罪案件的必要前提;三是涉及职务犯罪案件发展延续的案件;四是查办原案的人员本身可能是渎职案件的主体。[④] 此观点对关联性作了补充,进一步阐述了关联性的内涵。将这两种观点结合起来,对于明确渎职犯罪关联案件并案侦查的适用范围,具有现实意义。

有论者认为,必要性也包括三种情形,即对一般调查难以查清与渎职犯罪相关事实,必须对关联案件采取强制措施或强制性侦查措施,对职务犯罪涉及公安工作人员和职务犯罪案件严重依赖关联案件的侦查进程,在公安机关不立案、立而不查或侦查迟缓情况下,为避免渎职犯罪案件过分拖延,可以并案侦查关联案件,迅速控制涉案人员,防止关键证据灭失,加快渎职犯罪案件的诉讼过程。这在并案侦查虚假诉讼案中有所体现。如虚假诉讼当事人认为自己不是检察机关立案侦查对象,往往采取回避的态度,这给我们查办审判人员渎职、受贿问题带来很大困难,这时候就可以对已构成犯罪的相关人员以诈骗、妨害作证等罪名并案侦查,让其身份由证人转变为犯罪嫌疑人,从而迫使其在巨大心理压力下权衡自身利

[③] 陈健:"职务犯罪关联案件并案侦查制度的适用困惑及完善建议",载最高人民检察院渎职侵权厅编:《反渎职侵权工作指导与参与》2013年(5),中国检察出版社2013年版,第162页。

[④] 顾军、马军、许婷、杨岚:《职务犯罪关联案件并案侦查机制研究》,参见 http://www.legaldaily.com.cn/locality/content/2013-11/26/content_5059844_8.htm,访问时间2014年12月16日。

益配合职务犯罪案件查办工作。特别是滥用职权,枉法裁判等犯罪的侦查。在当事人与法官共谋做"假案",进行虚假诉讼,以谋求不当利益中,对关联案件采取并案侦查这种方式,更有利于查明案件事实和诉讼进行。这符合检察机关实行并案侦查的精神,它意味着"在渎职犯罪侦查过程中发现涉及公安机关管辖的案件与其他查办职务犯罪相关联的,为有利于查明案情和诉讼活动顺利进行,检察机关对公安机关管辖的这些相关联案件可以实行并案侦查"。在笔者看来,并案处理有利于查明案件事实和诉讼进行,作为渎职犯罪并案侦查的一个核心条件,在以上所说的必要性已有所包含或作了阐述。由于《六部委的规定》和《刑事诉讼规则》对此没有作出明确的规定,缺乏明确判断的标准,在实践中不好把握,影响了适用。需要补充指出的是,这里的案件事实是指在诉讼过程中,所有需要加以证明的事实,包括实体法方面的事实和程序法方面的事实,实体法方面的事实又包括定罪事实与量刑事实。渎职犯罪并案侦查有利于查明案件事实,可以理解为并案侦查有利于查明渎职犯罪的案件事实和关联犯罪的案件事实,主要是前者的案件事实。《刑事诉讼规则》在《六部委的规定》的基础上增加了有利于"诉讼进行"的条件,作了限制性的规定。这里的诉讼实际上指的是刑事诉讼,即国家为了追究犯罪而进行的专门活动,是实现国家职能的表现形式。作为一个初衷在于追究犯罪的过程,刑事诉讼是由一系列的诉讼活动构成的。完整的刑事诉讼包括侦查机关的侦查活动、检察机关的起诉活动、法院的审判活动,还包括犯罪嫌疑人、被告人自始至终进行的防御活动。[5] 换言之,在我国,刑事诉讼是指公安机关、人民检察院、人民法院在当事人及其诉讼参与人的参加下,依照法律规定的程序和要求,查证、核实被告人是否实施了犯罪,是否应当受到刑罚的处罚以及应当受到何种处罚的活动。[6] 如在杜某某涉嫌玩忽职守、徐某涉嫌非法占用农用地一案中,侦查人员发现了徐某涉嫌非法占用农用地的线索,后又发现这与杜某某涉嫌玩忽职守有关,要查明杜某某涉嫌玩忽职守的案情事实,离不开对徐某涉嫌非法占用农用地的案件事实的查处,在公安机关未立案的情形下,为避免渎职犯罪案件过分拖延,关键证据的灭失,检察院决定一并立案侦查,后一并起诉,一审法院经审理后作了有罪判决。

在并案侦查权的法律地位未进一步明确之前,这"三性"将决定渎职

---

[5] 张军、陈卫东主编:《新刑事诉讼法教程》,人民法院出版社 2012 年版,第 2 页。
[6] 樊崇义主编:《刑事诉讼法学》,中国政法大学出版社 1996 年版,第 5 页。

犯罪关联案件并案侦查的具体适用范围。

三、渎职犯罪并案侦查的程序

与此密切相关的是渎职犯罪关联案件并案侦查的程序,其大致包括立案程序、审批程序、办案程序和制约监督程序等。

（一）并案侦查的立案程序。近年来,一些地方检察院试行主任检察官办案责任制,已初见成效。今年更是作为司法体制改革的重大项目之一进行试点。对是否在反贪、反渎部门试行主任检察官办案责任制,在实务界存在不同看法,有人主张可试行,有人认为不宜。持后者观点的理由是,从诉讼职能出发,检察权大致分为侦查权、批准和决定逮捕权、公诉权、诉讼监督权,以及其他职权,其中侦查权具有较强的行政属性,不符合主任检察官改革强化检察官办案主体的意旨,因此,不宜在检察机关侦查部门推行主任检察官制度。[7] 这种看法不无道理。从总体上讲,检察权具有"双重属性",反贪、反渎部门存在"上命下从"的行政化色彩,在此情形下,应正确处理检察官办案责任制与反渎局局长、分管检察长、检察长等的关系,继续按照承办人提出意见、部门负责人审核、分管检察长审批"三级办案程序"进行,执行重大疑难案件应提请同级检察委员会讨论决定的程序。

（二）并案侦查的审批程序。对渎职犯罪关联案件并案侦查,是否应报上一级检察院批准,《刑事诉讼规则》未作规定,而最高人民检察院2000、2010年分别出台的《关于加强反渎职侵权工作的决定》和《关于加强和改进新形势下惩治和预防渎职侵权犯罪工作若干问题的决定》,均要求经上级检察机关同意后方可并案查处,因此,基于慎重的考量,对渎职犯罪关联案件并案侦查的立案、侦查,应报上一级检察院批准。北京、四川等地也是这样操作的。如2012年12月,北京市人民检察院反渎局制定并下发的《关于进一步加强业务指导工作的意见（试行）》规定,要求各级人民检察院对拟并案侦查的案件,应以检察院的名义上报并案侦查请示及相关案卷材料。市院反渎局在收到材料后5个工作日内作出书面批复。对市院反渎局批复同意并案侦查的案件,各院反渎局应及时开展侦查工作。我市检察院也要求,对关联案件并案侦查,由侦查部门提出意见,经本院分管领导同意后,报上一级人民检察院批准。对于重大、疑难

---

[7] 赵秉恒:"检察院组织法修改若干问题述评",载《四川检察》2014年第3期。

的关联案件并案管辖的,需经本院检察长同意或检察委员会讨论,再报上一级人民检察院批准。需要说明的,对渎职犯罪并案侦查,是否需要前案构成犯罪,要视具体情况而定,不能一刀切。

(三)并案侦查的办案程序。并案以后,可对关联案件的犯罪嫌疑人人身和财物采取强制措施,当事人诉讼权利及律师职业权利的行使与公安机关侦查案件一致,公安侦查程序与检察机关侦查程序不一致的,按照最大限度保障人权原则选择执行。对犯罪嫌疑人采取逮捕的强制措施,应按照职务犯罪案件审查实行逮捕上提一级的程序执行。因为关联案件虽然本质上不是渎职犯罪案件,只是因为与特定职务犯罪个案有密切关联性,从而由渎职犯罪侦查部门并案侦查。但是,关联案件的证据体系和认定标准与渎职犯罪案件密切相关,因此也应当报请上一级检察院侦查监督部门提请逮捕。在不能保证渎职犯罪案件与关联案件一并报送时,也应将相关联案件的材料附卷一并审查。北京市检察机关反渎职侵权部门职务犯罪关联案件并案侦查,主要采取以下两种模式,一种是将非渎职侵权类犯罪案件与渎职侵权犯罪案件以共同犯罪的形式进行并案侦查,另一种是将所涉及的非渎职侵权犯罪案件先单独立案,再与渎职犯罪形成系列案件进行并案侦查。在司法实践中,两种并案侦查模式各有侧重。⑧

(四)并案侦查的监督制约程序。应加强与公安、法院和检察院上下级及其内设机构(如侦查监督、公诉部门)的联系、沟通、协调和配合,争取其理解、支持和认同。特别是要健全完善检察机关与公安机关的联系沟通和协调配合,细化联网查询、信息共享、案件协查、联席会议等制度,建立良好的工作协作关系妥善解决侦查协作配合的问题。检察机关渎职犯罪侦查部门在向检察长或检察委员会提请并案侦查前,应当与公安机关侦查、法制等部门及时沟通,充分交换意见,形成共识。⑨ 检察机关决定对渎职犯罪关联案件并案侦查的,将犯罪嫌疑人的姓名和案由等通报公安机关,避免公安机关对同一问题重复立案;如果公安机关之前已经立案,应移交检察机关。换言之,立案侦查并案管辖的关联案件,应当及时通报公安机关,侦查中发现不宜检察机关并案侦查的,应当立即移送公安

---

⑧ 顾军、马军、许婷、杨岚:《职务犯罪关联案件并案侦查机制研究》,参见 http://www.legaldaily.com.cn/locality/content/2013-11/26/content_5059844_8.htm,访问时间 2014 年 12 月 16 日。

⑨ 同上。

机关。"正当程序包含两条基本规则:任何人不应成为自己案件的法官;任何人在受到不利处分前,有陈述和被倾听的权利。"[10]按照这一规则,检察机关除不得对自身有利害关系的案件实施并案查处外,在启动并案侦查时,必须给公安机关等原本具有管辖权的侦查机关提供公正的听证或其他听取其意见的机会。一些地方的检察院在执法性文件中也强调了与公安、法院在并案侦查方面的协作与配合。如2012年6月,北京市人民检察院、北京市高级人民法院、北京市公安局等五机关联合下发的《关于加强检察机关反渎职侵权工作的若干意见》规定了"对涉及必须查清的其他犯罪,检察机关可以先行侦查再依法移送,也可以在公安机关的支持配合下调集办案专家集中突破,侦查工作需要调阅案卷材料的,公安机关、人民法院应当予以配合"。与此同时,对并案侦查的关联案件,在立案、采取强制措施、侦查终结、移送审查起诉(不起诉)前应当征求侦监、公诉部门意见,接受监督。并案侦查的案件,应及时录入案件信息管理系统,并由市检察院指定专人跟踪指导。

四、渎职犯罪并案侦查的底线

在笔者看来,渎职犯罪关联犯罪的并案侦查,实际上扩大了检察机关的侦查权,准确地说,是检察机关管辖的个别扩张或例外情形,在《刑事诉讼法》和司法解释原则加例外的立法、"造法"模式中,体现了例外的方面。

但这并不等于检察机关机动侦查权的简单回归和任意扩张。1979年《刑事诉讼法》曾经赋予检察机关完整的机动侦查权。该法第13条规定:"贪污罪、侵犯公民民主权利罪、渎职罪及人民检察院认为需要自己直接受理的其他刑事案件,由人民检察院侦查和决定是否提起公诉。"但是,由于法定程序设计的不完善和制约机制不足等原因,1996年《刑事诉讼法》对此作了修改,严格限制了机动侦查权的适用范围,使渎职犯罪关联案件的并案侦查几乎没有生存空间。修改后的《刑事诉讼法》和司法解释虽然保留了检察机关的机动侦查权,但与过去的《刑事诉讼法》的规定相比,其适用范围大为缩小。

对任何犯罪的侦查,法律都应做到两条:一是授权要充分,即侦查措施要满足侦查犯罪的需要;二是监督要有力,即要以制度切实防止侦查权的滥用。对职务犯罪侦查亦然。[11]在明确授权之前,应严格执行《刑事诉

---

[10] 徐亚文:《程序正义论》,山东人民出版社2004年版,第10页。
[11] 朱孝清:"诉讼法修改中若干问题的意见",载《人民检察》2005年第11期。

讼法》和相关的司法解释的规定,以体现刑事法治的精神。具体说,应以不超越《刑事诉讼法》规定的案件管辖分工为底线。

修改后的《刑事诉讼法》第18条第1、2款对公安机关和检察机关对于刑事案件侦查的分工作了规定:"刑事案件的侦查由公安机关进行,法律另有规定的除外。贪污贿赂犯罪,国家工作人员的渎职犯罪,国家机关工作人员利用职权实施的非法拘禁、刑讯逼供、报复陷害、非法搜查的侵犯公民人身权利的犯罪以及侵犯公民民主权利的犯罪,由人民检察院立案侦查。对于国家机关工作人员利用职权实施的其他重大的犯罪案件,需要由人民检察院直接受理的时候,经省级以上人民检察院决定,可以由人民检察院立案侦查。"后者的规定蕴含着国家机关工作人员利用职权实施的其他重大的犯罪案件,需要由人民检察院直接受理的时候,经省级以上人民检察院决定,可以由人民检察院渎职侵权检察部门或反渎局立案侦查之意。《六部委的规定》第1条规定:"公安机关侦查刑事案件涉及人民检察院管辖的贪污贿赂案件时,应当将贪污贿赂案件移送人民检察院;人民检察院侦查贪污贿赂案件涉及公安机关管辖的刑事案件,应当将属于公安机关管辖的刑事案件移送公安机关。在上述情况中,如果涉嫌主罪属于公安机关管辖,由公安机关为主侦查,人民检察院予以配合;如果涉嫌主罪属于人民检察院管辖,由人民检察院为主侦查,公安机关予以配合。"《刑事诉讼规则》第12条第1款也有类似的规定,只是将"人民检察院侦查贪污贿赂案件涉及公安机关管辖的刑事案件"变为"人民检察院侦查直接受理的刑事案件涉及公安机关管辖的刑事案件,应当将属于公安机关管辖的刑事案件移送公案机关"。从逻辑关系上讲,六部委《关于实施刑事诉讼法若干问题的规定》第3条第4款与第1条的规定,《刑事诉讼规则》第12条第1款与第2款的规定,是关于公安机关与检察机关侦查管辖的一般规定与特殊管辖的规定,体现的是一般与特殊的关系。有论者认为,对这第2款的规定应当理解为:在各自机关内部对关联犯罪案件的特殊管辖规定,而不是指跨越机关的管辖规定。否则,监狱对于脱逃案件行使侦查权后,还可以对渎职犯罪也行使侦查权。管辖是刑事诉讼的开端,如果不将公安机关和检察机关的案件侦查权划分清楚,允许两机关交叉办理属于对方的案件,将可能引发刑事诉讼的混乱。《刑事诉讼法》第107条也明确规定:"公安机关或者人民检察院发现犯罪事实或者犯罪嫌疑人,应当按照管辖范围,立案侦查。"依照上述法律和司法解释的规定,人民检察院在查办渎职犯罪时发现属于公安机关管辖的案件,应当将上述案件移送公安机关侦查。这种看法不无道理,但不够全面和准确。

这里的案件应是一般意义上的案件,而不包括存在渎职犯罪关联案件并案侦查有利于查明案件事实的案件。对属于渎职犯罪案件认定要件的其他刑事犯罪案件,应当按管辖分工移送相关部门查处,……对公安机关应当立案而不依法立案的案件,可以通过立案监督程序通知其立案侦查,公安机关应当立案侦查。

总之,对渎职犯罪关联犯罪的并案侦查应认真对待。一方面,应执行《六部委的规定》第3条规定和《刑事诉讼规则》第12条第2款的规定,规范执法办案的程序,不能人为地限制其适用范围,如果将其适用范围限制到狭窄的程序,则不利于解决实践中的难题,惩治渎职犯罪。实际上,对渎职犯罪关联犯罪的并案侦查正是在借鉴公安机关并案侦查制度和解决司法实践中的问题中产生的。另一方面,不能随意扩大渎职犯罪关联犯罪并案侦查的适用范围,肆意超越刑事诉讼法关于侦查管辖案件分工的规定,应树立底线思维。即使在最早规定检察机关可以对渎职犯罪关联案件并案侦查的规定中,也先强调"严格执行《刑事诉讼法》关于案件管辖的规定办理。对涉嫌犯罪的国家机关工作人员同时又是在企业、事业单位和其他组织兼职的,应按其犯罪过程中实际起作用的职务认定其主体身份,确定案件管辖;对利用何种职务暂时难以认定,但已构成犯罪的,检察机关可先行侦查,待查清事实后,再按规定移送管辖"。也就是说,并不是一旦检察机关对渎职犯罪关联案件并案侦查后,就一直进行侦查、起诉,也有移送管辖、并案起诉等情形。

被告人参加庭前会议的范围、程序

彭林泉

摘要：修订后的刑事诉讼法没有明确被告人是否应当参加庭前会议的问题，《最高人民法院关于适用〈刑事诉讼法〉的解释》第183条第3款规定，召开庭前会议，根据案件情况，可以通知被告人参加，但并未明确被告人应参加哪些类型的案件，如何参加庭前会议等问题。对于重大、复杂、社会影响大的案件，被告人没有聘请辩护律师的案件，被告人虽然聘任辩护律师但在申请管辖、回避、非法证据排除等方面与辩护律师意见不一致时坚持己见的案件，涉及附带民事诉讼的案件，被告人应当参加庭前会议，这符合立法精神、司法解释的规定，有利于保障被告人的诉讼权利。被告人参加庭前会议的程序包括申请、通知参加、举办场所、提出辩解、合意效力等。其法理基础是保障人权、实现程序正义和提高诉讼效率。应借鉴域外庭前会议程序的经验，树立平等武装理念、建立配套制度，依法公开进行，从财物和安全等方面保障被告人参加庭前会议的诉讼权利。

关键词：被告人　庭前会议　程序　适用问题

一、问题的提出

"刑事程序不仅仅是法律和法规的堆积，而且是现实中各种参与人员的活动积累。"[①]庭前会议程序也是这样。它是审判人员、公诉人、被告人及辩护人、当事人及诉讼代理人等参与人员依法进行的活动积累。

修改后的《刑事诉讼法》第182条第2款规定："在开庭以前，审判人员可以召集公诉人、当事人和辩护人、诉讼代理人，对回避、出庭证人名单、非法证据排除等与审判相关的问题，了解情况，听取意见。"新增了庭前会议制度，对于提高庭审质量和效率具有重要意义。法条规定了庭前会议的主体、内容和方式等，吸收了近年来司法实践中的做法和经验，在全案移送的背景下，对原有的法律规范作了有益的补充，是一项重大的制度创新。

但法律规定较为原则，仅有一款。从2013年1月起施行的最高人民

---

① [日]松尾浩也：《日本刑事诉讼法》，丁相顺译，中国人民大学出版社2005年版，第8页。

法院《关于适用〈中华人民共和国刑事诉讼法〉的解释》（以下简称《解释》）第183、184条规定和最高人民检察院的《人民检察院刑事诉讼规则（试行）》（以下简称《规则》）第430条至第432条规定，明确了庭前会议的适用情形、参加人员范围、功能作用和职责等具体事项，对修改后的《刑事诉讼法》关于庭前会议制度作了补充规定，为充分发挥该项制度的功效奠定了坚实基础。由此初步构建了具有中国特色的庭前会议程序。在起诉、审判之间植入了中间程序，为检察机关与辩护人在庭审之前就特定问题交换意见提供了机会，对于提高审判质量和效率，实现社会公正，保障人权，以及缓解"案多人少"的现实矛盾，具有积极的意义。

不过，庭前会议制度在适用中，也遇到一些问题，如庭前会议的提请与启动，庭前会议的适用范围，非法证据的排除、庭前会议达成合意的法律效力、主持庭前会议的法官人选，被告人参加庭前会议的范围和程序等问题，亟待解决。

以被告人参加庭前会议的范围和程序为例，被告人是否参加庭前程序，参加哪些类型的案件，如何参加庭前会议，为什么要准许被告人参加庭前会议，修改后的《刑事诉讼法》和"两高"的司法解释对此未明确规定。在刑事诉讼理论研究中，关于被告人是否参加庭前会议的问题，存有不同的看法。一种观点认为，被告人被羁押，尤其是众多被告人的案件，如果要求被告人参加，费时费力，还很难控制，由辩护人参加即可。另一种观点认为，从诉讼原理和保护被告人权利的角度，被告人应当参加。与此观点相近的是，认为从程序参与和诉讼效率原则考虑，辩护人在经被授权的情况下，由辩护人参加庭前会议。没有辩护人的，被告人应当参加。被告人被羁押的，庭前会议在羁押场所进行。[②] 但此观点缺乏具体、深入的阐述。在实务中，被告人是否参加庭前会议也存在分歧，导致被告人很少参加庭前会议。适用庭前会议程序存在的问题，不仅事关被告人的合法权益，也关系修改后刑事诉讼法的实施效果。

本文将从以下五个方面，详细分析被告人参加庭前会议的问题，也许对庭前准备程序的完善有所补益。

二、被告人参加庭前会议的案件范围

《解释》第183条第3款规定："召开庭前会议，根据案件情况，可以通

[②] 黄河、尚洪涛、张志强、吕卫华、张军、郭竹梅："公诉工作与《人民检察院刑事诉讼规则（试行）》"，载《刑事司法指南》2013年第1期。

知被告人参加。"这里使用的是"可以",而不是应当,不是强制性规定,实际上赋予了法官较大的自由裁量权。至于什么情况,没有明确规定。也就是说,在什么情形下,被告人可以参加庭前会议,完全取决于法官的认知和判断,缺乏其他参加者的制约和监督。而且这里的"根据案件情况"是个模糊用语,具有不确定性,哪些类型的案件需要通知被告人参加,始终不明确,导致实践中,控辩审三方意见不一致,影响了办案执法。

按照《解释》第183条第1款的规定,案件具有下列情形之一的,审判人员可以召开庭前会议:(一)当事人及其辩护人、诉讼代理人申请排除非法证据的;(二)证据材料较多、案情重大复杂的;(三)社会影响重大的;(四)需要召开庭前会议的其他情形。这是对修改后的《刑事诉讼法》适用庭前会议的范围未作规定的弥补,确定了适用庭前会议的范围。有的地方检察院、法院等在执法性意见中进一步明确适用庭前会议的案件范围,如眉山市人民检察院与市中级人民法院、市司法局在今年会签的文件中,对应当召开和可以召开庭前会议的作了区分规定:"对当事人及其法定代理人、辩护人、诉讼代理人申请排除非法证据,并提出明确的线索或证据的案件,重、特大职务犯罪案件或者县处级以上职务犯罪要案、案情复杂,被告人不认罪案件,具有上述三种案件之一的,应当召开庭前会议;对被告人人数众多,证据繁杂、社会影响重大和需要召开庭前会议的其他情形,具有三种情形之一的,可以召开庭前会议。"这就从总体上决定了被告人参加庭前会议的案件范围。在此前提下,明确被告人参加庭前会议的案件范围无疑是合法的、合理的。

笔者认为,在案件具有下列五种情形之一的,被告人应参加庭前会议:一是证据材料较多、案情重大、复杂,社会影响重大的;二是被告人没有聘请辩护律师的;三是被告人虽然聘请了辩护律师,但在申请管辖、回避、非法证据排除等涉及被告人的诉讼权利甚至切身利益方面与辩护律师意见不一致,被告人坚持自己的意见或辩解的;四是涉及刑事附带民事诉讼的;五是根据案件需要,法官认为被告应参加庭前会议的。

证据材料较多、案情重大、复杂,社会影响重大的案件,通常是争议多的案件,被告人有必要参加庭前会议,这不仅符合《解释》第183条第1款的规定,体现立法精神,在实践中也有个案。如原铁道部部长刘志军涉嫌受贿、滥用职权案,2013年5月底,在羁押场所即秦城监狱召开了庭前会议,参加人员有主持庭前会议的法官、书记、公诉人、辩护人,还有被告人刘志军。辩护律师事后说刘志军在场,实际上是指刘志军参加了庭前会议。

被告人没有聘请辩护律师的,应当参加庭前会议。这是基于程序参与和诉讼效率原则,以及保护被告人权利的考虑。在实际中是可行的,对于被告人没有聘请辩护律师而没有羁押的,在法院举行庭前会议;被告人没有聘请辩护律师而羁押的,在羁押场所,通常是在看守所举行庭前会议,将正常召开庭前会议的场所由法院变为羁押场所。由于修改后的《刑事诉讼法》对庭前会议着墨不多,仅作了探索性的规定,加上刑事理念、具体制度、安全等因素未能跟上,实践中很少有未聘请辩护律师的被告人参加庭前会议的案例。在2013年1—6月全省检察机关公诉人参加的庭前会议64件中,也鲜有这类案件。在向某某涉嫌受贿、滥用职权一案中,羁押在看守所的被告人没有聘任辩护律师,犯罪嫌疑人认罪,但其对自首和立功有不同意见。为了保证第二天庭审的顺利进行,承办案件的公诉人于2013年7月8日,向审理案件的法官提出,在向某某羁押场所举行庭前会议,被谢绝,理由是根据新《刑事诉讼法》法官培训材料的相关规定,被告人在押且没有辩护人的案件,被告人认罪的案件,一般不适用庭前会议。有论者认为,被告人没有聘请辩护律师的,参加庭前会议的必要性不大。因为庭前会议涉及专业的法律事项,在缺乏辩护人参与的情况下,庭前会议很难取得预期的效果,也不利于保护被告人的权利。在没有辩护人的情况下,不懂法律的被告人对庭前会议的含义都不清楚,让他参加这个会议,除了当个傀儡,不会有任何积极意义。如果法检两家相互勾结,在被告人没有辩护人的情况下,利用庭前会议先把被告人搞蒙,一切在庭前会议上搞定,后来的开庭反而成了皮影戏。③

如果被告人委托了辩护人,一般情况下,由辩护人参加即可,被告人没有必要参加。在被告人授权或认可的情况下,在辩护人会见被告人时,会与被告人就回避、管辖异议等程序性问题和非法证据排除申请等进行讨论、听取被告人意见,提出意见。如果庭前会议仅涉及控辩审三方提前沟通庭审的示证方式、顺序或者了解辩护人搜集证据情况等事项,有辩护人在场,可胜任。避免庭前会议因为审控辩三方与被告人的参加,搞成小庭审。这种担心是必要的,但可以消解。这只注意到一般的情形,未注意特殊的情况。

根据《解释》,庭前会议解决的大部分事项涉及被告人权益,如回避、管辖异议等程序性问题和非法证据排除申请等,为保证被告人诉讼权益,

---

③ 庭前会议,是个什么会议? 2013年6月17日,http://yangxuelin1513. i. sohu. com/blog/view/268136725. htm,访问时间2013年8月20日。

原则上应通知被告人参加;在司法实践中,控辩双方经常就案件的管辖问题产生分歧;尤其是被告方,经常担心某一地区或某一级别的法院审理该案,可能因为无法摆脱地方的干预、媒体的报道、舆论的预判而影响审理的公正性。对于这类管辖异议,直接关系被告人的切身利益,法院在庭前会议中审理此项,应通知被告人参加。

在以往我国的刑事审判过程中,涉嫌非法的证据一直陪伴走完所有刑事诉讼程序,直到法官出具裁决书。修改后的刑诉法规定庭前会议中审判人员对回避、出庭证人名单和非法证据排除等问题听取意见,在实施中也应注重保护被指控人的合法权利。应当进一步明确规定公诉人、当事人、诉讼代理人、辩护人必须对回避、出庭证人名单和非法证据排除三项事项在庭前会议上申请,如果在刑事庭前会议不行使该项权利,则被视为放弃该项权利,④以产生实质性的诉讼效果。

在熊某涉嫌受贿案中,被告人和辩护律师在一份讯问材料是否为非法证据而需申请予以排除问题上,意见不一致。辩护人认为这是瑕疵证据,可以补证和作出合理解释,不是非法证据。被告人认为,这是非法证据,应申请排除。在庭前会议上,虽然进行了沟通,无法达成一致意见。庭前会议结束后,辩护人与被告人进行了沟通、协调,仍然无法统一意见,被告人坚持认为,这是非法证据,应申请予以排除。在法庭庭审上,就此进行了调查,花费了不少时间。对于有些涉及被告人合法权益的事项,被告人的缺席也不利于保障其刑事诉讼权益。如果庭前会议仅涉及控辩审三方提前沟通庭审的示证方式、顺序或者了解辩护人搜集证据情况等事项,对被告人诉讼权益影响不大时,可以不通知被告人参加。⑤

涉及刑事附带民事诉讼的,应准许被告人参加庭前会议。《解释》第184条第3款规定被害人或者其法定代理人、近亲属提起附带民事诉讼的,可以调解。附带民事诉讼调解的双方当事人本人在场,有助于其亲自表达自身意见与诉求,有利于提升调解的效果。双方当事人在附带民事诉讼中达成调解赔偿协议的,一般可以作为对被告人从轻处理的重要依据,此时可以涉及被告人的量刑问题,让双方当事人本人在场发表意见,有利于维护当事人尤其是被告人的合法权益。⑥

按照《解释》第183条第3款的规定,根据案件情况,法官认为被告人

---

④ 车明珠:"庭前会议制度的价值与程序完善",载《检察日报》2012年11月12日。
⑤ 李辰、陈禹:"庭前会议制度适用不宜扩大化",载《检察日报》2013年5月24日。
⑥ 李建国、张建兵、张涛:"庭前会议制度的运行与效力",载《人民检察》2013年第15期。

有必要参加庭前会议的,应通知其参加。有论者认为,至少应明确规定不需被告人参加的庭前会议情形。这是基于适用范围过宽的认识得出的结论,似乎通过采用排除法,可以显现余下的被告人可以参加庭前会议的范围。其实不然,在法律和司法解释没有明确规定的情况下,控、辩、审三方认识上的分歧,有时候很难达成共识。这也是不少地方的法院、检察院和司法局在会签庭前会议实施意见或细则时很少明确被告人参加庭前会议范围的原因。笔者认为,应明确规定被告人参加庭前会议的案件范围,体现对辩护权的保障,应区别情况,明确规定被告人参加或不参加庭前会议的情形,以便操作。

三、被告人参加庭前会议案件的程序

在明确被告人参加庭前会议的范围后,被告人参加庭前会议案件的程序大致包括申请、通知、参加、举行场所的确定、提出辩解、合意效力等。

(一)申请。即被告人申请参加庭前会议。庭前会议启动由法官决定。公诉人可以提出召开庭前会议,辩护人可以申请召开庭前会议,经被告人授权或认可,辩护律师可以行使建议启动权。符合前述五种情形之一,被告人可以申请参加庭前会议。对案件管辖、回避、非法证据排除等程序性问题存在争议的,可向审理案件的人民法院提出申请。对于建议或申请法院召开庭前会议的,应在庭审前五日内告知法院,由法院或法官决定是否召开。对于辩护人在庭审中提出非法证据排除的,应当在休庭后的两天内举行庭前会议。

(二)通知。通知被告人参加庭前会议。经法官审查后,认为符合参加庭前会议条件的,应准许被告人参加庭前会议。在审判人员决定召开庭前会议前三日,应告知公诉人、当事人、被告人、辩护人(有聘任的)和诉讼代理人参加庭前会议;法官根据案件情况,可以通知被告人参加。

(三)参加。接受通知后,被告人应准时参加庭前会议。非因特殊理由,不得延误。根据不同的案件情况和是否聘任辩护律师,以及与辩护律师的辩护意见是否一致,被告人可以一人参加,也可以和辩护律师一起参加。如果被告人被取保候审,应传唤其到法院参加庭前会议;如果被告人被羁押,应尽量在看守所内召开庭前会议。

(四)举行场所的确定。根据被告人是否在押情况,决定举行庭前会议的场所,是在法院还是在被告人羁押场所。被告人未被羁押的,在人民法院举行庭前会议;被告人被羁押的,应在羁押场所,举行庭前会议。刘志军受贿、滥用职权一案,是在羁押场所开的庭前会议。

（五）参与磋商,提出辩解。被告人可以申请回避、管辖和非法证据排除等问题,可以提出证据系非法取得的,可以提供其无罪的证据材料和线索,要求控方出示有利于被告人的证据材料。在庭前会议中,控辩双方可以就非法证据排除问题交换意见。非法证据排除将是这一阶段的主要工作,控辩双方将有异议的证据提交庭前会议予以排除,并记录在案,在法庭上对排除的非法证据以及无争议的事实、证据不再作法庭调查。而在庭前会议上因非法证据排除导致起诉理由不能成立的,检察机关则可以直接撤回起诉,案件终结。

　　（六）合意效力。在开庭之前,解决控辩双方的程序争议是庭前会议的功能之一。修改后的《刑事诉讼法》和"两高"的司法解释,对庭前会议达成合意的法律效力没有明确规定。关于庭前会议的效力问题,有论者认为,书记员应当将庭前会议的全部活动记入笔录,经过庭审会议确定的程序性事项,非因特殊原因不得更改。庭前会议是由控、辩、审三方共同参与的正式司法活动,庭前会议记录记载的达成合意的内容,经三方签字确认后,应当具有一定的法律效力,无合理理由,不应在庭审中随意推翻。当然,庭前会议毕竟不同于庭审程序,如果庭审过程中一方确实有合理理由能够证明,庭前会议中达成合意的内容确实与事实或法律不符,或者发现新证据与新事实,应当允许推翻合意,并以庭审中重新认定的内容为准。庭前会议结束后,法官应将控辩双方意见、庭前会议所作裁定等记录在案,案件正式进入庭审程序,或检察机关撤回起诉,案件终结。庭前会议后,公诉人应当及时将庭前会议情况逐级报公诉部门负责人、分管检察长、检察长,经检察长决定,人民检察院可以依法作出变更、追加、撤回起诉的决定。当事人及其法定代理人、辩护人、诉讼代理人对《解释》规定的问题提出异议的,人民法院、人民检察院认为确有必要,应当按照修改后《刑事诉讼法》及相关司法解释规定,进行调查取证、补充侦查。人民法院开庭审理公诉案件时,可以不再对庭前会议达成合意的管辖、回避、非法证据排除等情形进行再次审查,但需对合意内容简单说明。公诉人、当事人及其法定代理人、辩护人、诉讼代理人提出新的事实、证据或者法律另有规定的除外。公诉人、当事人及其法定代理人、辩护人、诉讼代理人达成合意并经庭前会议交换的证据,在开庭审理时可以简化举证、质证,重点围绕庭前会议中提出异议的证据进行法庭调查和辩论。

　　（七）救济。对被告人应当参加庭前会议,而无正当理由不让其参加或不通知其参加的,被告人有申诉的权利,人民检察院应当受理,并予以答复,人民检察院应依法行使诉讼监督的职责,切实保障被告人的诉讼权利。

四、被告人参加庭前会议的法理基础

修改后的《刑事诉讼法》将庭前会议的主要功能定位于"了解情况,听取意见",这是基于审慎的考虑,从《解释》和《规则》的规定来看,主要是解决与审判相关的程序性的问题,已经超出了"了解情况,听取意见"的功能,允许进入实体问题,这是进了一步,也引起了人们的困惑。有论者认为,"综合地看,庭前会议主要有以下几项职能:1.解决回避、管辖等决定审判是否进行的问题;2.解决不公开审理、延期审理、是否适用简易程序审理、庭审方案等与审判相关的程序问题。3.解决非法证据排除的问题。4.协商出庭证人、鉴定人、有专门知识的人名单、进行证据开示,解决证据突袭的问题。"[7]可见,不限于程序性的问题。《解释》第184条第2款规定:"审判人员可以询问控辩双方对证据材料有无异议,对有异议的证据,应当在庭审时重点调查;无异议的,庭审时举证、质证可以简化。"这就意味着"庭前会议"讨论的内容可以不局限于庭前的程序,对案件的实体部分,控辩双方可以交换意见,进入实体问题的探讨。实际上,庭前会议部分行使了庭审功能。

准许被告人参加庭前会议,明确被告人参加庭前会议的范围和程序以及方式,其法理基础主要是:

(一)保障人权。被告人是否参加庭前会议,以及参加庭前会议的范围和程序、方式,直接关系其诉讼权利的行使和保障,甚至关乎被告人的命运和生命。因为庭前会议不仅要解决程序性的问题,对案件的实体部分,控辩双方也在进行沟通。修改后的《刑事诉讼法》第2条载明要保障人权,体现了宪法关于国家尊重和保障人权的精神,参与刑事诉讼法修改的立法者认为,"增加庭前准备程序的实际意义绝不仅仅是在审判人员的召集下,控辩双方对回避、出庭证人名单、非法证据排除等与审判相关的问题,了解情况、听取意见。它可以比较有效地解决控辩双方对证据掌握的不对称问题,比以前更充分保障辩方诉讼权利的行使。根据控辩双方对需要通过证据规则排除的证据或者双方均无异议的证据加以确认,意味着双方对对方即将在法庭上使用的证据有较全面的了解;证人、鉴定人、警察出庭制度的确立,意味着今后对于那些对证人证言有异议且对定

---

[7] 彭东主编:《国家公诉人出庭指南》,法律出版社2013年6月版,第30页。

罪量刑有重大影响,需要证人出庭的案件,庭前准备会议一旦提出来,法官不能再像以往那样对辩方关于证人证言不实的辩解视而不见,不能像现在这样只在庭审时由公诉人将证人局面一念了之,而应当在庭前会议程序上将其列入需要出庭的证人名单。"这揭示了庭前会议的实际意义,这种意义的实现,需要辩护人和被告人的积极参与,在一定程度上取决于被告人在多大多深程度上参加庭前会议。此可以有效保障被告人的诉讼权益,使其充分行使辩护权。被告人在五种情形下,参加庭前会议,可以较好地体现庭前会议程序承载的资讯功能,有效规范公诉权行使,防止公诉权滥用,避免一些不符合起诉条件(包括不应当起诉)的案件进入审判程序,以达到保障人权的目的。

(二)实现程序正义。正义不仅要实现,而且要以看得见的方式实现。根据修改后《刑事诉讼法》第182条的规定,庭前会议应当由审判人员主持,可以有公诉人、辩护人、法定代理人及当事人参加。可见,这里没被告人,被告人并非当然需要参加庭前会议。按照《解释》第183条第3款的规定,召开庭前会议,根据案件情况,可以通知被告人参加,进了一步,但还不够,在什么情形下通知被告人参加规定的不明确,制约和影响了被告人参加庭前会议。即使如此,准许被告人参加庭前会议,从有限的案例来看,显现出有利于实现公正的作用。明确被告人参加庭前会议的范围和程序,将更有利于实现程序正义。因为准许被告人参加庭前会议,可以改变法官个人单方面地在办公室秘密地准备开庭前的准备活动,给被告人及其辩护人参与庭前准备的机会,使得控辩双方可以就各类程序争议问题发表意见,相互辩论,法官在听取各方意见的基础上,确定相关的程序问题。法官在开庭前召集控辩双方同时到场,就程序争议问题进行听证,并在听取各方意见的基础上加以裁决。这将极大地维护程序的正义,给予所有与案件程序争议问题利害攸关的各方,有效参与到这些争议的裁决过程中来,使得各方成为裁决过程的协商者、对话者和被说服者,而不是被动接受法官裁决、消极随着法官的诉讼客体。[8] 需要指出的是,按照《解释》第184条规定,召开庭前会议,审判人员可以就下列问题向控辩双方了解情况,听取意见:(一)是否对案件管辖有异议;(二)是否申请有关人员回避;(三)是否申请调取在侦查、审查起诉期间公安机关、人民检察院收集但未随案移送的证明被告人无罪或者罪轻的证据材料;

---

[8] 陈瑞华:《程序正义理论》,中国法制出版社2010年版,第1页。

(四)是否提供新的证据;(五)是否对出庭证人、鉴定人、有专门知识的人的名单有异议;(六)是否申请排除非法证据;(七)是否申请不公开审理;(八)与审判相关的其他问题。这些问题,包括有关审判人员、公诉人、书记员、翻译人员和鉴定人回避的问题;是否延期审理的问题;是否适用简易程序的问题;申请重新鉴定、勘验、辨认的问题;视听资料、电子数据的播放、展示的问题;证据交换的问题;举证、质证方式的问题;关于自首、立功等法定量刑情节说明的问题;审判人员认为有必要解决的其他问题。控辩双方可以在庭前会议中就这些问题交换意见,展开辩论。

(三)提高诉讼效率。诉讼本身应该在尽可能短的时间内结束……惩罚犯罪的刑罚越是迅速和及时,就越是公正和有益。⑨ 在刑事审判程序中,在起诉与庭审程序中增加庭前准备程序,即庭前会议,可以解决程序性的问题,进入部分实体部分。在庭前会议中,对回避人员、出庭证人的名单予以确定,对非法证据予以排除,确定庭审的重点,成为庭前会议程序的主要内容。解决程序性的问题,尤其是非法证据的排除,避免在庭上浪费时间,可以减少国家诉讼的投入。设置庭前准备程序,在庭前准备程序中消除可能造成审判中断和拖延的因素,以达到控辩审三方都对即将开庭审理的案件的争议点做到胸中有数,从而达到提高庭审质量,提高诉讼效率的目的。⑩ 庭前会议程序有效保障集中审理、提高诉讼效率。对于很多重大、复杂案件,涉及当事人数量、证据数量较多,在庭前会议中,提前确定回避、证人名单,排除非法证据,确定案件的重点和争点,将控辩双方无异议的证据在中间程序确认,庭审重点针对有异议的证人、证据展开,可以有效保证庭审的顺利、高效进行。将控辩双方无异议的事实在庭前会议确认,庭审集中对有异议的事实和证据进行调查、辩论,无论对于普通程序还是简易程序而言,都可大幅度提高庭审效率,有效缓解"案多人少"的矛盾。⑪ 刘志军受贿、滥用职权一案有四百多本案卷,对此案,2013 年 5 月底,在秦城监狱召开了一天的庭前会议,其中把大量的没有争议的证据,以多媒体的方式展现给刘志军本人,这些证据得到了他的认可。在正式开庭的时候,简化了证据的展示过程,整个开庭只用了 3 个半小时,比正常的开庭时间至少节省了一天半的时间。

---

⑨ 冀祥德:"论控辩平等的功能",载《法学论坛》2008 年第 3 期。
⑩ 黄太云:"刑事诉讼法修改的主要内容",载《刑事司法指南》2012 年第 3 期。
⑪ 张伯晋:"专家称刑诉法'庭前会议'制度体现保障人权价值",载《检察日报》2012 年 4 月 1 日。

五、庭前会议程序的域外经验

在刑事审判程序中，在起诉与庭审程序中增设的庭前会议程序，是一个中间程序，在不同的国家有不同的称谓。如德国称之为中间程序，法国称之为预审程序，美国称之为庭前会议，日本、我国台湾地区称之为庭前整理程序。由于历史传统、法律文化及诉讼价值观等多方面因素的影响，这些国家刑事案件庭审准备程序在具体设置上有所不同，但基于庭审准备程序须为庭审的公平、高效进行提供保障的共同需求，在庭审准备程序功能的追求上具有共通之处。

庭前准备程序涉及庭前会议的启动，庭前会议的主持者，对回避人员、出庭证人的名单予以确定，对非法证据予以排除，指控罪名的变更等内容。

关于庭前会议的启动。美国《联邦刑事诉讼规则》第17条第1款明确规定，庭前会议"依法院职权或依当事人一方的动议"（"on its own, or on a party's motion"）启动。在美国刑事诉讼程序中，公诉方也属于当事人（party）之一。因此，上述"依当事人一方的动议"即指依控辩双方中某一方的申请。《俄罗斯刑事诉讼法典》第229条第1款也有类似的规定，即法院根据控辩一方的申请或者主动依职权启动。

庭前会议的主持者。英国对刑事诉讼庭前会议的主持者有着明确的规定，即由主持正式审判的法官之外的一名法官来主持进行。[12]

在中间程序之中，对回避人员、出庭证人的名单予以确定，对非法证据予以排除，确定庭审的重点与争点，提高了庭审效率，这是中间程序的直接功能。各国的中间程序略有差异，但共同价值追求在于，对公诉权进行制约，进而保障人权。

英国"答辩和指导的听审"程序中即有要求控辩双方提交记载有关争议问题的书面材料的规定；美国《联邦刑事诉讼规则》第17条第1款规定的审前会议的主要功能便是整理和明确讼争要点；在德国审判实践中，检察官和辩护人在庭审准备过程中要明确诉讼争点，庭审法官要整理诉讼争点；日本公审期日以前的准备活动，也包括明确起诉书记载的诉因，整理案件争点。

在德国，刑事诉讼的庭审前准备程序包括：（1）公诉审查。主要任务

---

[12] ［英］约翰·斯普莱克：《英国刑事诉讼程序》，徐美君、杨立涛译，中国人民大学出版社2006年版，第332页。

是对检察官提起公诉的案件进行审查,以决定是否开启法庭审判程序。(2)调取证据。审判长应被告人的要求或依职权传唤证人、鉴定人或调取其他证据。(3)证据展示。法院、检察院、被告方相互告知所传唤的证人、鉴定人姓名及他们的居所或住所。(4)宣布法庭组成并征求被告方的意见。(5)提前对预计不能出庭的证人或鉴定人进行询问或对现场进行勘验。(6)其他准备程序。德国刑事案件经检察官提起公诉后,要经过一个"中间程序"(Das Zwischenverfahren,又称庭审准备程序),由法官对检察官提起公诉的案件进行审查,决定是否进入法庭审判程序。

在英国的刑事法院,庭审准备程序主要包括:(1)答辩和指导的听审(plea and directions hearing)程序。在该程序中,辩护一方须提供一份打算要求出庭的控方证人名单,控辩双方都要向法官和对方以简要的形式提出有关将在法庭审判中申请法庭解决的问题。对于严重、复杂、审判时间可能很长的案件,控诉一方还要向法官提交本方简要的案情陈述。如果被告人答辩有罪,法官应当直接考虑量刑问题。如果答辩无罪或者他的答辩不被控方所接受,法官将要求控辩双方提交记载以下事项的材料:案件中的问题,传唤出庭的证人人数,所有实物证据或表格,控方证人出庭作证的顺序,所有可能在法庭审判中出现的法律要点及证据的可采性问题,所有已经展示的证明被告人不在现场的证据,所有有关通过电视系统或录象带提供认同证言的申请,审判可能持续的时间,证人能够出庭作证及控辩双方可以出庭的日期等。在陪审团宣誓、有罪答辩被接受或预先听审之前,主持答辩和指导的庭审法官可以就证据可采性或案件涉及的其他法律问题作出裁定(rulings),该裁定在其后庭审中具有效力,除非主持审判的法官根据请求或按照司法利益对此予以撤销或变更;(2)预先听审(preparatory hearings)程序。根据1996年《刑事诉讼与调查法》而设立。该程序在陪审团宣誓前根据控辩双方的申请或法官自行决定启动,由主持审判的法官主持,用来在陪审团不在现场的情况下解决案件中的法律问题如证据可采性等。在这一程序中,法官有权要求控方将案情陈述交辩护方,该案情陈述包括控方将要证明的事实,控方将要求陪审团从证据中作出的不利于被告人的推论等,之后法官可要求辩护方提供一份书面陈述,其中记载将要提出的辩护的主要内容,双方存在的分歧,辩护方针对控方的案情陈述作出的反驳,以及辩护方将在庭审中提到的涉及法律适用和证据可采性的问题等。法官可以就证据可采性等法律问题作出裁定,该裁定对庭审具有约束力。

日本在2001年公布的《司法制度改革审议会意见书》中强调指出改

革的指导方向："对真正有争论的案件,应以当事人的充分事前准备为前提,通过集中审理,在法院的恰当诉讼指挥下,让当事人以已明确的争议点为中心积极进行主张,以此实现有效率的、有效果的公判审理。"在日本实务中,对于重大、复杂案件,当事人之间的协商、当事人与法院之间的协商是不可缺少的。[13] 控辩双方就有关事项,如为明确起诉书记载的诉因或罚条,或者为明确案件的争点进行协商,对指定公审日期等相互磋商。法院在必要时,可以使检察官和辩护人到场,就有关诉讼的必要事项进行协商。

指控罪名的变更。德国《刑事诉讼法》第207条第2款第3项规定了在中间程序中,对行为的法律认定与起诉书有歧义,可变更其法律评价然后准许进行审判。[14]

美国的庭审前准备程序包括:(1)传讯(arraignment)。当大陪审团起诉书或检察官起诉书提交法院后,法院应安排传讯。传讯在公开的法庭进行,被告人须到庭。法官首先问明被告人个人情况,然后向他宣读起诉书,告知被告人权利,接着要求被告人答辩。通常有三种答辩形式可供选择,即有罪答辩、无罪答辩和不愿答辩。如果作出有罪答辩,经审查确系自愿,即不再进行法庭审理,而直接进入量刑程序。(2)辩诉交易。(3)审判前的申请、异议程序。(4)特殊辩护理由的通知。即以不在犯罪现场、精神病或者公共特权等作为辩护理由时,必须事先通知控方。(5)证据保全程序。(6)证据展示程序。(7)庭审前会议程序。

此外,上述各国刑事诉讼庭审前准备,还包括诸如送达起诉书副本、确定审判日期、传唤(拘传、通知)诉讼参与人出庭、告知被告人的辩护人委托权及必要时为被告人提供辩护人等相同的技术性准备和保障被告人实现辩护权的准备内容。英、美、法、德、日等国的庭前审查及准备程序普遍承载着决定是否启动审判及纠正程序性错误,保全、展示、检验证据及排除非法证据,整理和明确讼争要点,提前处理和分流部分案件等诸多功能。

六、被告人参加庭前会议的保障措施

与被告人参加庭前会议相关的一个问题是保障措施,被告人参加庭前会议,或庭前准备程序,有必要简要论及。应从以下方面保障被告人参

---

[13] [日]田口守一:《刑事诉讼法》,刘迪等译,法律出版社1999年版,第198页。
[14] 闵春雷:"刑事庭前程序研究",载《中外法学》2007年第2期。

加庭前会议的诉讼权利,实现庭前会议设置的目的和意义。

(一)树立控辩平等的理念。我国学者认为,控辩平等之立论,源于"平等武装(equality of arms)"理论。然而,在现代刑事诉讼中,控辩平等的内涵已经有了新的丰富的发展。包括平等武装、平等保护、平等对抗、平等合作这些内容,以消解国家和个人的纠纷为总目标,以控制犯罪和保障人权为基本目的,以实体正义和程序正义为根本要求,以被追诉人受到公正审判为核心,以赋予被追诉人沉默权、辩护权、知情权、上诉权等防御性权利为手段,以确立不得强迫自证其罪原则、无罪推定原则、程序法定原则、禁止双重危险原则、非法证据排除原则为保障,使控辩双方在平等武装与平等保护的基础上,以平等对抗与平等合作的方式参与刑事诉讼。[15] 需要指出的是,在本原意义上,平等指的是同等情况同等对待,它包括形式的平等和实质的平等两个方面。刑事诉讼程序必须被看作一个整体,自始至终的贯彻平等的原则,仅仅考虑其中某个阶段的程序公正性是不可能的。不过,对刑事诉讼中的平等概念不能做绝对的理解,否则就会得出荒谬的结论,毕竟检察机关是国家的法律监督机关,具有公诉、侦查和诉讼监督的权力。在全案移送实现回归后,建立"庭前会议"程序,可以有效保证辩护方的资讯功能,在信息交流之中保证控辩双方诉权的平等,避免信息的不对称影响诉讼的平衡,进而影响庭审公平进行。同时,辩护人手中的有关被告人不在犯罪现场、未达到刑事责任年龄、属于依法不负刑事责任的精神病人的证据,也可以在庭前会议上提出,契合了新刑诉法第 40 条的规定。在庭前会议和庭审中,公诉人和辩护律师的法律地位是平等的,没有我高你低之别,关键是要善于讲情理,说法理,才能真正地让人心服口服,落实《刑事诉讼法》规定的保障辩护人的诉讼权利。

(二)建立配套制度。对被告人参加庭前会议,应结合不同的情况,尤其是庭前会议运行中出现的问题,完善我国刑事案件庭审前准备程序,为刑事审判程序公平、有序和高效率地运作提供保障。逐步建立相配套的制度,如征询意见制度、预审法官制度,扩大法律援助的覆盖面,法官对有关材料的审查,包括证据展示、非法证据排除及证据保全制度,在送达起诉书的环节,就可以征询被告人关于是否召开庭前会议及相关问题的意见。《解释》明确了为被告人提供法律援助的具体情形及相关工作程序。根据修改后《刑事诉讼法》的规定:"对下列没有委托辩护人的被告

---

[15] 冀祥德:"控辩平等之现代内涵解读",载《政法论坛》2007 年第 6 期。

人,人民法院应当通知法律援助机构指派律师为其提供辩护:盲、聋、哑人;尚未完全丧失辨认或者控制自己行为能力的精神病人;可能被判处无期徒刑、死刑的人;未成年人;强制医疗程序中的被申请人或被告人。"考虑到死刑案件的特殊性,特别规定高级人民法院复核死刑案件,被告人没有委托辩护人的,应当通知法律援助机构指派律师为其提供辩护。根据审判实践情况规定:"对具有下列情形之一,被告人没有委托辩护人的,人民法院可以通知法律援助机构指派律师为其提供辩护,共同犯罪案件中,其他被告人已经委托辩护人;有重大社会影响的案件;人民检察院抗诉的案件;被告人的行为可能不构成犯罪;有必要指派律师提供辩护的其他情形。"为保障被告人及时获得律师帮助,保障律师有充分时间准备辩护、代理,《解释》明确规定了人民法院收到在押被告人提出的法律援助申请的,应当在二十四小时内转交所在地的法律援助机构。人民法院通知法律援助机构指派律师提供辩护的,应当将法律援助通知书、起诉书副本或者判决书送达法律援助机构;决定开庭审理的,除适用简易程序审理的以外,应当在开庭十五日前将上述材料送达法律援助机构。通过合理的制度安排,我国的庭前会议程序可以有效负担起权力制约的功能,保障起诉裁量权不被滥用。

(三)增加公开性、透明度。对公开审理的案件,应实行庭前会议。按照《解释》第186条的规定:"审判案件应当公开进行。案件涉及国家秘密或者个人隐私的,不公开审理;涉及商业秘密,当事人提出申请的,法庭可以决定不公开审理。不公开审理的案件,任何人不得旁听,但法律另有规定的除外。"换言之,除了涉及国家秘密、个人隐私,依法不公开审理的以外,依法应当进行公开审理的案件,庭前会议也应公开进行,以看得见的方式实现正义。人民法院在收到建议、申请后的三日内应当作出决定是否召开庭前会议,人民法院不同意召开庭前会议的,应当通知人民检察院或申请人并说明理由。

论庭前会议中的非法证据排除

万 超 鄢 勇[*]

摘要：根据修改后《刑事诉讼法》第182条的规定和"两高"的司法解释，以及司法实践的情况，解决非法证据排除正在成为庭前会议的重点工作。在庭前会议中，控辩双方可以将有异议的证据提交主持庭前会议的审判人员，若证据确为非法证据则予以排除，并记录在案，在法庭上对排除的非法证据以及无争议的事实、证据不再作法庭调查。在庭前会议上因非法证据排除导致起诉理由不能成立的，可以直接撤回起诉，案件终结。然而，实践中遇到的非法证据排除的审查范围、提出或申请非法证据排除的时间、人员、对证据合法性的证明责任，法官对非法证据排除的调查责任，非法证据排除的效力等问题法律却未做明确规定。应明确非法证据排除的范围和后果，完善非法证据排除的启动程序和调查程序，有效解决非法证据排除难题，提高庭审的质量和效率。

关键词：庭前会议　非法证据排除

一、问题的提出

这是一起发生在我市青神县法院审判人员主持的庭前会议中涉及非法证据排除的案件。

在熊某涉嫌受贿案中，被告人熊某提出："在黑龙潭第一次第二次的供述是之前写好拿给我签字的，不是一问一答打出来的，询问二个小时，根本打不出来，取证方式不合法，且供述的大部分内容不是事实。"辩护人说："我与熊某的意见有分歧，我个人认为不是非法证据，有熊某的签字、捺印，只是这两次笔录在纪委的双规地点取得有瑕疵。"公诉人认为："被告人不能从自己的角度去衡量书记员的打字速度，记录时间是足够的，记录的地点也是检察机关的办案地点，熊某前两次供述的取得是合法的，并且有熊某第二次供述的同步录音录像。"辩护人提出："熊某说，纪委在双规时采取诱导方式取得的证据是诱供，熊某从纪委转到检察院，即第三次供述开始诱供，就因为纪委是诱供。"主持庭前会议的审判人员提出："在

---

[*] 万超，眉山市人民检察院常务副检察长、高级检察官。鄢勇，眉山市人民检察院公诉处副处长、一级检察官。

双规期间的纪检活动不属于司法审查的范围,辩护人下来后与被告人交换意见沟通下,尽可能统一你方的意见。是否提起非法证据排除,在开庭前向本院回复,如提出,应提交相关证据和线索。"辩护人表示同意。会后,辩护人与被告人进行了沟通、协调,仍然无法统一意见,被告人坚持认为,这是非法证据,应申请予以排除。在庭审中,对被告人申请的非法证据排除进行了调查,耗费了不少时间。

法庭在判决书中认为,被告人熊某辩称其在检察机关所作的有罪供述系侦查机关诱供的理由不能成立,因熊某提不出相应的线索和证据,且熊某也认可侦查人员没有对其进行刑讯逼供,该笔录是自己陈述且看后进行了签名捺印。故对该辩护意见,不予采纳。结合其他证据和事实,一审法院于2013年8月23日,以受贿罪判处被告人熊某有期徒刑十年,并处没收财产10万元,对其的违法所得依法予以追缴。

像这类在庭前会议中涉及非法证据排除的案件已有多起,有的在程度上还超过此案,问题是什么是非法证据排除,为什么说解决非法证据排除是庭前会议的重点工作,庭前会议解决非法证据排除的程序怎样,庭前会议中解决非法证据的排除在司法实践中遇到了哪些问题,如何在庭前会议中排除非法证据,以提高庭审的质量和效率,对这些问题鲜明研究。本文将对此进行详细分析,也许对指导司法实践有所帮助。

二、非法证据排除

非法证据,通常是指以非法手段或以非法程序获取的证据。修改后的《刑事诉讼法》第54条规定:"采取刑讯逼供等非法方法收集的犯罪嫌疑人、被告人供述和采用暴力、威胁等非法方法收集的证人证言、被害人陈述,应当予以排除。收集物证、书证不符合法定程序,可能严重影响司法公正的,应当予以补正或者作出合理解释;不能补正或者作出合理解释的,对该证据应当予以排除。在侦查、审查起诉、审判时发现有应当排除的证据的,应当依法予以排除,不得作为起诉意见、起诉决定和判决的依据。"这是在吸纳《关于办理刑事案件排除非法证据若干问题的规定》第1条和第2条规定的基础上,对非法证据排除的范围和办案机关排除非法证据义务所作的明确规定,但未进一步解释何谓"刑讯逼供",到目前为止,也没有相应的司法解释。

参与立法的人认为,这里的"刑讯逼供",是指使用肉刑或者变相肉刑,使当事人在肉体或精神上遭受剧烈疼痛或痛苦而不得不供述的行为,如殴打、电击、饿、冻、烤等。"等非法方法"是指违法程度和当事人的强迫程度达到与"刑讯逼供"或者暴力、威胁相当,使其不得不违背自己意愿陈述的方法。以上述非法方法收集言词证据,严重侵犯当事人的人身权利,破坏司法公正,极易酿成冤假错案,是非法取证情节最严重的情形。对以上述非法方法取得的言词证据,规定应当严格地予以排除。"不符合法定程序"包括不符合法律对于取证主体、取证手续、取证方法的规定,如由不具备办案资格的人员提取的物证、没有见证人签字的物证、未出示搜查证搜查取得的书证等。违法搜集物证、书证的情况比较复杂,物证、书证本身是客观证据,取证程序的违法一般不影响证据的可信度,而且许多物证、书证具有唯一性,一旦被排除就不可能再次取得。修改后的《刑事诉讼法》第54条统筹考虑惩治犯罪和保障人权的要求,规定收集物证、书证不符合法定程序,可能严重影响司法公正的,应当予以补正或者作出合理解释;不能补正或者作出合理解释的,对该证据应当予以排除。"可能严重影响司法公正"是排除非法取得的物证、书证的前提,是指收集物证、书证不符合法定程序的行为明显违法或者情节严重,可能对司法机关办理案件的公正性、权威性以及司法的公信力产生严重的损害。补正或者合理解释的主体是收集证据的办案机关或者人员。"补正"是指对取证程序上的非实质性的瑕疵进行补救,如缺少侦查人员签名的勘验、检查笔录上签名等。合理解释是指对取证程序的瑕疵作出符合逻辑的解释,如对书证副本复制时间作出解释等。根据该款规定,如果收集证据的机关或者人员对违法取证的情况作出了补正或者合理解释,审查证据的机关认为不影响证据使用的,该证据可以继续使用;不能补正或者作出合理解释的,对该证据则应当予以排除。[①]

"在侦查、审查起诉、审判时发现有应当排除的证据的,应当依法予以排除"中的"应当排除的证据"是指依照第1款的规定,应当排除的言词证据和实物证据,不局限于应当排除的言词证据。

三、解决非法证据排除为什么是庭前会议的重点工作

陈卫东教授在谈到构建中国特色庭前会议程序时指出,在庭前会议的"审理"中,解决非法证据排除是庭前会议的重点工作。非法证据排除将是这一阶段的主要工作,控辩双方将有异议的证据在庭前会议中提交并申请予以排除,同时记录在案。在法庭上对排除的非法证据以及无争

[①] 全国人大常委会法制工作委员会刑法室编辑:《〈关于修改中华人民共和国刑事诉讼法的决定〉条文说明、立法理由及相关规定》,北京大学出版社2012年3月版,第56页。

议的事实、证据不再作法庭调查。而在庭前会议上因非法证据排除导致起诉理由不能成立的,则可以直接撤回起诉,案件终结。②

修改后的《刑事诉讼法》自今年实施以来,解决非法证据排除正在成为庭前会议的重要内容、重点工作,甚至被称为庭前会议最重要的议题。非法证据排除规则所要规范的不是证据的证明力问题,而是证据能力问题,即要解决的是公诉方证据的法庭准入资格问题。既然是"准入"问题就应尽量在开庭前处理,这也符合一般的逻辑。一旦不具备准入资格的证据进入了法庭,势必会对裁判者的认知造成污染,形成预断,影响裁判者的自由心证。庭前排除非法证据能够防止出现因证据调查及程序性裁判而造成的庭审中断,节约宝贵的诉讼资源。③而且非法证据排除不是简单的程序争议,证据的排除与否与最终的事实认定、罪与非罪以及量刑轻重有着直接的联系。与庭审的示证方式、顺序或者了解辩护人搜集证据情况等事项不同,申请非法证据排除与回避、管辖异议等程序性问题一样,涉及被告人的诉讼权利,事关控辩平等、人权保障和刑事法治进程。

从司法实践的情况来看,在庭前会议中,解决非法证据排除的案件在增多,延续了《两个证据规定》实施后,非法证据排除成为庭审焦点的趋势。庭前会议中,解决非法证据排除早已存在,今年以来,有所增加,且多为重大、复杂、社会关注的案件,如李某某等人涉嫌强奸案。在我国,在庭前会议中,解决非法证据排除等程序性争议,有利于实现庭前会议的价值目标,是我国审判制度的发展方向。

在一些国家和地区,在庭前会议中解决非法证据排除,也是重点工作。如美国刑事审判中庭前会议程序,主要是实质性地解决非法证据的排除,使审判事实的陪审团不受非法证据的"污染"。俄罗斯等国均以庭前听证的方式对非法证据予以排除。这可以作为参照或印证。

四、庭前会议中解决非法证据排除的程序

修改后的《刑事诉讼法》第182条第2款规定:"在开庭以前,审判人员可以召集公诉人、当事人和辩护人、诉讼代理人,对回避、出庭证人名单、非法证据排除等与审判相关的问题,了解情况,听取意见。"这对解决非法证据排除这一程序性争议,规定了法律程序,尽管较为笼统、原则。

---

② 张伯晋:"专家称刑诉法'庭前会议'制度体现保障人权价值",载《检察日报》2012年4月1日。

③ 闵春雷、贾志强:"刑事庭前会议制度探析",载《中国刑事杂志》2013年第3期。

最高人民法院《关于适用中华人民共和国刑事诉讼法的解释》(以下简称《解释》)和最高人民检察院《人民检察院刑事诉讼规则(试行)》(以下简称《规则》)对此作了补充性规定。

《解释》进一步明确了申请排除非法证据的程序。规定当事人及其辩护人、诉讼代理人申请人民法院排除以非法方法收集的证据,应当依法提供涉嫌非法取证的人员、时间、地点、方式、内容等相关线索或者材料;并规定人民法院在向被告人及其辩护人送达起诉书副本时,应当告知其在开庭审理前提出排除非法证据的请求,但在庭审期间才发现相关线索或者材料的除外。《解释》明确了对取证合法性的审查、调查程序。《解释》规定:(1)开庭审理前,当事人及其辩护人、诉讼代理人申请排除非法证据,人民法院经审查,对证据收集的合法性有疑问的,应当召开庭前会议,就非法证据排除等问题向控辩双方了解情况,听取意见。(2)法庭审理过程中,当事人及其辩护人、诉讼代理人申请排除非法证据的,法庭经审查,对证据收集的合法性有疑问的,应当进行调查;没有疑问的,应当当庭说明情况和理由,继续法庭审理。对证据收集合法性的调查,根据具体情况,可以在当事人及其辩护人、诉讼代理人提出排除非法证据的申请后进行,也可以在法庭调查结束前一并进行。开庭前已掌握非法取证的线索或者材料,开庭前不提出排除非法证据申请,庭审中才提出申请的,应当在法庭调查结束前一并进行审查,并决定是否进行证据收集合法性的调查。(4)经审理,确认或者不能排除存在以非法方法收集证据情形的,对有关证据应当排除。人民法院对证据收集的合法性进行调查后,应当将调查结论告知公诉人、当事人和辩护人、诉讼代理人。而《规则》对检察机关排除非法证据的具体操作程序作了规定,表现为对非法证据排除制度中其他"非法方法"作了界定,规定了排除非法证据的效力和诉讼环节。关于言词证据,被排除的非法言词证据不得作为报请逮捕、批准或者决定逮捕、移送审查起诉以及提起公诉的依据;关于物证、书证,对于经侦查机关补正或者能够作出合理解释的,可以作为批准或者决定逮捕、提起公诉的依据,侦查机关不能补正或者无法作出合理解释的,对该证据应当予以排除。

这些规定对于我们全面理解、把握和适用庭前会议制度具有重要的指导意义,有利于激活非法证据排除,发挥庭前会议的主要作用,即实现程序公正,缓解庭审工作压力,有效集中审理,提高诉讼效率,节约司法资源。

五、庭前会议中如何解决非法证据排除

在庭前会议中解决非法证据排除,在实践中遇到了一些问题,主要集中于庭前会议中非法证据排除的审查范围,提出或申请非法证据排除的时间、人员,对证据合法性的证明责任、法官对非法证据排除的调查责任、庭前会议中达成合意的效力。对此,应从完善程序入手,有效解决非法证据排除,提高庭审的质量和效率,避免开庭—休庭—开庭—休庭的情形。

1. 明确非法证据排除的审查范围。这是在庭前会议中解决非法证据排除的前提。非法证据包括言词证据和实物证据,非法证据排除包括言词证据和实物证据的排除。应注意"非法证据"与"瑕疵证据"的区别,从证据法理上讲,"瑕疵证据"不同于"非法证据"。在性质上,"非法证据"系侦查机关以严重侵犯人权的非法方法收集的证据,而"瑕疵证据"虽同属侦查机关以违法方法获取之证据,但违法程度较轻,并未严重侵犯公民人权。在效力上,"非法证据"自始即无证据能力,一经查实即应从程序上予以排除。而"瑕疵证据"则属于效力未定的证据,是否有效取决于该证据的瑕疵能否被补正或合理解释。若瑕疵证据的瑕疵经补正或合理解释而消除,则瑕疵证据可转化为合法、有效的证据,具有可采性;若瑕疵证据的瑕疵无法补正,则该证据将转化为无证据能力的证据,不具可采性。[④]不能把瑕疵证据一概作为非法证据,予以排除。

2. 明确庭前会议中非法证据排除的后果。庭前会议的效力主要体现在请求的时效性、决定的约束性及权利的救济性。在前面的分析中已经有所涉及。修改后的《刑事诉讼法》第182条,对非法证据排除合意的效力,没有明确规定。有论者认为,庭前会议对非法证据的审查结果分为三种情况:第一,对可以通过程序性审查排除的非法证据予以排除,被排除的非法证据在庭审过程中不再出示。第二,对合法证据确定其合法性,在庭审中出示并作为审判的依据。第三,对于无法确定是否为非法证据的,则在程序审查之后归纳争议,确定在庭审过程中进行非法证据排除需要出席的证人、侦查人员、鉴定人名单,并确定举证程序及方式。由承担证明责任的一方证明证据的合法性,无法证明的,法官在庭审中进行实质审查后,结合被告人当庭供述以及其他证据决定该证据是否予以排除。庭前会议排除非法证据后,导致证据可能不足的情形时,法院对案件审查

---

④ 万毅:"论瑕疵证据",载《法商研究》2011年第5期。

后应当根据案件情况分别作出补充材料、依法受理、不予受理的处理决定。检察机关、被告人及其辩护人可以在庭前会议后,根据证据排除的情况,及时补充证据材料。⑤

　　3. 完善非法证据排除的启动程序和调查程序。庭前会议中控辩双方有权提出或申请非法证据排除,对一些严重违反取证程序的证据,法官从维护实质正义出发,也有责任依职权主动审查和排除。庭前会议上,当事人、辩护人及诉讼代理人可以对采取刑讯逼供等非法方法收集的犯罪嫌疑人、被告人供述和采用暴力、威胁等非法方法收集的证人证言、被害人陈述,以及违反法定程序收集、可能严重影响司法公正的实物证据,向审判人员申请排除非法证据。公诉人要依法及时进行核实,如可以要求公安机关提供相关证明,必要时可以自行调查核实。经核实,认为存在非法取证行为依法应当对该证据予以排除的,应当在开庭前予以排除并通知人民法院、辩护人和有关当事人;认为不存在需要排除情况的应将相关证据材料及时移送人民法院。也就是说,除举证责任倒置外,控方承担排除非法证据的举证责任。为保证辩方申请权的实现,法庭在庭前准备阶段应负有相应的告知义务,应将可能召开庭前会议的情况详细写明并在送达起诉书副本时一并送达被告人及其辩护人。非法证据排除的申请,一般应在审前准备程序中提出。庭前会议一般召开一次,对于特别疑难复杂的案件,在不影响庭审的情况下,可以召开第二次庭前会议。如在李某某等5人涉嫌强奸案中,为解决排除非法证据等问题,审判人员分别于7月20日和22日上午,召开了两次庭前会议。对于一些严重的非法取证行为,法官也有责任予以调查,并将查证属实的非法证据予以排除。由于我国非法证据调查程序之启动,在证据维度上是一种"裁量"启动,法庭对此具有一定的自由裁量权。

　　总之,在我国目前情况下,出于兼顾效率与公正的考虑,争议不大的非法证据排除问题应尽量在庭前会议中得到解决;争议较大、情况复杂的可利用庭前会议了解情况、听取意见、做好准备,在庭审时再对非法证据排除问题进行集中审理,为被告人的基本权利提供更为充分的保障。对于控辩双方争议较大的案件,可以通过庭前会议完成证据的调取及其他准备活动,在庭审程序中继续对证据进行质证后依法作出裁决。

---

⑤　郑思科、黄婧:"庭前会议如何排除非法证据",载《检察日报》2013年7月17日。

人民检察院刑事司法救济研究

彭林泉

摘要："无救济则无权利",这句法谚揭示了救济对于权利及其实现的作用,人民检察院刑事司法救济尤为如此。修改后的《刑事诉讼法》第47条和第115条赋予了人民检察院刑事司法救济权,这是具有重大现实意义的突破,必将产生深远的影响。对于这项制度,问题关键在于如何理解和把握其内涵、对人民检察院而言有何意义、人民检察院刑事司法救济的负责部门是谁、手段是什么、有哪些具体程序、在实践中运行状况怎样等等,分析研究这些问题,有助于更好地行使这种权力,找寻加强和改进人民检察院刑事司法救济的路径,有助于正确理解和适用法律规定,认真贯彻落实修改后的《刑事诉讼法》,在打击刑事犯罪的同时,更好地保障人权。

关键词：刑事司法救济 检察院 保障人权

一、对人民检察院刑事司法救济的理解和把握

修改后的《刑事诉讼法》第47条规定:"辩护人、诉讼代理人认为公安机关、人民检察院、人民法院及其工作人员阻碍其依法行使诉讼权利的,有权向同级或上级人民检察院申诉或者控告。人民检察院应当及时进行审查,情况属实的,通知有关机关予以纠正。"这里的"辩护人",指的是《刑事诉讼法》所规定的犯罪嫌疑人、被告人及其委托的辩护律师和其他辩护人或者其监护人、近亲属代为委托的辩护律师和其他辩护人,以及受法律援助机构指派提供法律援助的辩护律师。"诉讼代理人"指的是《刑事诉讼法》规定的被害人及其法定代理人或者近亲属、附带民事诉讼的当事人及其法定代理人委托的诉讼代理人,既包括委托律师作为诉讼代理人,也包括依照《刑事诉讼法》第32条的规定委托其他人作为诉讼代理人。"工作人员"是指在公安机关、人民检察院、人民法院中从事侦查、审查起诉、审判和监管等职责的工作人员。[①] 这是关于辩护人、诉讼代理人对公安机关、人民检察院、人民法院及其工作人员阻碍其依法行使诉讼权利的申

---

① 全国人大常委会法制工作委员会刑法室编:《中华人民共和国刑事诉讼法》条文说明、立法理由及相关规定,法律出版社2013年3月出版,第39页。

诉控告及处理程序的规定,不仅赋予了辩护人、诉讼代理人刑事申诉或控告的权利,同时也赋予了人民检察院对阻碍辩护人、诉讼代理人依法行使诉讼权利的司法救济权。

按照修改后的《刑事诉讼法》第115条规定:"当事人和辩护人、诉讼代理人、利害关系人对于司法机关及其工作人员有下列五种行为之一的,有权向该机关申诉或者控告:(一)采取强制措施法定期限届满,不予以释放、解除或者变更的;(二)应当退还取保候审保证金不退还的;(三)对与案件无关的财物采取查封、扣押、冻结措施的;(四)应当解除查封、扣押、冻结不解除的;(五)贪污、挪用、私分、调换、违反规定使用查封、扣押、冻结的财物的。受理申诉或者控告的机关应当及时处理。对处理不服的,可以向同级人民检察院申诉;人民检察院直接受理的案件,可以向上一级人民检察院申诉。人民检察院对申诉应当及时进行审查,情况属实的,通知有关机关予以纠正。"

上述两条规定构成了相对完整的人民检察院刑事司法救济,包括对阻碍辩护人、诉讼代理人依法行使诉讼权利的司法救济和对公民权利遭受违法侦查措施侵害时的司法救济。两者缺一不可,不能割裂开来。对这两条规定的分别研究是必要的,但只有将两者结合起来,才是相对完整的司法救济权。也只有这样,并参照相关的司法解释来看,才能准确、完整地理解人民检察院刑事司法救济权的内涵。

2012年12月26日,最高人民法院、最高人民检察院、公安部、国家安全部、司法部、全国人大法制工作委员会《关于实施刑事诉讼法若干问题的规定》(以下简称《六部委的规定》)第10条对修改后的《刑事诉讼法》第47条作了补充规定:"人民检察院受理辩护人、诉讼代理人的申诉或者控告后,应当在十日以内将处理情况书面答复提出申诉或控告的辩护人、诉讼代理人。"这规定了受理后审查处理的时间(10天以内)和答复的方式(书面答复),对司法救济中的两个关键问题提出了明确要求。

2012年10月16日修改后的《人民检察院刑事诉讼规则(试行)》(以下简称《刑事诉讼规则》)第57条、第58条、第574条、第575条等对此作了进一步的补充规定,明确了人民检察院受理控告、申诉的范围和部门,以及查处控告案件的程序。如将侵权受理的范围具体为16种情形:1.对辩护人、诉讼代理人提出的回避要求不予受理或者对不予回避决定不服的复议申请不予受理的;2.未依法告知犯罪嫌疑人、被告人有权委托辩护人的;3.未转达在押的或者被监视居住的犯罪嫌疑人、被告人委托辩护人的要求的;4.应当通知而不通知法律援助机构为符合条件的犯罪嫌疑人、被告人或者被申请强制医疗的人指派律师提供辩护或者法律援助的;5.在规定时间内不受理、不答复辩护人提出的变更强制措施申请或者解除强制措施要求的;6.未依法告知辩护律师犯罪嫌疑人涉嫌的罪名和案件有关情况的;7.违法限制辩护律师同在押、被监视居住的犯罪嫌疑人、被告人会见和通信的;8.违法不允许辩护律师查阅、摘抄、复制本案的案卷材料的;9.违法限制辩护律师收集、核实有关证据材料的;10.没有正当理由不同意辩护律师提出的收集、调取证据或者通知证人出庭作证的申请,或者不答复、不说明理由的;11.未依法提交证明犯罪嫌疑人、被告人无罪或者罪轻的证据材料的;12.未依法听取辩护人、诉讼代理人的意见的;13.未依法将开庭的时间、地点及时通知辩护人、诉讼代理人的;14.未依法向辩护人、诉讼代理人及时送达本案的法律文书或者及时告知案件移送情况的;15.阻碍辩护人、诉讼代理人在法庭审理过程中依法行使诉讼权利的;16.其他阻碍辩护人、诉讼代理人依法行使诉讼权利的。最后一条是兜底条款,涵盖未列明的相关情形,如辩护律师会见犯罪嫌疑人、被告人时被违法监听的;不依法告知被害人及其法定代理人或者其近亲属、附带民事诉讼的当事人及其法定代理人有权委托诉讼代理人的。

　　辩护人、诉讼代理人认为公安机关、人民检察院、人民法院及其工作人员具有以上16种阻碍其依法行使诉讼权利的行为之一的,可以向同级或者上一级人民检察院申诉或者控告,检察部门应当接受并依法办理控告,相关办案部门应当予以配合。辩护人、诉讼代理人认为看守所及其工作人员有阻碍其依法行使诉讼权利的行为,向人民检察院申诉或者控告的,监所检察部门应当接收并依法办理;检察部门收到申诉或者控告的,应当及时移送监所检察部门办理。辩护人、诉讼代理人认为其依法行使诉讼权利受到阻碍向人民检察院申诉或者控告的,人民检察院应当在受理后十日以内进行审查,情况属实的,经检察长决定,通知有关机关或者本院有关部门、下级人民检察院予以纠正,并将处理情况书面答复提出申诉或者控告的辩护人、诉讼代理人。

　　人民检察院刑事司法救济就其性质来说,是一种公权力,而不是权利,具体而言是刑事司法救济权。其具有以下特征:救济领域发生在刑事诉讼中,救济对象是当事人、辩护人、诉讼代理人等,救济类型是权利救济,救济主体是人民检察院,救济前提是诉讼程序权利和实体权利遭受侵犯时提出控告、申诉,或者在侵权行为发生后提出了控告、申诉。这是一种中立性、程序性的司法救济。新《刑事诉讼法》第47条和第115条分别就辩护人、诉讼代理人、当事人、利害关系人的程序权利以及实体权利在诉讼中受到侵犯,有权向人民检察院提出申诉和控告作出规定,同时规定了检察机关及时审查,以及查证属实的情况下,通知有关机关纠正的责任。这两条新的法律规定,实质上是将刑事诉讼中的程序性救济权力授予了人民检察院。检察机关由此获得的权力已经不是一般意义上的法律监督权,而是一种司法救济权。

从比较法上看,这一权力在其他国家均为法院享有。因而,当控诉方在诉讼中侵犯辩护方实体权利和程序权利,并形成诉讼争议的情况下,法理上认为只能由一个独立和中立于控辩双方,且具有裁决权的主体来审查和处置争议,纠正违法或不当的侵权性程序行为,这是国家行为的可诉性及救济性的基本要求。然而,我国刑事诉讼较为特殊,在"侦查行为不可诉"的原则及检察机关担当法律监督的制度下,司法救济权赋予检察机关,但检察机关本身就是一个侦查和控诉机关,因此可能成为直接实施侵权行为的被控告机关。为应对这一冲突,法律规定权利人可以改向其上一级人民检察院申诉或控告,即以检察机关内部的行政性监督,克服被控告的当事人与救济机关主体重合的矛盾。[②]

在笔者看来,修改后的《刑事诉讼法》赋予人民检察院刑事司法救济权,有法理基础,也有相对合理性。人民检察院是国家的法律监督机关,实施法律监督是宪法和法律赋予检察机关的神圣职责,维护司法公正,维护国家法律正确、统一实施,是其任务。将诉讼监督与惩治司法腐败结合起来,有利于查办执法不严、司法不公背后的徇私枉法、滥用职权等职务犯罪案件,在一定程度上遏制人情案、关系案、金钱案等的发生。这次《刑事诉讼法》修改强化了检察机关的诉讼监督角色。修改后的《刑事诉讼法》第8条规定:"人民检察院依法对刑事诉讼活动实行法律监督。"在分则中,继续保留和丰富了监督职能,表现为进一步完善监督范围、监督措施和监督程序三个方面。对修改后的《刑事诉讼法》第47条和第115条规定的侵权行为在提出控告、申诉后实施司法救济,是一种监督程序的完善,有利于增加诉讼监督的效果。而保留检察机关的法律监督有国外经验可资借鉴,也与联合国有关规定相一致。联合国《关于检察官作用的准则》第11条规定:"检察官应在刑事诉讼,包括提起诉讼和根据法律授权或当地惯例,在调查犯罪、监督调查的合法性,监督法院判决的执行和作为公众利益的代表行使其他职能中发挥积极作用。"可见,由其承担刑事

---

② 龙宗智:"检察机关办案方式的适度司法化",载《法学研究》2013年第1期。

司法救济的职责是合适的。

修改后的《刑事诉讼法》新增的这两条规定,赋予了人民检察院刑事司法救济权,对于保障辩护人、诉讼代理人和当事人的诉讼权利和合法权利,维护法律正确实施、维护司法公正、维护社会和谐稳定具有十分重要的意义。虽然 1996 年《刑事诉讼法》规定了辩护人、诉讼代理人的诉讼权利,但在司法实践中,存在着少数办案机关和办案人员设置障碍,阻碍辩护人、诉讼代理人依法行使诉讼权利的情况,如辩护人要求会见犯罪嫌疑人、被告人依法不需要经过批准的,有个别看守所仍要求辩护人出具有关批准手续;有个别法院、检察院限制辩护人阅卷的时间,或者收取不合理的费用;有个别法官在法庭上不适当地限制辩护人、诉讼代理人进行质证、辩论等。这些做法,严重损害了犯罪嫌疑人、被告人、被害人等委托人的诉讼权利和合法权益,影响到案件的正确处理,严重妨碍司法公正,影响司法公信力。尤其是对办案机关和办案人员利用职权阻碍律师依法执业的行为没有规定法律救济途径,使这些违法行为难以得到制止和纠正。[③] 这次《刑事诉讼法》的修改,在第 47 条和第 115 条的规定中,增加法律救济途径,可以解决长期以来想解决而未能解决的问题,即辩护人、诉讼代理人诉讼权利遭受侵犯和公民权利遭受侦查措施违法侵害时如何寻求以及实现有效救济的问题。需要指出的是,修改后的《刑事诉讼法》第 115 条的规定,明确了对侦查阶段的权利救济与侦查监督制度,不仅注重体现以人为本的原则,注意保护当事人和辩护人、诉讼代理人、利害关系人的合法权益不受侵害,而且在防止司法机关及其工作人员滥用这些强制措施、侦查措施这一问题上取得了实质性的进展。对于侦查措施违法的权利救济,具有保障公民权利、制约侦查权力和维护司法公正等功能作用。这种对诉讼行为的监督,从原来的审判中的监督转化为了侦查中的监督,提高了监督的效能。[④]

二、人民检察院刑事司法救济的负责部门

提出控告、申诉后进行司法救济,由人民检察院的哪个部门负责,修改后的刑诉法对此未明确规定。在检察实务界,对此有不同的看法,有的主张由控告申诉部门负责,有的主张新设专门的监督机构,有的主张由侦

[③] 黄太云:"刑事诉讼法修改的主要内容解读",载《刑事司法指南》2012 年第 2 期。
[④] 陈瑞华等主编:《法律程序改革的突破与限度——2012 年刑事诉讼法修改评析》,中国法制出版社 2012 年版,第 40 页。

查监督、公诉等传统诉讼监督部门负责,还有的主张应该按照诉讼环节和对该环节的监督职责来划分具体的负责部门。后两种观点有相同或相似的地方,均认为侦查监督部门、公诉部门应承担人民检察院刑事司法救济的权责。如有论者认为,对修改后的《刑事诉讼法》第47条的规定,需根据诉讼阶段和投诉对象之不同,由不同的检察业务部门监督。其中,辩护人等如认为侦查机关有上述违法行为而于侦查终结前向检察机关侦查监督部门提出申诉或者控告的,侦查监督部门应当及时进行审查,确认属实的,应当通知侦查机关予以纠正。⑤ 甄贞教授认为,应该按照诉讼环节和对该环节的监督职责来划分具体的受理部门。因为检察机关对辩护权的保障贯穿于侦查、审查起诉、审判等整个诉讼阶段,应该按照诉讼环节和对该环节的监督职责来划分具体的受理部门。对于提请审查逮捕及移送审查起诉环节的案件,应分别由侦查监督和公诉部门来受理辩护律师的控告申诉;对于刑事拘留、未提请逮捕的取保候审、监视居住期间的案件,则可以由专门的检务接待中心受理后移交侦查监督部门处理。受理部门应当以制度规章的形式列明律师申诉、控告的方式、控告材料应当列明的事项,决定受理后须履行的手续,答复的时间与效力等。⑥ 这些看法提供了选择的空间,可以说各有利弊。

由控告申诉部门负责,与其职责相符,也体现了修改后的刑诉法和司法解释对其新增的职责或任务。不过,这仅仅是承担刑诉法新增的一项职能。传统的控告申诉案件属于事后监督性质,不涉及对诉讼过程中的案件进行监督;涉及刑罚执行监督的,如看守所等场所发生的侵权行为,如果全部由控申部门负责刑事司法救济,在合理性和效率上均存在不足,从某种程度上说,忽视了监督检察部门对刑罚执行监督的特殊性。此外,由控告申诉部门统一负责司法救济权责,势必要求增加内设机构和人员。虽然高检院控告厅已增设了一个处,但这是个案,不能要求各级地方检察院都增设专门的机构来承担刑事司法救济的权责。地方检察院从形势和任务的需要出发,给控申部门合理增量是必要的,可以增加或确定专门的人员来负责这项工作,而不一定非得通过增设专门的机构来承担这项权责,何况在一些地方检察院的控申部门已成"安置所"、"疗养所",甚至一

---

⑤ 万春:"《刑事诉讼法》再修改对侦查监督的影响与挑战",载郭书原主编《刑事诉讼法修改的深度访谈》,中国检察出版社2012年版,第55页。

⑥ 甄贞:"新刑事诉讼法背景下中国特色的控辩关系",载郭书原主编《刑事诉讼法修改的深度访谈》,中国检察出版社2012年版,第90页。

些基层院控申部门有只存在一个人的情形。

新设专门的监督机构,虽然便于集中受理和处理这类控告、申诉,但可能产生人力资源分配方面的矛盾,面临机构编制难和人员紧张的问题。在编制严格限制、不准超编的情况下,新增专门的机构不是一件容易的事。

由侦查监督、公诉等传统诉讼监督部门负责,与侦查监督、公诉部门的职责有关系,有利于受理和处理这类控告、申诉案件,但可能会产生与公安、法院之间监督与配合的现实问题。实际上,抛开了承担控告申诉职责的部门和专司刑罚执行监督的部门,在正当性上会存有疑问。虽然向侦查监督、公诉部门特别是前者的投诉,尤其受理和办理这类控告、申诉,是符合其职责的,但其本身也可能成为投诉的对象,在角色上存在冲突,公诉部门尤其如此,在已经存在控诉与诉讼监督的角色冲突的情况下,如果再将司法救济的权责交由公诉部门承担,无疑会加重公诉部门的角色冲突。

按照诉讼环节和对该环节的监督职责来划分具体的负责部门,与诉讼阶段相吻合,也有利于对控告、申诉的受理和处理,但也存在多头受理、处理等问题。而由单一的机构(如控告申诉部门)负责人民检察院刑事司法救济,要单独完成受理、办理这类控告、申诉案件,实施司法救济,也存在一定的弊端。

考虑到刑事司法救济的对象和检察工作的特殊性,由控告部门和监所检察部门负责较为恰当。简要地说,这是由控申部门和监所检察部门的职能决定的。比如,修改后的刑诉法在文本上保障了律师的会见权,在普通刑事案件中,律师只需凭借律师证、律所证明文件和委托书,即可在48小时内到看守所会见犯罪嫌疑人。从实施情况看,与过去相比有所进步。但在实践中,律师会见权遭遇新的"玻璃墙",这表现在律师会见人次大幅度增长,而大多数看守所都存在会见位置少的问题,以致看守所自创"解释"约束律师会见。北京市朝阳区看守所就规定,律师不能申请在当日会见。同时,律师首次会见,必须提供委托人与在押人员亲属关系的证明文件。因此,辩护人(律师)对看守所及其工作人员阻碍其依法行使诉讼权利的控告、申请,由检察院监所检察部门负责,是相对合理的,是与其职责相符的,也有利于提高处理的效率。《刑事诉讼规则》对此作了明确规定。按照《规则》第57条规定,辩护人、诉讼代理人认为公安机关、人民检察院、人民法院及其工作人员具有16种阻碍其依法行使诉讼权利的行为之一的,可以向同级或者上一级人民检察院申诉或者控告,控告检察部门应当接受并依法办理,相关办案部门应当予以配合:辩护人、诉讼代理人认为看守所及其工作人员有阻碍其依法行使诉讼权利的行为,向人民检察院申诉或者控告的,监所检察部门应当接收并依法办理;控告检察部门收到申诉或者控告的,应当及时移送监所检察部门办理。这就明确了针对不同的对象,分别由控申部门和监所检察部门负责。

三、人民检察院刑事司法救济的手段

从修改后的《刑事诉讼法》第 47 条、115 条的规定以及《六部委的规定》和《刑事诉讼规则》的相关规定,人民检察院刑事司法救济手段主要有以下两种:

(一)调查核实。这是首要的、重要的手段,是通知纠正侵权行为的前提。按照新刑诉法第 45 条的规定:"人民检察院应当及时进行审查,情况属实的,通知有关机关予以纠正。"参与立法的人认为,在审查过程中,人民检察院可以向有关机关和个人了解情况,进行核实。人民检察院经过审查发现辩护人、诉讼代理人申诉或者控告的情况属实,有关公安机关、人民检察院、人民法院或者其他工作人员确实存在阻碍辩护人、诉讼代理人依法行使诉讼权利情形的,应当通知有关机关。这符合立法精神,但仅为"了解"、"核实",从程度和处理来讲还不够。诚如有论者在谈到人民检察院的调查职权问题时所说:"人民检察院在接到申诉与控告后,依法行使侦查监督权对申请进行审查,对于审查的方式,法律没有作出明确规定,比如能否进行调查,调查权限等,从修正案草案的前后变动情况来看,立法机关对检察机关针对上述侦查行为的调查权采取了模糊处理的策略,但这种模糊处理极有可能导致对于原本就异常复杂的侦查行为违法的争议,即使启动检察监督程序,也很难作出具有事实根据的处理决定,最终的结果有可能不了了之。"因为调查核实,这是人民检察院刑事司法救济的内在要求。因为阻碍辩护人、诉讼代理人依法行使诉讼权利和违法侦查的行为来自办案机关及其工件人员,不是一般的单位和个人,要查明事实、寻求真相,就需要调查核实。

调查核实的基础是发现。这里的发现既包括在书面审查材料中的发现,也包括在听取意见后的发现。"发现"意味着监督案件途径的多样化,当事人的申请是检察机关发现监督案件的重要来源,除此之外,"发现"案件的途径还包括检察机关通过办理其他案件、通过媒体报道发现等多种形式,不仅仅局限于当事人申诉。辩护人、诉讼代理人认为其依法行使诉讼权利受到阻碍向人民检察院申诉或者控告的,人民检察院将进行受理,审查和调查处理。这里的"认为",是一种主观态度,是否属实,有待调查核实。对违法的侦查行为或侵权行为进行调查核实,也不例外。

黄太云先生认为,检察机关对司法机关及其工作人员滥用对人、对物的强制措施等行为的申诉、控告,有审查核实、通知纠正权。在他看来,司法机关滥用强制措施,采取强制措施法定期限届满,不予以释放、解除或者变更,应当退还取保候审保证金不退还,对与案件无关的财物采取查封、扣押、冻结措施,应当解除查封、扣押、冻结而不解除等问题,是目前社会公众对司法机关反映最为强烈的问题。既然如此,要予以解决,就需要调查核实,而不是审查核实。值得注意的是,这里使用的是"调查核实",而不是"审查核实",这一字之差,体现了不同的权属和方式,有质的区别。这与对非法取证的调查核实中的调查核实在用语上是不同的。修改后的刑诉法第55条规定:"人民检察院接到报案、控告、举报或者发现侦查人员以非法方法收集证据的,应当进行调查核实。对于确有以非法方法收集证据情形的,应当提出纠正意见;构成犯罪的,依法追究刑事责任。"检察机关对侦查人员的非法取证行为有调查核实、通知纠正权。检察机关接到侦查人员非法收集证据的报案、控告、举报,或者发现侦查人员非法收集证据的,就应当进行调查核实,这实际上增加了检察机关加强对侦查活动监督的新途径。

在实践中,对当事人、辩护人等诉讼权利和实体权利遭受侵犯时实施刑事司法救济,或者成功办理的每一起案件,都离不开调查核实这种手段。从实践情况看,调查核实的常见手段有走访、约谈当事人、查阅侦查材料等。如新津县人民检察院成功办理的一起由成都市人民检察院转交的律师控告该院阻碍行使诉讼权利的案件。该院受理辩护律师孙某某的控告后,由控申部门干警向侦查部门了解情况,同时,查询案件管理办公室的登记本和侦查部门的回复本,证实孙某某于2月28日、3月8日、4月1日提出的三次书面申请都已得到书面回复。同时,调查案发地的基本情况,了解到聂某某任职的花源镇是全国行政改革试点镇、新津县经济发展重点乡镇,原案是征迁领域的典型案件,社会影响较大。经讨论,认为侦查部门当时暂不允许律师会见是符合有关规定,但随着侦查工作深入开展,有碍侦查的因素已逐渐消除,即应向该律师送达通知书,允许其会见嫌疑人,这得到了侦查部门认同。2013年4月2日该院侦查部门向申诉人孙某某书面送达了《许可会见嫌疑人通知书》,通知其可以会见嫌疑人。该院控申部门向申诉人孙某某送达了《辩护人申诉/控告答复书》,书面答复了申诉人。孙某某对此表示满意。在该案中,就采用了调查核实的手段。再如,宜宾市南溪区人民检察院成功办理的一起控告公安机关违法侦查的案件。控告人王某向该院反映其向公安机关取保候审交纳的 4 000 元保证金,在其取保候审期限届满后,保证金仍未被公安机关退还。该院一方面约见当事人,了解情况;另一方面到其居住地调查其在取保候审期间是否有违法犯罪情形,还三次到区公安局查阅相关资料,找办案民警核实情况。经过监督,该院向区公安局发出了纠正违法通知书,区公安局依法解除了对王某的取保候审,并将保证金全部退还给王某,同时还将纠正结果书面回复了该院。

(二) 通知纠正。这是人民检察院刑事司法救济的法定手段之一,是调查核实的延续,也是纠正侵权行为或违法行为不可或缺的。否则,就使规定没有"牙",难以达到预期的效果。通知纠正,在调查核实的分析中已有所涉及。这里想强调的是,对侵权行为,调查核实是第一步,通知纠正是第二步。对应当纠正而不纠正的做法进行制裁是第三步。遗憾的是,现行的法律规定,缺乏这第三步,没有法律制裁,就会削弱通知纠正的效果。从法理上讲,司法救济与制裁通常是相联的,对于权利及其实现具有不可忽视的作用。"无救济则无权利,无制裁则无权利保障"深刻地揭示了这一点。制裁可以通过多种方式进行,制裁的方式除了一部分实体性制裁外,还有程序性制裁,包括非法证据的排除等。人民检察院刑事司法救济也应如此。

通知纠正,源自法律的授权,具体为法律赋予检察机关对侵权行为或违法侦查行为的审查核实权和通知纠正权。在修改后的《刑事诉讼法》、《六部委的规定》、《刑事诉讼规则》中,均对通知纠正作了明确规定。这是一项诉讼制度突破的表现,也是对权利救济呼唤的回应,体现了对人权的司法保障。目前,由于社会和办案机关对律师职业还有一些偏见,律师在执业过程中依法行使诉讼权利还遇到不少阻碍,律师会见难、阅卷难、调查取证难等问题还比较突出。这些阻力主要来自于公检法办案机关和办案人员,严重影响了司法公正。在权力、地位和力量悬殊的角力面前,由于没有法律救济途径,律师往往在办案机关和办案人员违背法律规定设置的障碍面前束手无策。

这次《刑事诉讼法》修改,对阻碍律师职业的行为设置了一个法律救济途径。辩护人、诉讼代理人对公检法机关及其工作人员阻碍其依法行使诉讼权利的,有权向检察机关申诉或者控告,检察机关有审查核实、通知纠正权。这个程序有利于进一步发挥检察机关法律监督机关的监督职能,为律师依法执业提供支持和保障。由于辩护人,通常是辩护律师,考虑其在刑事诉讼结构特别是辩护中的地位和作用,对此予以强调是必要的。但是,从被救济主体来讲,还应包括诉讼代理人,诉讼代理人的权限比律师还要弱,运行起来更为不畅,从这个角度而言,更需要保障其依法执业的权利。

而修改后的刑诉法第115条规定的五种违法侦查行为,是对犯罪嫌疑人和当事人、被害人人身权利和财产权利的侵犯,属于侵权行为。这与修改后刑诉法第47条规定的侵权行为并无二致,同属侵权行为,至少是广义上的侵权行为。对侵权行为提出控告、申诉,需要人民检察院进行刑事司法救济。

有论者认为,"申诉、控告是一种诉讼处的救济机制。尽管此次新《刑事诉讼法》对此作了明确规定,但在本质上没有纳入诉讼程序机制之内。对于当事人的申诉,尽管法律规定要求应当及时处理,但是,对具体的程序却没有明确安排。对于申诉,是否需要听取申诉人的意见,是开庭处理还是行政化处理?对此,立法规定的模糊不能解决实践中的不规范运作。对于申诉处理不服的,只能通过申诉途径来解决,这样或许会恶化实践中已经非常严峻的涉诉上访问题。"这种担心是多余的,在涉法涉诉信访改革中,已落实诉访分离,规范受理机制,健全处理机制,推动建立涉法涉诉终结制度,引导群众表达诉求,依法维权。没有具体数据和案例支持这种担心。按照《刑事诉讼规则》第574条、第575条的规定,大多数控告、申诉的案件是可以解决的,不会恶化涉诉上访问题。尽管存在着立法的一些不足,但在司法实践中,已有一些成功的案例。

例如,宜宾市屏山县检察院对一起律师控告法院阻碍其行使诉讼权利实施了司法救济。2013年8月6日,该院收到宜宾市检察院转办的律师邓某、刘某某控告该县法院及其审判人员无正当理由驳回其申请证人出庭作证、调取被告人罪轻证据和要求两被告人当庭对质情况后,高度重视,控申科通过向律师、案件公诉人、审判人员核实开庭、庭审情况,认为律师提出调取被告人罪轻证据和两被告人对质的申请被屏山县法院及其审判人员不说明理由就予以驳回的行为不符合法律规定。根据《最高人民法院关于适用〈中华人民共和国刑事诉讼法〉的解释》第222条等相关法律规定,该院与县法院交换了意见,及时通知法院纠正审判人员未做任何说明就驳回律师所提出的调取被告人罪轻证据和要求两被告人当庭对质的申请,法院采纳了检察机关的意见。8月8日,该案再次开庭,法庭恢复了对此案的法庭调查,确保了律师依法行使权利,为进一步查清案件事实,准确定罪量刑提供了参考。庭审后,刘某某对检察院及时实施司法救济表示了满意。

此外,按照《刑事诉讼规则》第575条第3款的规定,还可以直接监督纠正。未向办理案件的机关申诉或者控告,或者办理案件的机关在规定时间内尚未作出处理决定,直接向人民检察院申诉的,人民检察院应当告知其向办理案件的机关申诉或者控告。人民检察院在审查逮捕、审查起诉中发现有《刑事诉讼法》第115条规定的违法情形的,可以直接监督纠正。

从法律规定和学理解释来看,人民检察院刑事司法救济的主要手段为调查核实和通知纠正,与实施司法救济的要求相比还不够。但只要依法适用,使用得当,仍然可以产生良好的法律效果和社会效果。

五、人民检察院刑事司法救济的程序

按照修改后的《刑事诉讼法》第47条、第115条、《六部委的规定》和《刑事诉讼规则》第58条、第59条、第574条、第575条等规定,结合实际,人民检察院对当事人、辩护人、诉讼代理人程序权利和实体权利遭受侵犯时实施司法救济,大致有以下程序:

(一)受理。应对修改后的《刑事诉讼法》第47条和第115条以及《刑事诉讼规则》规定的二十多种情形,纳入受理的范围,实施司法救济。对辩护人、诉讼代理人认为其依法行使诉讼权利受到阻碍向人民检察院申诉或者控告的,人民检察院应当受理。根据侵权行为发生地是否在监管场所,分为两种情况,分别由检察院控告、申诉部门和监所检察部门受理。对人民检察院办理案件中的违法行为的控告、申诉,以及对其他司法机关及其工作人员的违法行为的控告、申诉,在其对处理不服向人民检察院提出申诉、控告后,由人民检察院控告检察部门受理。在接到辩护人、诉讼代理人或当事人、利害关系人等的申诉、控告后,应进行登记,经审查,凡是符合法律规定的受理条件和范围的,应当决定受理。对不符合受理条件和范围的,应转给有管辖权或职能部门受理。现行法律没有对申诉、控告的形式作出明确规定,从理论上讲,对法定的侵权行为的控告、申诉,包括书面形式和口头形式,如控告信、函或电子邮件等书面材料,对于通过第三方(如司法行政机关或者律师协会)转交的书面材料,也应一视同仁。在实际中,多为提出申诉、控告的书面材料。有的地方检察院规定,对于律师认为公安机关、检察院、法院及其工作人员有阻碍其依法行使诉讼权利的违法行为,可以向同级或者上一级检察院控诉或者控告,也可以将申诉控告材料交司法行政机关或者律师协会代为转交,控告检察部门应当接受并依法办理,相关办案部门应予以配合。[7] 在检察机关相关部门或人员违反法律规定的情况下,辩护人可向承办案件的检察院或者上一级检察院投诉。有的地方检察院对违反修改后的《刑事诉讼法》第47条和第115条规定的情形,实行统一受理、限期办理、有效答复。[8] 强调统一受理,可以避免多头受理、各自办理等情形,但不能有悖《刑事诉讼规则》的规定。

（二）审查办理。对辩护人、诉讼代理人和当事人的诉讼权利在遭受侵犯时,向人民检察院申诉或者控告的,检察院控告申诉、监所检察部门应当依法审查,即在受理后十日以内进行审查,办理案件。在审查后及时处理。尤其要明确审查责任和答复主体。对辩护人、诉讼代理人申诉或者控告司法机关及其工作人员阻碍其依法行使诉讼权利的情形,由控告申诉检察部门负责受理、分流、审查、答复。控告检察部门对本院办理案件中的违法行为的控告,应当及时审查办理;对下级人民检察院和其他司法机关的处理不服向人民检察院提出的申诉,应当根据案件的具体情况,及时移送侦查监督部门、公诉部门或者监所检察部门审查办理。审查办理的部门应当在收到案件材料之日起十五日以内提出审查意见。

（三）决定。审查后情况属实的,经检察长决定,通知有关机关或者本院有关部门、下级人民检察院予以纠正。按照修改后刑诉法的规定,对阻碍辩护人、诉讼代理人依法行使诉讼权利提出控告、申诉的案件,多由控申部门依法受理、办理。认为本院办理案件中存在的违法情形属实的,应当报请检察长决定予以纠正;认为有关司法机关或者下级人民检察院对控告、申诉的处理不正确,应当报请检察长批准后,通知有关司法机关或者下级人民检察院予以纠正;认为本院办理案件中不存在控告反映的违法行为,或者下级人民检察院和其他司法机关对控告、申诉的处理正确的,应当报请检察长批准后,书面提出答复意见及理由,答复控告人、申

---

[7] 如开江县检察院同公安、法院、司法局会签《关于保障和规范律师在刑事诉讼中依法执业的暂行办法》,以14条文专门针对律师申诉与控告作出的明确规定,律师认为公安机关、检察院、法院及其工作人员有阻碍其依法行使诉讼权利的十四项行为,可以向同级或者上一级检察院控诉或者控告,也可以将申诉控告材料交司法行政机关或者律师协会代为转交,控申部门应当接受并依法办理,相关办案部门应予以配合。

[8] 如雅安市名山区院牵头制定了《关于办理辩护人、诉讼代理人申诉或控告的实施办法（试行）》规范了受理范围。从有利于保护辩护人、诉讼代理人合法权益的角度出发,除了将《人民检察院刑事诉讼规则（试行）》第57条规定的16种情形纳入受理监督的范围外,还将《刑事诉讼法》第115条规定的5种情形也纳入受理监督的范围,实行统一受理、限期办理、有效答复,避免了多头受理、各自办理等情形的发生。

诉人。控告检察部门应当在收到通知后五日以内答复。

（四）通知纠正。对情况属实的，经检察长决定，通知有关机关或者本院有关部门、下级人民检察院予以纠正。对于违法行为的纠正，在通知时，须明确相关部门的责任与反馈时限。检察院相关部门、公安机关、人民法院对控申部门的调查应当予以配合，同时对控申、监所检察部门提出纠正通知事项落实情况的反馈时间应作明确规定，防止对纠正通知事项不落实情况的发生。辩护人、诉讼代理人申诉或控告司法机关及其工作人员有《刑事诉讼法》第115条规定的侵权行为存在，在寻找检察院司法救济前，须以向该机关申诉或者控告作为前置程序。

（五）书面答复。对通知纠正的，应一并将处理情况书面答复提出申诉或者控告的辩护人、诉讼代理人和当事人。对控告、申诉查证属实后予以纠正的处理情况，应书面答复提出申诉或者控告的辩护人、诉讼代理人，以及当事人、诉讼参与人和利害关系人。仁寿县检察院的《暂行规定》第3条规定，当事人和辩护人、诉讼代理人、利害关系人依据《刑事诉讼法》第115条向办案机关申诉或控告的，办案机关应当在十五日内作出答复。对办案机关的处理不服，或办案机关未在规定的时间内作出答复，向同级人民检察院或上一级人民检察院申诉的，人民检察院应当在受理后十五日内审查，情况属实的，通知办案机关予以纠正。人民检察院发出书面纠正通知的，办案机关在签收后七日内作出书面回复。人民检察院应当在收到回复三日内书面答复申诉人。

五、人民检察院刑事司法救济的探索和成效

2013年以来，全国检察机关对刑事司法救济作了积极探索，在加强调查分析、建立工作机制和加强案件办理上做了大量工作，取得了初步成效。据统计，2013年，全国检察机关重视保障犯罪嫌疑人诉讼权利和律师执业权利，监督纠正指定居所监视居住不到606件，监督纠正阻碍辩护人行使诉讼权利案件2 153件。[9] 2013年四川省检察机关共受理阻碍辩护人、诉讼代理人诉讼权利的控告13件，受理反映检察机关办案违法行为的控告7件。经审查后，均予以答复。2014年1—6月，全省检察机关

---

[9] 加强羁押必要性审查，对不需要继续羁押的23 894名犯罪嫌疑人建议释放或者变更强制措施。参见最高人民检察院工作报告2014年3月1日。

针对侦查机关阻碍辩护权利行使的违法行为,提出纠正21件,已纠正13件。[10]另据省检察院控告处统计,2014年共受理阻碍辩护人、诉讼代理人行使诉讼权利13件,办理11件。

2013年以来,眉山市检察机关按照省检察院先行先试的要求,在辩护人、诉讼代理人、当事人的程序权利和实体权利遭受侵犯时积极实施司法救济。主要体现在高度重视、机制建设和办案工作等方面,主要措施有四:

第一,明确工作思路,把司法救济作为创新项目。为更好地贯彻落实修改后的《刑事诉讼法》第47条、第115条和《刑事诉讼规则》的相关规定,依法保护辩护人、诉讼代理人和当事人等在刑事诉讼活动中的合法权益,特别是程序权利和实体权利遭受侵犯时实施司法救济,在调研后,经研究,决定将这项探索作为2013年市检察院创新工作,带动刑事检察工作有效展开。先确定仁寿县和彭山县检察院为创新工作试点县院,再逐步要求各区、县检察院试行。市检察院检察长陈兵对此高度重视,专门听取工作汇报,并要求两级院控申部门按照形成的联合机制开展工作,重点选择一些典型案件进行审查办理,务求创新工作取得实效。分管检察长带领市检察院控申处到仁寿县安排、指导创新工作,要求把创新工作作为当年工作重心来抓,加快工作进程,争取当年取得实效。仁寿县检察院检察长表示要集中精力做好此次创新工作,争取当年取得突破。

第二,加强调研和沟通协作,为司法救济奠定基础。在实施司法救济前,认真组织开展专题调查研究。加强与市司法局的联系,广泛听取律师意见建议。分管检察长通过市司法局,两次召集眉山达宽、维是、洪运等律师事务所资深律师,广泛征求意见,了解本地执业律师在刑事诉讼过程中权利受保障的状况,探讨检察机关应当如何办理此类控告申诉案件等问题。收到辩护人、诉讼代理人在诉讼权利保障方面提出的不少具体建议。对可能产生的控告申诉数量、场所要求、人员需求等情况,进行全面了解和研判分析,摸清底数,掌握工作主动,明确了以三个并重,即转与办的并重、更加注重办理,审查与调查的并重、更加注重调查,分工与协同的并重、更加注重协同,作为控申部门新增职责工作的方向和路径。主动向

---

⑩ 此外,为符合条件的犯罪嫌疑人书面通知法律援助机构指派辩护人436件,转交法律援助申请38件,听取辩护人意见2 434件。对于收集物证、书证不符合法定程序,可能严重影响司法公正的,要求侦查机关计算补正或书面解释158件。对于确有以非法方式收集证据情形,共提出纠正6件,已纠正5件。羁押必要性审查提出建议529人,已被采纳466人。

市委政法委汇报此项工作，获得理解和支持。2013年5月14日，市委政法委副书记主持召集市法、检、公、司负责人联合会议，商议会签《关于保障辩护人、诉讼代理人充分行使诉讼权利的规定（试行）》相关事宜，要求将这次创新工作作为眉山政法系统的一件大事来抓，公、检、法、司要紧密合作，把条款落到实处，让辩护人、诉讼代理人权利得到基本保障。会上，法院、公安局、司法局参会领导针对本部门工作实际对具体条款细节提出了修改意见。仁寿县检察院还加大宣传力度，征求律师意见，约见当地律师、法律工作者达20次58人，介绍这项工作基本情况，了解他们权利行使和受阻情况，消除其申诉、控告疑虑，开拓案源。

第三，加强机制建设，使司法救济有章可循。2013年7月3日，眉山市政法委成立了市辩护人、诉讼代理人诉讼权利保障领导小组，由市委政法委副书记任组长，市中级人民法院副院长、市人民检察院副检察长，市公安局和司法局副局长任副组长，领导小组办公室设在市人民检察院控申处，负责日常事务的处理。市人民检察院也专门成立了相关机构，院内分管控申工作的检察长任组长，办公室设立在控申处，负责日常工作。2013年8月，市检察院制定牵头汇同市中级法院、公安局、司法局制定的《关于保障辩护人诉讼代理人依法行使诉讼权利的规定（试行）》，被市委政法委和省院转发，正式实施保障辩护人、诉讼代理人依法行使执法权利的规定。在工作中，加强与案管、侦监、公诉、反贪、渎职、民行、监所等内设机构的联系，建立协调配合机制，加强与公安、法院、司法、信访办、政法委等部门的沟通，建立外部协作配合联动，注重完善相关制度，逐步建立和完善审查受理、办理工作新机制、新模式，使刑事司法救济审查受理有章可循。2013年5月30日，仁寿县检察院牵头制定了《暂行规定》，对辩护人、诉讼代理人申诉控告的内容，告知和反馈，申诉、控告提出形式、办理部门，对申诉控告的受理及审查时限、权限，对申诉控告审查后的处理、违法机关对处理结果的回复，对申诉、控告人的答复，检察院直接受理的情形，工作衔接联动机制和对违法违纪的警示，对依法保障辩护人、诉讼代理人申诉、控告的权利提供了操作规程。据此，制作了辩护人、诉讼代理人维权申诉控告登记表、呈批表等，并将告知书样本发放到法院、公安局刑侦大队、看守所等相关部门、单位，为开展这项工作打下良好的基础。

第四，加强案件办理，把司法救济落实到个案中。据调查统计，2013年，眉山市检察机关共办理辩护人、诉讼代理人和当事人的程序权利和实体权利在遭受侵犯时提出控告、申诉的案件7件，其中，对阻碍辩护人、诉讼代理人依法行使诉讼权利的控告、申诉案件6件，控告、申诉违法侦查行为的案件1件。在这7件中,仁寿县检察院办理了4件,从而取得了良好的法律效果和社会效果。如眉山市检察院办理的全市首例控告检察机关妨碍辩护人依法行使诉讼权利申诉案。2013年8月1日,李某某认为东坡区检察院不允许其会见嫌疑人张某某,违反了《刑事诉讼法》的相关规定,向眉山市检察院书面申诉,反映该院阻碍其依法会见犯罪嫌疑人张某某,请求予以纠正。市检察院高度重视,当即召集相关人员了解案情,要求务必依法保障辩护人诉讼权利。市检察院控申处调查后查明,2013年7月2日,犯罪嫌疑人张某某(女,53岁,成都市金牛区人)等3人因涉嫌单位行贿罪被东坡区检察院执行逮捕。7月3日和17日,张某某的辩护律师、四川山助律师事务所律师李某某两次向该院侦查部门申请会见张某某,该院以案件属"特别重大贿赂犯罪"案件,目前不宜会见为由拒绝,并告知侦查终结前将安排其会见。经审查后认为,张某某涉嫌单位行贿一案尚有涉案人员在逃,且涉案事实未全部查清,暂不允许律师李尚中会见嫌疑人,符合修改后的《刑事诉讼法》和《刑事诉讼规则》相关规定,及时向申诉人解释说明相关情况,同时建议东坡区检察院在不影响案件侦查的前提下尽可能选择恰当的时间和方式安排律师会见。8月6日,东坡区检察院结合案件查办实际,安排律师李某某会见了嫌疑人张某某。之后,市检察院回访了律师李某某,李某某对市检察院所做工作表示满意。

六、人民检察院刑事司法救济存在的问题

从上可以看出,人民检察院刑事司法救济经过两年多的探索和尝试,已初见成效,在诉讼权利保障方面迈出了可喜的一步。在实践中,也存在一些亟待解决的问题,主要表现在以下方面:

第一,刑事司法救济认知上存在问题。一些地方检察院对法律赋予检察机关刑事司法救济权的重要意义认识不足,对如何实施司法救济缺少认真的思考,重视不够,在组织、调研或研判、宣传、发动、沟通与协作、机制建议和办案等方面,未及时跟进,导致办案少,纠正难,效果不佳。如有的被侵权的辩护人、诉讼代理人和当事人不知晓检察院刑事司法救济权责,对检察院的中立性以及纠正违法的有效性持有怀疑,甚至不相信其有效性,或知道后基于要经常与法院、检察院和公安局及其工作人员打交道、不愿得罪等原因,不愿在诉讼权利遭受侵犯时提出申诉、控告。有的检察院不能超越侦、控角色,保持客观中立,严守检察官的客观义务性,导致启动救济机制较为困难,加上缺少不服从纠正的制裁措施,致使启动救

济机制后实现纠正违法更为困难。

第二,程序权利实施刑事司法救济上存在问题。对辩护人、诉讼代理人诉讼权利的侵犯,主要体现在会见难、阅卷难和调查取证难等方面,如对特别重大贿赂犯罪案件进行限制会见,让辩护人选择性阅卷,在律师申请调取证据材料上不提供便利等。以特别重大贿赂犯罪案件限制会见为例。按照修改后的刑诉法第37条第3款的规定,恐怖活动、危害国家安全、特别重大贿赂犯罪三类案件,在侦查期间,辩护律师会见在押的犯罪嫌疑人,应当经侦查部门许可。《刑事诉讼规则》第45条和第46条对此作了补充规定,明确了许可会见的条件和程序等。按照第45条第2款的规定:"对于特别重大贿赂犯罪案件,犯罪嫌疑人被羁押或者监视居住的,人民检察院侦查部门应当在将犯罪嫌疑人送交看守所或者送交公安机关执行时书面通知看守所或者公安机关,在侦查期间辩护律师会见犯罪嫌疑人的,应当经人民检察院许可。有下列情形之一的,属于特别重大贿赂犯罪:(一)涉嫌贿赂犯罪数额在五十万元以上,犯罪情节恶劣的;(二)有重大社会影响的;(三)涉及国家重大利益的。"这明确规定了许可会见的条件或案件范围。本款规定中,关于"五十万元以上的"为较为明确的标准,也就是说,司法解释中,特别重大贿赂犯罪的标准是涉案数额为50万元以上。不过,这里的50万元应如何理解和掌握,是立案管辖的50万元还是查实的50万元?是一罪的50万元还是数罪的50万元?从实践的情况看,是立案管辖的50万元,是一罪的50万元。

如果是查实后的50万元和数罪的50万元,无疑对辩护人、诉讼代理人会见犯罪嫌疑人进行了限制,增大了辩护人、诉讼代理人会见犯罪嫌疑人的难度。在实践中,确实存在立案数额和查实数额不一致情形,侦查终结与审查起诉时认定的贿赂数额也不一致的情形。问题是,有的检察院认为,只要受贿人的受贿数额达到50万元的,该案的行贿人,无论其行贿金额是否达到这一标准,均属于特别重大的贿赂犯罪,也被列入禁止会见犯罪嫌疑人。而"犯罪情节恶劣"、"有重大社会影响的"、"涉及国家重大利益的"的规定,属于检察机关的酌定范围,实践中容易忽略这些非量化因素而随意限制辩护人会见权。有些辩护律师反映,这种许可会见容易被滥用。如某辩护律师在2013年,受理了一起芜湖县招标采购办代理主任的受贿案,当事人为副科级干部,涉嫌受贿十几万,但也因在本辖区有重大影响,被列为"特别重大贿赂犯罪案件"。某辩护律师办理了一起"非法转让、倒卖土地使用权案",因为该案"可能涉及李春城",直到当事人被取保候审,辩护律师都始终未能会见。看守所拒绝的理由是,"得到办案单位的通知,该案属于'三类案件'",但是具体属于"三类案件"中的哪一类却并无答复。现实中律师反映会见难最严重的领域,就是检察机关办理的贪污贿赂案件,甚至有的地方规定凡是这类案件都不允许会见。立法的"缺口"也成为办案单位规避律师会见的理由。

按照《刑事诉讼规则》第46条规定:"对于特别重大贿赂犯罪案件,辩护律师在侦查期间提出会见在押或者被监视居住的犯罪嫌疑人的,人民检察院侦查部门应当提出是否许可的意见,在三日以内报检察长决定并答复辩护律师。人民检察院办理特别重大贿赂犯罪案件,在有碍侦查的情形消失后,应当通知看守所或者执行监视居住的公安机关和辩护律师,辩护律师可以不经许可会见犯罪嫌疑人。对于特别重大贿赂犯罪案件,人民检察院在侦查终结前应当许可辩护律师会见犯罪嫌疑人。"可见,其精神是应当保障辩护律师在案件移送审查起诉之前能够会见犯罪嫌疑人,不能整个侦查程序都不许会见。

然而,对于修改后的刑诉法第37条第3款,公安部和最高人民检察院对"三类案件"限制规定不一致,导致执法不统一。如前所述,按照《刑事诉讼规则》第46条规定,对于特别重大贿赂犯罪案件,人民检察院在侦查终结前应当许可辩护律师会见犯罪嫌疑人。据此,辩护律师在侦查阶段至少可以会见犯罪嫌疑人一次。但公安部《办理刑事案件程序规定》对危害国家安全犯罪案件、恐怖活动犯罪案件的会见,未作出类似规定,因此可能导致个别案件辩护律师在侦查阶段始终见不到犯罪嫌疑人。同时,对"三类案件"作扩大解释,将个别依法不属于限制会见范围案件纳入限制会见范围,如个别公安机关因重大、敏感案件特殊缘由,将其他类型的犯罪作为"三类案件"限制会见。检察系统也存在这种情形。在司法实践中,有的检察院擅自对特别重大贿赂犯罪案件作出扩大解释,将贿赂数额不够50万元的,也作为特大贿赂犯罪案件,甚至将贪污、渎职案件也列入其中,进行限制会见。也存在特殊情况下,未严格执行《刑事诉讼规则》的规定,让辩护人会见特别重大贿赂犯罪案件犯罪嫌疑人的情形。如在有的辩护人(律师)申诉维权案中,基于工作的考虑,在侦查终结前,在当时有碍侦查的情形尚未全部消除的情形下,许可辩护人会见犯罪嫌疑人。尽管是在不影响案件侦查的前提下,选择恰当的时间和方式安排辩护人(律师)会见犯罪嫌疑人的,但毕竟没有严格按照《刑事诉讼规则》的规定执行。是否让辩护律师会见犯罪嫌疑人,不仅关系到犯罪嫌疑人辩护权的保障,也关系到委托人(通常是犯罪嫌疑人的家属)与辩护人(律师)的关系和利益,在与办案机关和办案人员沟通不畅的情况下,容易产生隔阂、不解。因此,不以种种借口限制辩护律师会见特别重大贿赂犯罪嫌疑人在一定程度上还可以缓解辩护人、诉讼代理人与委托人的矛盾。

此外,对妨碍辩护人、诉讼代理人会见、阅卷和调查取证的,在他们提出申诉和控告后,有的人民检察院在进行司法救济时,对审查时限的把握还不到位,未在规定的审查时限内及时审查处理控告、申诉,未按照要求书面答复提出控告申诉的辩护人、诉讼代理人和当事人,有的还未充分利用法定的办案手段,依法办理控告、申诉的案件。对权利救济的负责部门与协助配合部门之间还存在不协调的问题,使检察院刑事司法救济的效果打了折扣。

第三,实体权利实施刑事司法救济上存在问题。当事人的实体权利包括人的自由、财产等,对修改后的《刑事诉讼法》第115条规定的违法侦查行为提出申诉、控告,对相关机关处理不服的,进行司法救济,难度比对程序权利的司法救济大,纠正起来更难。

如在夏某申诉案中,夏某称他借款126万元给郑某,郑某先后归还了其全部借款。由于有人举报郑某涉嫌诈骗,为此仁寿县公安局经侦大队以没有抓到郑某,需要核实资金来源为由,将夏某的个人存款96.7万元冻结。2013年9月30日,夏某书面向县公安局控告,因没有及时得到书面答复,于同年10月11日向县检察院申诉,要求解除冻结的银行存款,并详细列举了法律根据。县检察院受理此案后,三名承办人进行了审查核实,向当事人夏某、证人肖某某了解冻结及借款的相关情况,并到中国农业银行仁寿支行金兰分理处调取了银行监控,审阅了申请人提供的相关证据材料,形成了审查报告。

初步查明:2013年8月20日左右的一天,县公安局经侦大队告知夏某其存款96.7万元于2013年8月14日,被县公安局冻结。夏某不服,向县公安局申诉。该局于2013年10月21日向夏某下发了《不予解除冻结通知书》,理由如下:"2013年6月27日至7月23日期间,犯罪嫌疑人郑策以虚构工程招投标需要缴纳保证金为名骗取吴××、金××等人178.4万元,其中123.364万元转入你所持有的银行卡中,2013年8月7日我局对郑策涉嫌诈骗案立案侦查,根据《中华人民共和国刑事诉讼法》第142条之规定,对你所持有的工行卡(卡号略)的96.7万元存款予以冻结。"夏某称其借款126万元给郑某,郑某转钱到其卡中,这是还钱,是合法的民事法律关系。承办人在审查核实后认为,在冻结夏某的存款时,在程序上存在问题,如在法律文书上将夏某作为犯罪嫌疑人,而实际上侦查机关并没有把夏某作为犯罪嫌疑人进行立案侦查。按照《刑事诉讼法》第

142条的规定:"人民检察院、公安机关根据侦查犯罪的需要,可以依照规定查询、冻结犯罪嫌疑人的存款、汇款、债券、股票、基金份额等财产,有关单位和个人应当配合。"这条明确规定冻结财产的对象为犯罪嫌疑人的财产,而本案中犯罪嫌疑人是郑某,而非夏某,公安机关并没有对夏某立案侦查,冻结夏某的银行存款依据不足。协助冻结财产通知书上称夏某为犯罪嫌疑人提法错误,冻结财产存有疑问。公安机关称2013年6月27日至7月3日期间,犯罪嫌疑人郑某以虚构工程招投标需缴纳保证金为名骗取吴××、金××等人178.4万元,其中123.364万元转入了夏某所持有的银行卡中。但夏某能提供5月份至6月份转账借款给郑策126万元的依据,郑策转账给夏某属于正常的还款行为,是合法的民事法律关系,与郑策是否构成诈骗之间没有必然的联系。郑策与金某某、吴某某之间是贷款关系还是存在诈骗行为,因为郑策未到案,立案依据是否具备条件存在疑问,检察机关是否应当进行立案监督也有待证据证实。根据新《刑事诉讼法》第115条的规定,应通知县公安机关予以纠正,解除对夏某96.7万元的冻结。之后,县检察院控申科负责人就公安机关在扣押夏某款项称犯罪嫌疑人提出纠正意见,后被公安机关采纳,并及时向夏某出示了新的法律文书,未对扣押款物是否应当解冻提出意见。2014年底,县检察院就夏某再次申诉,与公安局交换意见,进行沟通。由于犯罪嫌疑人郑某在逃,存在证据短缺,对案件的定性存在分歧,是民事纠纷还是刑事犯罪有不同的看法,影响了对冻结存款的处理,同时也不排除夏某作案的可能性。考虑到本案的特殊性,县检察院要求公安抓紧时间追捕犯罪嫌疑人。如果长时间不能将犯罪嫌疑人抓捕归案,将影响或损害夏某的财产权利,影响对人的自由、财产等实体权利的保障,进行刑事司法救济的效果也将受到影响。可见,对疑难案件的认识不同,具体表现为在对罪与罪、此罪与彼罪的认定上存在分歧,会影响侵权行为发生后实体权利实施刑事司法救济。这也是被侵权人在遭受侵犯时能否得到刑事司法救济不得不面临的问题。

　　修改后的《刑事诉讼法》第115条对违法侦查行为的投诉和处理的规定,存在立法不科学、不严谨的问题。修改后的《刑事诉讼法》第47条规定使用的是"公安机关、人民检察院、人民法院及其工作人员",而第115条规定用的是"司法机关及其工作人员",前后用语不一,而对象却又相同。在修正草案公布后,就引起了社会各界激烈的争议,而正式通过的法律文本仍然使用的是"司法机关及其工作人员"的表述,这存在不可忽视的问题。诚如我国学者所说,为了防止强制措施的滥用,专门确立了程序救济措施,仍然将诸如"不依法释放、解除或者变更强制措施","违法采取搜查、查封、扣押、冻结等侦查措施"的行为,视为"司法机关及其工作人员"的行为。这些行为的实施者经常是公安机关,在修改后的《刑事诉讼法》却成了司法机关,混淆了行使部分司法职能的公安机关与司法机关的属性。从宪法的角度讲,在一元多立的权力架构中,公安机关不是司法机关,而是行政机关的一个职能部门,负责维护社会治安、侦查刑事案件,是国家的"治安保卫部门",与作为司法机关的法院、检察院不可同日而语。修改后的《刑事诉讼法》第115条把公安机关定为司法机关,并将违法侦查行为作为人民检察院在接到控告、申诉后进行司法救济的前提,这样规定表面上看是一种立法语言表述的问题,具有很强的技术性。但实际上,这从深层次上反映出公安机关的宪法定位与刑事诉讼法赋予公安机关的各项权力是否相抵触的问题。存在部分程序设计过于迁就某些部门的利益,而忽略宪法有关国家机构设置和公民权利保障的基本要求。[11]这值得反思,当然需要反思的还有公安机关行使强制措施的决定权问题。陈光中教授在谈到司法的含义时认为,虽然我国宪法没有明确规定司法的含义,但按照其他法律规定,司法应指法院与检察院的活动。他通过对中国的法律文本的分析,认为中国的司法大体相当于诉讼的含义,司法活动就是诉讼活动。在刑事诉讼中,审判前有侦察与起诉阶段,都是诉讼,都是司法活动。侦查主体是多元化的,包括检察机关、公安机关、安全机关、军队、监狱、海关等。司法可以狭义理解为审判,但按中国实际情况来说可以广义理解为诉讼。中国的司法机关应该包括法院与检察院,公安机关虽然部分行使司法权,但不能将其纳入司法机关而是纳入行政机关。这是与我国的政治体制相一致的。司法活动与司法机关不是完全对等的。[12]也就是说,在我国语境中,司法有狭义和广义之分,狭义的司法指审判,广义的司法指审判与检察。司法机关,指人民法院和人民检察院。这符合宪法和法律的规定。而且,存在司法救济的手段不足的问题,表现在手段少和刚性不足上,"法律赋予检察机关法律救济权,但其救济手段不足——检察机关如何发现问题,要求有关机关纠正,如果有关机关不服从,检察机关缺乏有效的处置手段。"在手段与目的之间缺乏配套,要有效达到司法救济的目的较难。加上法条之间的规定不一致,执法不统一和

---

[11] 陈瑞华等主编:《法律程序改革的突破与限度——2012年刑事诉讼法修改评析》,中国法制出版社2012年版,第29页。

[12] 陈光中:"司法机关的中国式解读",载《中国法学》2008年第2期。

对"三案件"作扩大解释而限制会见,对侵犯行为提出申诉、控告的司法救济,在一定程度上影响了司法救济的效果。当然,任何立法都无法做到十全十美,司法不仅可以检验立法,也可以补充和完善立法的不足。但在强调刑事法治的今天,在未授权的情形下,不能超越法定的司法救济手段。

七、加强和改进人民检察院刑事司法救济的路径

我国学者认为,修改后的《刑事诉讼法》赋予人民检察院刑事司法救济,对检察机关办案方式的司法适度化提出了要求。充当司法救济角色的检察机关,同时又是侦查和控诉机关,当下级检察机关成为被告时,上级检察机关必须公允客观,应尽量要求检察机关成为有效的、公正的司法救济者。而尽可能实现这一制度目的的路径和方式,只能是检察机关的适度司法化:检察机关在救济程序中成为相对独立、中立、不偏袒的公道主持人;采用适度化的办案方式,在对审兼听的框架中做出决定。[13] 这一洞见,不仅有助于我们对人民检察刑事司法救济权的认知,也有助于加强和改进人民检察刑事司法救济。针对上述存在的问题,为贯彻落实修改后的《刑事诉讼法》,为辩护人、诉讼代理人和当事人等提供有效的司法救济,可以采取以下路径:

首先,树立刑事司法救济的理念,强化对人权的司法保障。修改后的《刑事诉讼法》把保障人权正式载入第二条中,作为刑事诉讼任务的重要内容,充分体现了"国家尊重和保障人权"的宪法原则,这是一大亮点。刑事诉讼中的人权保障,具有丰富的内容,包括对当事人、被害人合法权益的保护,也包括对犯罪嫌疑人、被告人合法权利的保护,这甚至被视为衡量一个社会法治状况的重要尺度。对阻碍辩护人、诉讼代理人依法行使诉讼权利和违法侦查行为,特别是强制性措施提出控告、申诉,不仅是当事人等法定的诉讼权利,也体现了宪法精神。人民检察院对此实施司法救济,是法定权责。有论者在谈到权利救济时指出,权利救济是评判法律体系是否健全的重要标志。

从法治的角度讲,保护人民权利不能只是停留在法律宣言的层面上,也不能停留在宣告人民享有的具体权利上,尽管这一点很重要;更为重要的是,将权利保障落实到具体制度尤其是权利救济制度的构建上,建立和健全权利救济制度,在人民的权利遭受侵害时能够为其提供有效的法律

---

[13] 龙宗智:"检察机关办案方式的适度司法化",载《法学研究》2013年第1期。

救济。诚如法谚所言,"有权利必有救济","无救济即无权利"。如果缺乏相应的权利救济制度,不能为人民的权利提供有效的法律救济,那么任何关于人民权利的宣言都只是一句空话,都只是一张开给人民的"空头支票"。从这个意义上说,权利救济制度不仅仅是检测权利宣言是否只是一张"空头支票"的试金石,也是评判国家的法律体系是否健全、法治是否得到落实的重要标志。欠缺权利救济制度的法律体系不是健全的法律体系,不能为人民的权利提供有效救济的法治不是真正意义的法治。[14] 这揭示了权利救济在落实法治、评判国家的法律体系是否健全中的作用。人民检察院对被侵权的辩护人、诉讼代理人和当事人实施刑事司法救济也是这样。修改后的《刑事诉讼法》赋予了人民检察院刑事司法救济权,强化其法律监督职能。这是落实宪法关于"国家尊重和保障人权"这种抽象性、宣告性规定,实现权利保障的重要途径,也是强化对人权的司法保障的内在要求,符合新一轮司法体制改革的精神,因此,应强化刑事司法救济意识,明确人民刑事司法救济的重大意义,对司法救济予以充分重视,增加实施司法救济的责任感,加强组织领导,确保司法救济稳定推进,不因单位负责人或工作注意力的转移而转移,防止司法救济一阵风或忽视司法救济的现象发生。

其次,设立专职检察官,专司刑事司法救济权责。按照法律的规定,对辩护人、诉讼代理人和当事人的程序权利和实体权利在遭受侵犯时提出申诉、控告进行司法救济,分别由检察院控告、申诉部门和监所检察部门负责,在司法实践中,具体为办案人员,办案主体是检察官。在设置专门机构,兼职人员和专职检察官三者之间,选择设立专职检察官不仅有法律依据,也是现实可行的,至少不存在机构编制的障碍,可以避免兼职人员难以全力工作的问题,有利于有效实施司法救济。从业务部门将有办案经验或办案能力的检察人员调入控告、申诉部门时,可以考虑或确定专职检察官从事这项工作。这是法律赋予检察院及检察官的一项权力,也是一责任。新一轮司法体制改革的重心是加强司法责任制。党的十八届三中全会通过的《关于全面深化改革若干重大问题的决定》提出,要"健全司法权力运行机制。优化司法职权配置,健全司法权力分工负责、互相配合、互相制约机制,加强和规范对司法活动的法律监督和社会监督","让审理者裁判、由裁判者负责","确保依法独立公正行使审判权检察权"。

---

[14] 柳经纬:"从权利救济看我国法律体系的缺陷",载《比较法学》2014年第5期。

党的十八届四中全会通过的《关于全面推进依法治国若干重大问题的决定》强调,完善主任检察官、主办侦查员办案责任制度。在过去主诉检察官的基础上,试行检察官办案责任制改革试点,在一些地方探索主任检察官办案责任制,这与设立专职检察官履行司法救济权责是契合的。对损害辩护人、诉讼代理人和当事人的程序权利和实体权利实施司法救济,与加强检察监督有关,作为专司司法救济的检察官,负有权利救济和检察监督的双重职责,虽然工作难度大,但只要方法得当,可以实现司法救济的初衷。

第三,坚持检察官客观义务性,在实施司法救济中做到客观公正。根据联合国《关于检察官作用的准则》的规定,检察官在履行其职责时应保证公众利益,按照客观标准行事,适当考虑到嫌疑犯和受害者的立场,所以,检察官被视为公共利益的代理人并负有保护被害人合法权益和被告人正当利益的义务。检察官客观义务性的概念与制度源自德国,其内涵有三:追求实质真实、平衡控辩实力悬殊与追求法律的公正实施,既相互联系,同时也相互独立。客观义务性的实质是检察官维护法制,实现司法公正的责任。检察官客观义务是指检察官不仅应当履行追究犯罪的控诉职能,而且应当超越这一职能,代表国家维护法律的尊严与公正,成为国家法律的护卫者。[15]在我国,人民检察院是国家的法律监督机关,不是单纯的公诉和侦查机关,还负有监督侦查、审判和刑事执行的职责,因而更应当强调检察官客观公正的义务。检察官不是刑事诉讼的当事人,也不是控诉的实质的当事人,不能把谋求胜诉作为控诉的唯一目的。在起诉后定罪率已经很高(达99%以上)的情况下,应着重考虑的是客观公正和效率,而不是一味地追求胜诉或提高定罪率。2015年1月22日,中央政法委要求,中央政法各单位和各地政法机关今年对各类执法司法考核指标进行全面清理,坚决取消刑事拘留数、批捕率、起诉率、有罪判决率、结案率等不合理的考核项目。检察系统将取消批捕率、起诉率、有罪判决率、结案率等指标的目标考核,在此情况下,更应考虑办案的质量和效率。因此,检察机关首先应当重视司法救济,通过对投诉的及时反应,以及在审查批准与起诉中发现的问题,及时调查与纠正机制,激活法律规定。其中关键的一点,是检察机关的客观中立,如果总是站在侦查、控诉立场,对"自家人"护短,法律亦将虚置。至于手段不足问题,目前尚可通过批捕、

---

[15] 陈光中:"关于检察官客观义务的几点看法",载《检察日报》2009年5月15日。

起诉、抗诉和诉讼监督权制约相关机构,亦能发挥一定作用。同时,为了有效行使司法救济权,可以考虑在深化改革中采取一些必要的配套措施,如进一步明确实施司法救济的责任主体、工作手段和实施程序。包括采取司法听证等公开听证的程序形式实施此项救济程序等。[16] 因此,应坚持检察官客观义务性,在实施司法救济中做到客观公正,不偏不倚。

第四,实行适度化的司法化,成为司法救济的公道主持人。修改后的《刑事诉讼法》加强了检察机关的法律监督职能,进一步强化了检察机关的诉讼监督职能,尤其是在纠正诉讼违法、保障程序公正方面有新的进展,凸显了检察机关作为诉讼监督机关的角色地位,体现了检察机关诉讼职能中的司法要素。实际上,是在强化检察机关的双重定位(法律监督机关和司法机关),彰显检察机关作为司法机关的法制地位。近年来,对司法本身的认知在深化,进一步强调司法的亲历性、判断性和独立性等属性,强调遵循司法的特点,按照司法规律执法办案,这对提升检察官的司法能力和公信力提出了新的、更高的要求。司法活动是一个技术化的作业,需要实现职业化和专业化,尤其是司法问题日益复杂的现代社会。错综复杂的法律关系,似是而非的事实认定,如果不要求司法人员具有高度的专业能力并由其操作高素质的司法,司法的公正与公信力不可能实现。[17] 在此情形下,加强和落实司法责任制显得更加迫切。这并不否认检察官的相对独立性。事实上,检察机关的诸多职能本身就有较强的司法属性,如批准逮捕和不起诉,在功能上,与法官的审判权并无二致,甚至在某种程度上具有司法属性,而且与国外的检察官相比,拥有更大的司法权。要按照最高人民检察院的要求,认真、主动听取并高度重视律师意见。法律未作规定但律师要求听取意见,检察机关要及时安排听取。对于律师提出的书面意见,包括不构成犯罪,罪轻或者减轻、免除刑事责任,无社会危险性,不适宜羁押,侦查活动有违法情形等,检察人员必须审查,并说明是否采纳的情况和理由。在实施司法救济中,应遵循司法规律,强化检察官的司法属性,实行适度的司法化,在受理控告、申诉后,通过听证等形式,认真听取当事人、辩护人、诉讼代理人等的意见,让控告、申诉人和侵权行为者参与权利救济的过程,影响司法救济的决策。

第五,坚持程序正义,把司法救济体现在每一件案件中。正义要以看

---

[16] 龙宗智:《检察官客观义务论》,法律出版社 2014 年版,第 305 页。

[17] 龙宗智:"加强司法责任制:新一轮司法改革及检察改革的重心",载《人民检察》2014 年第 12 期。

得见的方式实现,虽然迟来的正义使正义打折扣,但毕竟是正义,最终实现了正义,总比不实现正义甚至明知是冤案而不纠正要好。正义要以看得见的方式实现,这蕴含着程序公正。程序正义理论是刑事诉讼制度背后的基本理念,它是维护刑事诉讼程序独立价值和公正性的基础。它包括参与性、裁判者的中立性、对等性、司法理性、及时性和终结性六个要素。[18] 对程序正义的追求,越来越引起人们的关注和重视。从程序正义出发,修改后的《刑事诉讼法》完善了辩护制度,进一步明确了辩护人的诉讼地位,扩大了辩护人的辩护权利,包括获得职务保障权、会见、通讯权,阅卷权、调查取证权、申请调取证据权、提出意见权、参加法庭调查权和法庭辩论权、保守秘密权、拒绝辩护权、控告、申诉权和其他权利。这里的控告、申诉权是指辩护人作为诉讼参与人,对于审判人员、检察人员和侦查人员侵犯其诉讼权利和人身侮辱的行为,有权提出控告;对于公安机关、人民检察院、人民法院及其工作人员阻碍其依法履行职责的,有权向同级人民检察院或者上一级人民检察院申诉或者控告。具体体现在修改后的《刑事诉讼法》第47条和第115条的规定中。从文本规定和实践来看,辩护人会见、阅卷和调查取证的情况好于过去,但是,会见难、阅卷难、调查取证难的问题还没有从根本上得到解决,辩护律师反应强烈,学者也提出了批评意见。对此,最高人民检察院作了积极的回应,2014年12月出台了《关于依法保障律师执业权利的规定》,对检察机关依法保障律师会见、阅卷、调查取证等六项权利作出了明确规定,以进一步规范司法行为,维护司法公正。如强调要依法保障律师在刑事诉讼中的会见权。该《规定》明确,检察机关办理直接受理立案侦查案件,除特别重大贿赂犯罪案件外,其他案件依法不需要经许可会见。在侦查阶段,律师提出会见特别重大贿赂案件犯罪嫌疑人,检察机关要严格审查决定是否许可,并在三日以内答复;有碍侦查情形消失后,通知律师可以不经许可进行会见;侦查终结前,许可律师会见犯罪嫌疑人。会见时,检察机关不得派员在场,不得通过任何方式监听律师会见的谈话内容。检察机关要严格执行保障律师执业权利的规定,严禁滥用"特别重大贿赂案件"限制律师会见,坚决纠正检察环节律师会见难、阅卷难、调查取证难等问题。作为程序公义理论中六大要素之一的中立性,是程序正义的基本特征,也是通常所说的司法权的特征之一。人民检察院刑事司法救济权是一种中立性、程序性的刑事

---

[18] 陈瑞华:《刑事诉讼的前沿问题》,中国人民大学出版社2005年版,第242页。

司法救济权,客观上要求检察官秉持程序正义理念,切实做到实体与程序并重,把程序公正的要求落实到刑事司法活动的全过程,通过程序正义实现法律的公平正义,从程序正义通向实体正义,进而实现公正和效率这两大刑事价值目标。应看到,当今社会,"事实真相的发现和结论的正确性已经不是司法活动的唯一目标",司法还必须实现程序的正义,在追求"真"的同时,也在追求"善"。[19] 因此,应强化程序意识,遵守程序法定原则,尊重程序的中立性和终结性,对被侵权的辩护人、诉讼代理人和当事人等提出的申诉、控告,要有效地实施司法救济,提高司法公信力。结合正在开展的为期一年的规范司法行为专项整治工作,要坚决整治司法不规范顽症,确保检察权始终在法治轨道内规范正确行使。特别是对不依法听取当事人和律师意见,对律师合法要求无故推诿、拖延甚至刁难,限制律师权利,违法冻结、扣押犯罪嫌疑人涉案款物的,要予以纠正、查处。应进一步完善司法救济的手段,明确对检察机关受理侵权行为控告、申诉的具体部门,审查、调查核实和纠正通知、答复相关权利人人的程序,以及不纠正侵权行为的制裁性措施等,为辩护人、诉讼代理人和当事人及时、有效地寻求司法救济提供便利,将司法救济落实到每一起案件中。

---

[19] 卢希:《〈新刑事诉讼法〉再修改视角下刑事诉讼监的'扩充'与'谦抑'》,载郭书原主编《刑事诉讼法修改的深度访谈》,中国检察出版社2012年版,第101页。

刑事被害人救助的现状调查及制度构建
——以 S 省 M 市检察机关为例

李 杨[*]

摘要：受我国司法传统和立法模式的影响，我国刑事案件重实体轻程序，刑事立法目的坚持以打击犯罪为中心，长期以往刑事被害人的救助制度建设便一直难以引起重视，刑事被害人救助便一直处在阴影区，被法律所遗忘。随着社会经济的发展，社会环境的变化，尤其司法制度理念的变化，20 世纪 80 年代被害人救助制度逐渐被介绍到中国，对中国法律理论产生了较大的冲击，司法大环境的改变使刑事被害人救助制度的建设逐渐提上立法议程，本世纪初我国出台了一系列刑事被害人救助的规章制度，地方上也相应地制定了相关试行办法，对刑事被害人的救助结合地方环境进行具体的细化指导，本文便以具体的地方试行办法为蓝本以及具体的地方被害人救助制度实践进行分析，做好实践和理论的结合，寄希望得到建设性的结论，以反映给实务部门。本文在第一部分概述中详细地界定了被害人的概念，并认为被害人的概念的越宽泛越利于检察机关对被害人权益的保护；区分了被害人救助、被害人补偿、被害人救济等概念；介绍了被害人保护制度在欧美等西方国家的历史沿革以及对日本、中国台湾地区等亚洲国家的影响；介绍了被害人保护制度的理论基础，并结合中国的特殊社会环境确立了社会福利学说的中国被害人救助理论基础。在第二部分以 S 省 M 市的被害人救助工作为例，进行了详细的材料总结，对 M 市的被害人救助工作的概况进行了介绍，并从中分析出救助依据不规范，被害人救助领域不全面，救助机制不健全，被害人救助的效果不理想，被害人救助不彻底，缺乏对被害人二次伤害的防御机制等制度建设实践的问题。本文在第三部分对症下药，针对 S 省 M 市在实践过程中出现的各种问题，结合域外司法的先进经验，在结合本土具体社会环境的基础上，先理论论证，再具体环境分析，从救助法律依据、救助机构、救助程序、救助方式、资金获取、预防对被害人二次伤害等多个方面为被害人救助制度的再完善和建设提出了建议。

关键词：被害人救助 试点与问题 改革与完善

---

[*] 李杨，四川大学 2011 级法律硕士研究生。

1 导论

我国刑事司法受中国传统法律文化及前苏联刑事法律思想的双重影响，在理论上和实践上形成了重视实体轻视程序的法律传统，长期以来在这种思想的影响下都把打击犯罪作为刑事司法活动的中心[①]。在对待刑事案件的态度上，新中国成立以后的很长一段时间的刑事政策都以打击犯罪为指导思想，而在这种理念的指导下势必会使刑事案件办理以社会整体利益或是"犯罪构成四要件"中的法益为核心，从社会管控的宏观角度入手，以控制犯罪和对犯罪分子的实刑惩罚为核心。由此导致被害人权利被淡漠甚至忽视的尴尬局面。司法实务中经常出现刑事被害人遭受不法侵害而侵害者本身无力赔偿或者逃逸无法找到或者不明等情形导致被害人所受的侵害无法得到及时的赔偿进而导致家庭生活生产出现困难的状况。被害人及其家属可能会由于对于赔偿的"遥遥无期"，对司法机关的态度由信任逐步转变为失望和不信任，甚至在极端的情况下会产生逆反心理逐渐走上一条报复社会甚至滥用私刑去报复犯罪分子自己也走向违法犯罪的不归路。同时，被害人救助是否及时、有效、合理也直接关系到社会是否和谐稳定以及司法机关公信力的高低。由此可见，探究如何实施被害人救助，构建合乎情理和人伦的司法制度，维护社会的稳定与和谐以及如何以被害人救助为起点来提高司法公信力，毫无疑问成为了学界反思和探究的热点议题。近年来随着"被害人学说"的兴起还有刑诉法修改对"保障人权"理念的提出和倡导，刑事被害人救助工作逐渐由理论研究阶段走入了司法实践阶段。随着新闻媒体等舆论窗口的广泛关注，民众法律意识的觉醒以及诸如微博、微信等新型平台的发展使得网络监督手段更加丰富和多元化，社会公众对被害人群体的关注度持续提高。与此同时，顺应时代发展的要求我国中央政府在积极倡导建立社会主义和谐社会同时提倡司法为民理念，并且在新一轮司法改革的进程中提出了建立被害人救助制度的设想，并且下发了相关指导性意见，司法机关已经在自己的工作日程中逐步实践着被害人救助工作。

自 2004 年起，被害人救助工作逐渐由试点铺开在全国各地逐渐开

[①] 受传统刑事司法理念的影响，我国司法实践中以被告人为视角，注重预防和打击犯罪，往往认为：国家对被告人追究刑事责任就是对被害人最大的保护。因此，在刑事诉讼中，当公权与私权并存时，公权优先，即"先刑后民"。付翠暖："关于建立健全刑事被害人国家救助制度的思考"，河北师范大学硕士学位论文。

展。在2009年,由中央政法委牵头同时会同最高法、最高检、公安部、民政部、司法部、财政部、人力资源和社会保障部联合制定的《关于开展被害人救助工作的若干意见》出台之后,全国各地的司法机关以此指导性文件为基础,结合本地实践逐步将此项工作采取"由点到面"的模式逐渐铺开推向全国。在被害人救助立法层面,江苏省无锡市②和宁夏回族自治区③走在了全国的前列。尤其是在2009年4月,最高检出台《关于检察机关贯彻实施〈关于开展刑事被害人司法救助工作的若干意见〉有关问题的通知》从而引导全国检察系统对被害人的救助力度进一步扩大。2013年1月1日起实施的新《刑事诉讼法》明确的提出了"尊重和保障人权"的理念对刑事被害人的保护力度进一步加强。而检察机关作为我国的法律监督机关承担的法律职能已经从打击犯罪扩大到保障人权。④ 从法理上讲,检察机关作为控诉机关与犯罪被害人有着利益的天然一致性;从实践上讲,检察机关作为法律监督机关实施被害人救助有着天然的优越性。因此检察机关在做好法律监督与惩治犯罪的同时更要顺应法治要求,充分发挥检察环节对被害人这一弱势群体的司法救助职能,承担起对因犯罪遭受损害而得不到公正补偿的被害人扶危济困的责任。⑤ 检察环节被害人救助可以提高民众对司法机关的了解,在具体援助案件的办理中,可以提升检察机关在民众之中的亲和力,使得被害人在接受救助的同时又得到法制教育,消除民众对司法机关的误解和曲解。这是充分落实司法为民理念的表现,也是落实党中央和谐社会理念和伟大中国梦的具体举措。

顺应中央政法委司法改革的大方向和司法实践的发展要求,按照中央政法委、最高检、S省检察院的要求和指导,M市检察机关在被害人救

---

② 2009年10月1日起施行的《无锡市刑事被害人特困救助条例》,成为我国首部对刑事被害人进行司法救助的地方立法。无锡市财政则设立了刑事被害人特困救助资金专户,每年划拨200万元,专门用于市一级公、检、法机关开展刑事被害人救助。赵国玲、于小川:"社会管理创新视野下的被害人救助问题研究",载《山东警察学院学报》2012年第6期。

③ 2010年1月1日起施行的《宁夏回族自治区刑事被害人困难救助条例》。《宁夏条例》是全国第一部省级刑事被害人救助的地方性法规。孟红:"刑事被害人救助制度之救助对象范围略论",载《东南大学学报(哲学社会科学版)》2011年第6期。

④ 2013年1月1日起施行的《人民检察院刑事诉讼规则(试行)》第二条规定:人民检察院在刑事诉讼中的任务,是立案侦查直接受理的案件、批准或者决定逮捕、审查起诉和提起公诉、对刑事诉讼实行法律监督,保证准确、及时地查明犯罪事实,正确应用法律,惩罚犯罪分子,保障无罪的人不受刑事追究,保障国家刑事法律的统一正确实施,维护社会主义法制,尊重和保障人权,保护公民的人身权利、财产权利、民主权利和其他权利,保障社会主义建设事业的顺利进行。

⑤ 杨松:"C市检察机关刑事被害人救助工作调研报告",安徽大学硕士学位论文。

助方面结合被害人个人情况的不同以及 M 市的区域特点进行了积极的探索。笔者在调研过程中了解到该市检察机关自 2012 年起至 2013 年底,共对 44 名刑事被害人进行了救助,在被害人救助方面所进行的艰辛付出和努力,也取得了较好的社会成效,我们在肯定成绩的同时我们不能忽略的是救助工作仍然存在或多或少的问题。在进行实证调研和数据分析的基础上,笔者对该项工作实践中所存在的问题提出改革和完善建议,以期能够为 M 市检察机关有效的进行改革和完善并且进行下一步的救助工作提供支持和帮助。

2 概述

研究有关被害人救助问题时,从其词源、语义、历史渊源等角度出发,探究被害人救助概念的内涵和外延,将抽象的概念和被害人救助的特征以及诸如被害人援助、救济等相关概念之间的关系进行梳理,正是研究被害人救助相关问题的基础。从词源出发理清刑事被害人救助的概念、特征、历史渊源及理论基础等问题,才能够真正从基础理论入手真正的结合调研实践去构建合理的被害人救助制度体系。

2.1 被害人

从词源上来讲,被害人一词原本是宗教仪式中的专用术语,源自于拉丁文 victima,其本意是指祭祀时为神灵所准备的祭祀品。我国的被害人学说早期借鉴了日本和我国台湾地区的说法,因此很长一段时间都在使用"被害者"这个词汇。最近几年,学界主流观点对于相关概念的解读和使用已经基本统一在"被害人"这个词汇上。被害人一词的概念从社会学、犯罪学、刑法学、刑事诉讼法学等不同学科切入都会有不同的内涵。被害人一般是指由于某种活动遭受伤害[⑥]或者损失的人。如果没有将被害人的概念限定在法学或社会学等不同学科语境下,得出结论往往大相径庭。日本学者大谷实认为:"被害人即指生命、身体等个人法益受到犯罪危害的人;在由于犯罪而受到被害的场合,对加害人的责任的追究可以从刑事和民事责任两方面进行。"[⑦]笔者认为,此种观点以法益为出发点,

---

⑥ 这种伤害包括自然界的风云变化,如地震、飓风、海啸等天灾;各种疾病,如艾滋病、SARS 病等以及更多的由社会因素造成的各种苦难,如交通事故、失业、歧视司法不公等。很明显这里所提到的广义"被害人"包括自然灾害被害人、民事被害人以及刑事被害人等。张鸿巍:《刑事被害人保护的理念、议题与趋势——以广西为实证分析》,武汉大学出版社 2007 年版,第 86 页。

⑦ 大谷实:"犯罪被害人及其补偿",黎宏译,载《中国刑事法杂志》2000 年第 2 期。

而法益按照我国传统刑法理论就是犯罪所侵犯的客体,是犯罪构成要件之一,因此此种观点更接近于刑法上对于被害人的认识。德国学者汉斯·施奈德(Hans Schneider)认为:"被害人不但可以是个人、团体,而且还可能是道德规范以及法律制度。"不但如此,他甚至认为被害人还可以是"非物质的、无形的或者抽象(如作为整体的社会、信仰和国家)。"[⑧]而此种观点将被害人的概念再度进行了延伸,在国际形势风云突变,恐怖主义、海盗、劫持航空器等犯罪日益成为人类社会的共同危害,并且被各个法治国家所联合打击的大背景下,是顺应国际刑法潮流的恰当解释。正是新形势和新的背景推动了被害人概念的延伸和扩展,此种解释也将国家归入了被害人的范畴。联合国《为罪行和滥用权力行为受害者取得公理的基本原则宣言》第二条第二款规定:"'受害者'一词视情况也包括直接受害者的直系亲属或其受抚养人以及出面干预以援助受难中的受害者或防止受害情况而蒙受损害的人。"此宣言已经将传统理论上的受害人范围进一步扩大,不限于直接受害者的直系亲属及抚养人,扩展到了因为援助受害者或者阻止侵害而受到伤害蒙受损失的人。

综上所述,被害人概念源于宗教仪式,在社会学或法学等不同学科的语境下有不同含义,不论不同学科的学者下定义的理论基础如何,从历史的角度我们可以看到"被害人"一词的含义是由单一学科到多学科,词义由狭隘到含义宽广。该词的词义,从历史的角度来观察是在不断地演进,在演进的同时更重要的是其词义在不断地扩张。事实上,关于被害人一词的概念,学界的定义越宽泛越有助于检察机关开展救助工作。如果概念被限制得过于狭隘,检察机关能动司法的开展就会有很大的障碍,也会使得很多陷入困境的被害人得不到有效的救助。而被害人的概念越宽泛给检察机关的活动空间就越大。这里要注意的是并不是学界的定义有多宽泛,检察机关的救助就要涵盖多大的范围。学术观点与司法机关的出发点不同,对概念的解读自然就会有很大差别。本来被害人救助就应当由多个司法机关联动配合,进行多元多阶段救助。学界的概念范围比较大,而检察机关的救助条例并不一定需要全部覆盖,而是根据检察机关的工作性质、人员配置、社会状况等具体情况去制定救助规则,如此一来才能达到最好的救助效果。检察机关进行被害人救助不能面面俱到,也需

[⑧] 汉斯·约阿希姆·施奈德:《国际范围内的被害人》,许章润等译,中国人民公安大学出版社1992年版,第5页。转引自:张鸿巍:《刑事被害人保护的理念、议题与趋势——以广西为实证分析》,武汉大学出版社2007年版,第88页。

要公安机关和法院进行一定程度的工作,同时检察机关对被害人救助也应当在我国现行的法律制度框架下进行。被害人救助本来就是建立在社会福利说的语境之下,该制度的构建本就是对有限的社会资源如何分配的一种权衡。对于具体的救助对象以及救助范围、救助方式等由中央统一制定详细而合乎中国司法实践的救助制度,去规范被害人获得救助的方式方法以及相关社会福利较为合理,也更具操作性。

2.2 被害人救助

关于被害人救助一词,曾经使用过被害人救济、被害人援助、被害人补偿等概念,从汉语语义出发,"救助"一词通常被理解为救护、援助或者拯救和帮助。"救助"即意味着当被害人受到损害而无力生存的时候,国家应当担负起保障公民生存下去的义务提供国家救助。这种制度的设计不是由国家替代加害人给予被害人补偿,而是基于国家职能为维护社会稳定和发展提供的帮助。这种救助不应当仅仅包括物质上的,还包含非物质上的扶助。[9] 救济一词在使用时更多是在权利语境下,通常来讲救济是对权利损害时的补救,就是权利在遭受犯罪行为侵害之后而进行补救的措施。被害人援助一般是指为促进被害人身体康复以及缓解其痛苦的活动。被害人援助更多的一种实践活动,旨在解决被害人的痛苦,常见的被害人援助主要包括:解释法院的审判程序、转介绍服务、护送出庭以及帮助被害人填写被害人补偿申请。[10] 从语义的范围上来说,被害人救助的范围要广于被害人补偿,这是因为救助不仅仅指国家对被害人进行经济上救助还包括民政等部门对其社保就业等方面进行的抚恤。而被害人补偿一般则局限于经济上的帮助。在我国,2004 年起各地司法实务部门已经开始对被害人救助进行试点工作。2005 年,中央政法委在其发布的《关于切实解决人民法院执行难的通知》中明确地提出,"探索建立特困群体案例执行的救助办法"。在指导性文件中使用"救助"一词,是对今后救助工作的方向性指引。也是对被害人救助这一概念固定的开始。2009 年,由中央政法委牵头会同最高人民法院、最高人民检察院、公安部、民政部、司法部、财政部、人力资源和社会保障部联合制定的《关于开展被害人救助工作的若干意见》首先在文件名称上使用了"救助"一词,并且在对被害人救助工作的指导思想与总体要求一章提出对被害人的救助是"一种

---

[9] 张凌:"建立刑事被害人国家救助制度的思考",载《贵州警官职业学院学报》2008 年第 2 期。

[10] 卢伟:"完善我国刑事被害人救助体系的若干思考",吉林大学硕士学位论文。

过渡性安排,既不同于国家赔偿,也有别于现行其他社会救助"。文件中不仅确立了对被害人救助的基本原则、基本要求并提出要将刑事被害人救助纳入到社会保障制度体系中,成为我国社会保障体系中的重要组成部分。该政策性文件将被害人救济、被害人补偿、被害人援助等概念,统一于被害人救助。[11] 在司法实务中,被害人救助这一概念也有逐渐扩张的趋势,从词义上讲,被害人救助与被害人补偿、援助等概念极其相似,但是从范围上说,被害人救助的范围更加宽泛,同时不限于经济救助,也包括社会福利机构对被害人的社会援助。

由此可见,被害人救助这一概念在我国政法部门和司法实务机关已经区别于被害人救济、被害人补偿、被害人援助等概念统一以被害人救助的语境出现。也可以说国家赔偿着眼点在对社会正义的救济,而国家补偿是对社会正义的矫正,从这一角度来说,被害人救助是正义补偿。[12] 我国最终选择了被害人救助,根源在于对国家治理模式的选择。救助更多是从社会互助的角度出发,更加显示出国家对刑事被害人的抚恤与关爱。从广义的角度出发,检察机关对被害人的救助主要集中在两个方面:一是司法救助,其主要体现是检察机关以公诉机关的身份去保证被害人的诉讼权利以及以法律监督机关的身份保障被害人的抗诉权、控告申诉权等权利。二是经济救助,就是检察机关对需要救助的被害人实施经济上的帮助。目前从中央指导性文件到地方检察机关的工作文件对被害人救助主要体现在经济救助上。

2.3 被害人救助制度的历史沿革

刑事被害人救助制度伴随着国家和刑罚的历史由来已久,学界普遍认为迄今为止,最早的被害人救助制度始于古代巴比伦王国《汉穆拉比法典》中的规定:在抢劫案中,未能捕获罪犯的遭抢劫都须以发誓的方式说明自己的损失,由发生抢劫的地方或地区政府赔偿抢劫犯罪被害人的财产损失;在谋杀案中,政府从国库中付给被害人的继承人一定数额补偿。[13] 之后在欧洲国家神权集中的历史阶段,推行纠问式诉讼制度,审判人员集多种身份于一身,侦查、控告与审判职能合并均由法院负责,最为

---

[11] 刑事被害人国家救助和刑事被害人国家补偿的根本区别在于,"救助"是救助者的主动赋予,其根据可以概括地表述为国家对社会成员的"关爱"。陈彬、李昌林、薛竑、高峰:《刑事被害人救济制度研究》,法律出版社 2009 年版,第 62 页。

[12] 李先敏:"和谐社会与制度正义",载《党政论坛》2007 年 12 月。

[13] 何勤华:《外国法制史》,清华大学出版社 2008 年版,第 16 页。

关键的是在这种诉讼模式下，刑事诉讼的开始不取决于受害人同时由于在诉讼中奉行"口供至上"加之刑讯逼供的合法化，在此种刑事诉讼过程中审判人员将刑讯逼供的范围大大扩张，刑讯被告人是常态，甚至有的时候也刑讯原告人、被害人和证人。在此种诉讼理念的主导下，被害人处在被淡漠、忽视甚至被践踏、刑讯的地位。英国法学家边沁曾经主张"社会不应抛弃那些人身或财产受到犯罪侵害的被害人。被害人曾经对其作出过贡献而且有责任保护他们的社会应当补偿他们的损失"[14]。在这一历史阶段，各个资本主义国家都逐渐由资产阶级掌握政权，刑事诉讼制度进入了一个崭新的时代，不论是大陆法系还是英美法系国家的资本主义诉讼制度都推行司法独立、控审分离、无罪推定等原则并且建立起了辩护、陪审等一系列人道的诉讼制度，不但是对打击犯罪而且还对人权的保障都有着相当积极的作用。被害人学真正成为一门独立的学科还是在1941年德国犯罪学家亨蒂希在美国耶鲁大学发表的被害人学论文——《被害人与犯罪人之间互动关系研究》（Remarks on the Interaction between Perpetrator and Victim），标志着被害人学作为一门学科的诞生。[15]

被害人学说真正步入鼎盛时期是在第二次世界大战结束之后，1947年，以色列律师、学者本杰明·门德尔松发表《被害人学——生物、心理、社会学的一门新科学》，首次明确提出"被害人学"的概念。[16] 作为一名律师门德尔松发现被害人之所以成为被侵害的对象并不完全是害人的原因，其自身原因也可以导致其遭受犯罪侵害，即所谓的"被害人促发"这个中性概念。[17] 1957年英国大法官马吉利·福利发表论文《为了被害人的正义》，"强调对犯罪被害人救济的必要性，她因此也被誉为刑事被害人国家补偿制度之母"[18]。毋庸置疑的是在立法的层面确立被害人救助制度，新西兰走在了全人类的前列，新西兰于1963年10月25日颁布了现代世

---

[14] 郭建安：《犯罪被害人学》，北京大学出版社1997年版，第300页。
[15] 张鸿巍：《刑事被害人保护的理念、议题与趋势——以广西为实证分析》，武汉大学出版社2007年版，第42页。
[16] 廖次艳："完善我国刑事被害人救助体系的思考"，西南政法大学硕士学位论文。
[17] 也就是说，犯罪人的犯罪行为与被害人的反应有千丝万缕的联系。在此情形下，法官在定罪量刑时就可以对犯罪人的刑罚酌情减轻。而这种观点亦招致许多批评，特别是来自女性主义学者的广泛反驳，认为这实际上是在为犯罪人开脱。参见张鸿巍：《刑事被害人保护的理念、议题与趋势——以广西为实证分析》，武汉大学出版社2007年版，第42页。
[18] 李海滢："我国刑事被害人救助制度的未来走向——以国家刑事赔偿、国家补偿与刑事被害人救助关系辨析为进路"，载《齐鲁学刊》2012年第2期。

界上第一部刑事被害人救助法。[19] 新西兰的立法在学界通常被称作是"被害人时代"的开始,在此之后,英国于1964年6月24日制订、同年8月1日施行了《刑事伤害补偿方案》(The Criminal Injuries Compensation Scheme)。[20] 美国自1965年开始逐步建立被害人补偿方案,到1980年时,美国已经有28个州有自己的被害人补偿方案,目前为止被害人补偿方案已经覆盖全美。美国的社会救助机构也较为完善,如成立于1975年的非营利性民间团体——援助被害人全国联盟(National Organization for Victim Assistance,简称为NOVA)。[21] 美国通过国会立法和司法部具体操作实施的方式确立了被害人补偿制度。[22]

"一石激起千层浪。"被害人保护运动逐渐开始被各个法治国家所接受,其中的救助、救济等制度迅速以美国为中心辐射和影响到其他国家和地区。笔者对刑事被害人补偿或者救助制度的立法进行了搜集整理,例如,奥地利于1972年7月9日颁布的《奥地利刑事被害人救助法》。丹麦于1976年5月26日颁布的《丹麦刑事被害人国家补偿法》(1976年5月26日第227号法律,1994年5月18日第366号法律修订,并入1985年11月1日第470号法律中)。荷兰于1976年6月26日制定的《荷兰刑事伤害补偿基金法》采取了设立补偿基金,由基金管理委员会负责基金的管理基金,由被害人或者遗属代表提出补偿申请的补偿制度。根据瑞典议会的决议于1978年制定的《瑞典刑事伤害补偿法》在第一条规定:本法是关于用公共基金补偿犯罪造成的损失、伤害或者损害的法律(刑事伤害补偿)。卢森堡于1984年3月12日发布了《卢森堡补偿某些因犯罪和破产欺诈遭受伤害的被害人的法律》。比利时于1985年8月1日颁布了《比

---

[19] 付翠暖:"关于建立健全刑事被害人国家救助制度的思考",河北师范大学硕士学位论文。

[20] 英国于1995年11月8日通过了《刑事伤害补偿法》(Criminal Injuries Act 1995),并于同年12月12日通过、次年4月1日施行了新的《刑事伤害补偿方案》(The Criminal Injuries Compensation Scheme 1995)。2001年,英国再次对方案进行了修正,通过了2001年《刑事伤害补偿方案》(The Criminal Injuries Compensation Scheme 2001)。陈彬、李昌林、薛竑、高峰:《刑事被害人救济制度研究》,法律出版社2009年版,第35页。

[21] 蔡国芹:"刑事被害人获得社会援助权之论纲",载《法学论坛》2007年第5期。

[22] 1984年国会通过的《刑事被害人法》(Victims of Crime Act 或 VOCA)最终确立了联邦补偿制度,由司法部所属的犯罪被害人署(Office for Victims of Crime 或 OVC)具体负责实施补偿计划,并在财政部设立了补偿基金,用于补偿联邦的犯罪被害人、帮助各州的补偿计划、指导各州的补偿立法,并通过资金支持使各州补偿制度趋于同一。陈彬、李昌林、薛竑、高峰:《刑事被害人救济制度研究》,法律出版社2009年版,第36页。

利时关于财政和其他措施的法律中》,第三章司法制度与公民的保障,第二节国家对故意的暴力行为被害人的救助中,确立了对故意暴力行为被害人经济救助基金的制度。于1986年4月1日生效的《爱尔兰犯罪造成的人身伤害的补偿方案》中确立了爱尔兰的被害人补偿方案。葡萄牙于1991年10月30日制定的《葡萄牙暴力犯罪保护人保护法》中确立了暴力犯罪被害人国家补偿制度。西班牙于1995年12月11日出台的《西班牙暴力犯罪和侵犯性自主的犯罪》中确立了为死亡、身体伤害、身体或精神健康严重受损的故意的暴力犯罪直接或间接被害人的利益而进行的公共救助制度。[23] 德国在1996年8月7日的《德国刑事补偿伤害法》修订本中使用"救助"一词,并且确立了救助资格、救助费用的承担、法定损害赔偿请求权的让与、管辖及程序等详细的救助制度。

亚洲受到被害人保护运动的影响也于20世纪60年代开始了对被害人救助以及被害人权利保障等相关制度的学习与研究。实际上,从时间上讲被害人学进入亚洲学术界的还相对较早,在1958年,门德尔松(Mendelsohn)的文章《被害人学》首次发表两年以后,东京医科及齿科大学的中田修博士翻译了该文章,并第一次将被害人学介绍到了日本。[24] 而与欧美国家不同的是,日本虽然在早期就开始了学术研究,但是从立法层面上来看远远落后于同时期开始研究的国家,日本于较晚的1980年出台了《刑事被害人救济金支付法》。同日本相类似的是,我国台湾地区在20世纪60年代就开始了被害人学的研究[25],而在立法层面台湾地区的则更为滞后,于1998年出台了《犯罪被害人保护法》及实施细则。[26] 犯罪被害人学说在亚洲的普及则是在1975年前后,这一时期新加坡、泰国、印尼等国以学术论文、学术研讨会等形式对被害人学进行了积极的探索。此后韩国于1987年制定了《犯罪被害者救助法》,并且于2010年8月15日出台了新的《犯罪被害人保护法》。[27] 菲律宾于1992年制定了《不当拘禁

---

[23] 《西班牙暴力犯罪和侵犯性自主的犯罪》第二条中规定:性自主权受损的被害人也根据本法受公共救助,即便犯罪没有采用暴力。这一条将性自主权受损的被害人也纳入公共救助的范围。

[24] [日]太田达也著,武小凤译:"刑事被害人救助与刑事被害人权利在亚洲地区的发展进程",载《环球法律评论》2009年第3期。

[25] 同上。

[26] 李勇:"论台湾地区犯罪被害人保护法对大陆立法的借鉴意义",载《黑龙江省政法管理干部学院学报》2009年第2期。

[27] 金昌俊:"韩国新的犯罪被害人保护制度及其启示——以实质性保护犯罪被害人为视角",载《河北法学》2011年第11期。

以及暴力犯罪被害人补偿请求委员会设置法》。㉘ 到 2006 年初,被害人补偿制度在亚洲 6 个司法区域进行。㉙ 这其中的中国香港特别行政区,因为受英联邦的影响在传统上是英美法系早在 1973 年 5 月 23 日就开始推行暴力及执法伤亡赔偿计划。

刑事被害人学自 1984 年被我国学者介绍进入中国。㉚ 我国学术界早期对犯罪被害人的研究主要停留在翻译外国相关文献的层次,到了 1989 年出版了我国大陆地区第一部关于被害人学的著作《犯罪被害者学》,由张智辉、徐名娟编译。㉛ 1997 年郭建安所著的《犯罪被害人学》一书当中对犯罪被害人学产生的历史背景、发展进行了研究,并对犯罪被害人研究领域的重点事件进行了综述,对犯罪率与被害率这两种概率进行了比较和分析对被害人和犯罪人在犯罪过程中的角色和特征进行了分析,对被害人赔偿的状况进行了统计并且提出了司法改革建议,对立法也进行了构想。最近几年关于被害人的学术研究成果更加丰硕,如周伟、万毅等著的《刑事被告人、被害人权利保障研究》从理论层面入手,着力于从被告人、被害人的国际同行司法准则以及立法体例入手,同时从比较法的角度为我国构建刑事被告人、被害人权利保障体系提出改革和完善意见。此类著作中也有从实证研究入手的专著,比如:柳建华:李炳烁所著的《权利视野下的基层司法实践:刑事被害人救助制度研究》,从刑事被害人救助的基础概念入手探寻刑事被害人救助的历史渊源,继而对世界各国、各个司法区域的刑事被害人救助立法以及实践进行分析,并且回顾了我国刑事被害人救助制度所依据的理论基础及其沿革以及该制度的司法实践状况,对刑事被害人救助制度的构建提出建议。将近 30 年的理论研究,被害人学以及被害人保护等学说的理论日趋成熟,加之中国司法实践中也一直在对被害人救助进行着积极的探索。可以说我国的被害人救助制度研究已经到了一个比较成熟的阶段。而遗憾的是我国现阶段尚无一部完整的被害人救助法,但是从宪法层面来讲,已经体现出了国家对被害人

㉘ 陈彬、李昌林、薛竑、高峰:《刑事被害人救济制度研究》,法律出版社 2009 年版,第 37 页。

㉙ [日]太田达也著,武小凤译:"刑事被害人救助与刑事被害人权利在亚洲地区的发展进程",载《环球法律评论》2009 年第 3 期。

㉚ 曹坚:"中日刑事被害人援助制度比较研究",载《北京人民警察学院学报》2002 年第 2 期。

㉛ 该书讲述了被害人学的概念、学科性质、历史发展、被害人概念以及在六种犯罪和偏差行为(杀人犯罪、性犯罪、财产犯罪、少年犯罪、卖淫少女以及交通事故)中被害人的分类与介绍。尤其值得说明的是,该书还介绍了被害人补偿制度。张鸿巍:《刑事被害人保护的理念、议题与趋势——以广西为实证分析》,武汉大学出版社 2007 年版,第 53 页。

的体恤和关怀。[32] 自 2004 年开始的被害人救助试点工作到 2009 年中央政法委与八个相关机关发布的《关于开展被害人救助工作的若干意见》，再到 2013 年 1 月 1 日起实施的新《刑事诉讼法》提出的"尊重和保障人权"的理念。都为推动我国被害人救助工作发挥了关键的作用，同时也对司法实务工作提出了新的要求。也标志着我国的被害人救助工作进入了新的时代。

2.4 理论基础

任何一种制度能够被社会普遍接受都是有其内在合理性的，换句话说这种制度首先在理论上是相对比较合理的，其原因在于这一制度和国家或地区的经济文化以及社会风俗等基础相互适应。建立在合理的理论基础之上，再经过试点的实践对制度进行检验和调整，然后再将其进行推广不失为司法改革的合理路径和普遍规律。在不同的法域和不同的历史时期，对于被害人救助所采纳的理论基础不尽相同。归纳起来代表性的有以下几种：

2.4.1 国家责任说

国家责任说也被称为社会契约说，该理论源自于社会契约理论。因为国家垄断权力所以对公民权利的篡夺也应当承担起保护公民的责任的立场来阐述救助责任。[33] 按照社会契约论，国家掌握由公民让渡过来的对犯罪进行追诉的权利，假如国家没有能够很好的阻止犯罪行为对公民的侵害，同时被害人也不能获取应有的赔偿，那么对被害人的救助工作就应当由国家来进行。在这种理论背景下国家掌握刑罚权，而普通公民则不得使用武力进行同态复仇，基于民众对权利的让渡，在此种情形下犯罪被认为是对整个社会的侵犯。在对犯罪的惩罚上，不允许民众使用私刑，那在施害人不能有效的进行赔偿时国家就理所当然的对被害人进行救济。在社会契约论的基础上，也有学者提出了有限国家责任说。[34]

---

[32] 《中华人民共和国宪法》第 45 条规定："中华人民共和国公民在年老、疾病或者丧失劳动能力的情况下，有从国家和社会获得物质帮助的权利，国家发展为公民享受这些权利所需要的社会保险、社会救济和医疗卫生事业。"

[33] 康伟、柳建华："刑事被害人救助社会福利说之提倡"，载《河北法学》2009 年第 12 期。

[34] 认为犯罪分子、国家和被害人本人都应当对犯罪的发生承担责任。其中犯罪分子承担主要责任，被害人应对其某种行为引起他人实施的犯罪行为承担较大责任，而国家对犯罪的发生仅负有限责任，对于不能从犯罪分子手中取得赔偿的公民，国家仅须履行部分补偿义务。张岳峰："有限国家责任说——构建刑事被害人国家补偿制度的主要理论基础"，载《宁夏党校学报》2008 年第 1 期。

2.4.2 社会福利说

该学说认为,当社会成员遭受犯罪侵害时,社会应给与他们相应的救助,随着社会的发展,人类文明的进步,福利事业更应发挥其扶贫济困的作用。[35] 社会福利是由社会公民创造的,那么社会福利应当由社会公民共同享有。这种学说通常为欧洲国家所采纳,并且建立了较为完善的社会福利体系。在社会福利说的语境下,被害人如同老人、儿童等属于社会弱势群体,给与他们救助更多的是从人道主义的立场出发,也就是说被救助是社会对需要帮助的人施以援手,是一种特殊的权利而不是一种普遍的权利。社会福利说更多的强调的是国家的道义责任,这也能更加切身地去联系一个国家的经济状况、社会治理水平,能让一国政府合理的去支配资金去救助最需要救助的人。

2.4.3 社会保险说

该学说认为,国家对犯罪被害人的救助是一种附加的社会保险。[36] 可以简单的把这种学说理解为国家是一个大的保险公司,每一个公民都是向国家交付了保险金,当受到伤害时,就由保险公司予以赔偿。公民作为纳税人向国家缴纳的各种各样税就可以视为保险金,有了这样的保险制度,公民就可以从类似意外事故的刑事侵害中得到经济上的补救。

2.4.4 公共援助说

该学说又称宿运说,其认为:犯罪是任何社会都无法避免的灾祸,被害人被害,是由于被所谓"适当机会"选择出来的不幸者,犯罪被害人用自己的不幸避免了其他幸运者落难,因此,没有理由让被害人独自忍受或承担这种不幸的损害,对被害人补偿只是表示社会上未被害的幸运者承担他们应当分担的责任而已。[37] 这个学说也是以社会道义为出发点,但是更加具有宿命论的色彩。

以上几种学说,切入点不尽相同,从各自的出发点考虑也都具有合理性和一定的说服力。参照国外立法体例和学界观点,国家责任说和社会福利说更具操作性,也更容易与司法实务结合在一起。在国家责任说的语境下,制定"补偿"性的法律更合适,而在社会福利说的语境下,制定"救助"性的法律更合适。从社会契约论的角度出发,公民将刑罚权让渡于国

---

[35] 郑玉忠:"关于建立刑事被害人国家救助制度的思考",华东政法大学硕士学位论文。
[36] 周欣、袁荣林:"刑事被害人国家补偿制度初探",载《中国人民公安大学学报》2005年第2期。
[37] 郑玉忠:"关于建立刑事被害人国家救助制度的思考",华东政法大学硕士学位论文。

家,国家应当担负起保护公民的责任,一旦出现遭受不法侵害的情况,就意味着国家没有尽到保护责任,要对被害人进行经济上的补偿。而站在社会福利说的立场上,国家从道义的立场出发,在被害人受到伤害时国家的救助不限于经济上还包括诸如办理低保、提供特殊就业岗位等非经济性的帮助。这种综合的救助更有利于促进社会的和谐稳定。综合上述几种学说,社会福利说抓住了刑事被害人救助的实质,奠定了我国刑事被害人"救助"型立法的理论基础。[38] 曾经有一段时间最高人民检察院主张建立"补偿"性被害人制度。[39] 而近几年最高检对待刑事被害人救助制度的态度已经有了明显的变化。[40] 笔者认为,以社会福利说作为理论基础构建我国刑事被害人救助体系是符合我国国情的理性选择。随着社会的发展和理论界研究的深入,单一模式的被害人救助立法已经明显不能适应被害人救助的要求,因此单一模式的立法正逐渐被综合型立法取代,复合了经济帮助和民政福利的综合救助型立法模式正在成为各国构建被害人救助体系的趋势。任何一个社会都只能选择适合自己经济发展状况的制度,对被害人救助制度的选择,事实上体现了国家是如何权衡各方面利益去选择合理的分配社会资源的问题。选择了社会福利说作为被害人救助的理论基础,能够更好地适应我国发展中国家社会资源有限的现实背景。按照社会福利说的语境去构建我国的被害人救助制度是合乎现实状况的理性选择。

3 M市检察机关开展刑事被害人救助工作的现状

从刑事司法改革和刑事政策的角度出发我们不难看到我国于2011年出台的《刑法修正案(八)》对死刑的刑种进行了较大幅度的删减,以及2013年开始实施的新《刑事诉讼法》中提出的"保障人权"的理念,反映出了在新的阶段我们倡导的新的刑事司法理念,而这一系列新的刑事司法

---

[38] 康伟、柳建华:"刑事被害人救助社会福利说之提倡",载《河北法学》2009年第12期。

[39] 江凌燕:"检察机关在刑事被害人救助上的几点思考",载《黑龙江省政法管理干部学院学报》,2013年第4期(总第103期)。

[40] 虽然现在一些检察院的工作人员仍在主张建立刑事被害人国家补偿制度,但是最高人民检察院已经通过一系列的举措表明其态度的转变,即放弃刑事被害人国家补偿制度,筹建刑事被害人救助制度。其中的一项重要举措就是在2008年4月完成了《关于建立刑事被害人国家救助制度的调研报告》和《中华人民共和国刑事被告人国家救助法(建议稿)》。李海滢:"我国刑事被害人救助制度的未来走向——以国家刑事赔偿、国家刑事补偿与刑事被害人救助关系辨析为进路",载《齐鲁学刊》2012年第2期。

理念的落实,有赖于相关法律制度的调整。从近几年刑事法律的修改,我们可以清晰地看出我国刑事法律所呈现出的轻刑化趋势,这种轻刑化的趋势给检察机关提出了新的要求,这种要求是检察机关自身完善和发展的机遇,而同时检察机关也就无可避免地要去面对新的挑战。检察机关作为法律监督机关对这一系列刑事司法理念的落实更是"责无旁贷"。"保障人权"这一理念一经提出对其进行解读的文章就如"雨后春笋",这些文章往往都将落脚点定在防御对被追诉人的刑讯逼供上,而对刑事被害人这一刑事违法行为直接的受害者,却显得有些"冷落"。对某一个群体利益的忽视甚至漠视就会带来消极的后果。在轻刑化背景下,被害人对轻刑化所带来的量刑变化可能一时难以接受,被害人和被害人家属受传统观念的影响可能更多地去选择以自己放弃经济赔偿为条件而换取施害人的重刑。而这种变化给司法机关带来的冲击是首当其冲的。由此可见,在这样的新形势下在检察环节被害人救助上司法机关所要面临的不光是要适应法律的调整同时要面临被害人及其家属增加上访等情形的挑战。根据宪法、刑事诉讼法以及人民检察院组织法的授权,检察机关的职权贯穿于刑事诉讼的各个环节,人民检察院所具有的法律监督职能决定了检察机关实施被害人救助的有利地位,能够充分地保障被害人权益,充分贯彻宪法和刑事诉讼法"保障人权"的理念。由检察机关实施被害人救助工作能够充分地贯彻司法领域对人权的保障。同时学界所公认的检察官所具有的客观公正义务[41],以及此次刑诉法修改后对检察机关司法属性的适度强化[42]都有助于检察机关在实施救助工作中充分保障被害人的权益。顺应我国被害人救助发展的大趋势,S省人民检察院于2011年7月5日召开的第十一届第四十三次检察委员会会议审议通过了《S省检察机关刑事被害人救助实施办法(试行)》。M市检察机关顺应时代发展的要求,严格按照中央政法委、最高检指导性文件和S省检察机关实施办法的要求,结合本地情况开展了积极的探索,笔者对M市检察机关2012年至2013年11月的被害人救助案件进行了专题调研,此次调研主要了解该市被害人救助的概况同时对存在的问题进行分析。

---

[41] 虽然法律没有明文规定,但检察官负有客观义务是指检察官不仅应当履行追究犯罪的控诉职能,而且应当超越这一职能代表国家维护法律的尊严与公正,成为国家法律的护卫者。贺江华:"检察视角下刑事被害方救助机制研究",载《江南论坛》2011年第9期。

[42] 龙宗智:"检察机关办案方式的适度司法化改革",载《中国检察官》2013年第7期。

3.1 M 市检察机关开展刑事被害人救助工作的概况

检察机关作为法律监督机关和控诉机关在被害人救助方面有着天然的优越性,尤其是从控诉的角度来讲与被害人有着一定程度的利益一致性。尤其是在新刑诉法的背景下,"保障人权"理念的引入势必对检察官角色以及职业伦理等方面产生重大影响,按照万毅教授的观点就是应当"强化'保民官'的性质和色彩"。强化对人权的保障是司法理念的重大进步,在遏制刑讯逼供保障被告人权利的同时也不应忽视对刑事被害人权益的保障。在人权保障的司法实践中检察机关对刑事被害人的救助就是对新的司法理念中人权保障理念的贯彻和落实。近年来,尤其是在 S 省人民检察院下发《全省检察机关开展刑事被害人救助与刑事申诉案件公开审查工作专项督导检查活动实施方案》之后,M 市检察院控告申诉工作部门,积极开展刑事被害人救助工作,认真按照 S 省检察院的要求,以个案救助为重点,取得了一定的成效。从 2012 年至 2013 年 11 月,一共办理刑事被害人救助案件 44 件,发放救助金 79.51 万元。[43] 在这近两年的救助过程中 M 市检察院一共为 44 名刑事被害人或近亲属提供了有效的救助。该项工作位于 S 省前列,得到省院控告申诉处领导的充分肯定。M 市在被害人救助上的主要做法如下:

3.1.1 组织有力,领导重视

根据最高人民检察院的安排,属于检察院管辖的刑事被害人救助工作,由检察院的控申部门办理,并接受区委政法委的领导。[44] 我们可以看到《S 省检察机关刑事被害人救助实施办法(试行)》的规定,"各级人民检察院设立被害人救助领导小组,负责对刑事被害人救助的审批、监督,对符合救助条件的救助申请报送本院刑事被害人救助工作领导小组,同级党委政法委审查、审批。"M 市在对检察环节的每一起刑事被害人救助案件,在程序上都先向政法委提前进行汇报,获得党委政法委员的支持,再由救助工作办公室制作提请审批救助意见书,随意见书附当事人申请以及案件情况说明等有关材料,经刑事被害人救助工作领导小组组长检察长审核后报政法委审批。笔者认为,此种由党委政法委牵头再由各个司法工作部门具体援助被害人的模式不失为我国现阶段的合理模式,此种

---

[43] 其中 2012 年共办理 17 件,发放救助金 42.6 万元;2013 年共办理案件 27 件,发放救助金 36.91 万元。

[44] 叶德海:"浅谈刑事被害人救助机制在检察工作中的作用",载《法制与社会》2012 年 10 月下。

模式对解决可能出现的各个阶段的被害人不同诉求的客观现实,也符合被害人救助"社会福利说"的中国语境。同时,M市院与基层院两级党组高度重视刑事被害人救助工作,为加强对救助工作的领导和协调,市区和各区、县院均成立了由检察长任组长,分管副检察长任副组长,控告申诉、公诉、侦监部门负责人作为组成人员的刑事被害人救助工作领导小组,同时在各级控申部门设刑事被害人救助工作办公室来负责承办救助日常工作,为开展刑事被害人救助工作在组织上提供了有力的保障。

3.1.2 部门协作

部门协作能够扩大案源,为开展刑事被害人救助工作打下基础。《S省检察机关刑事被害人救助实施办法(试行)》第五章第十一条规定:"刑事被害人及其近亲属应当按案件所处诉讼环节向人民检察院相关业务部门提出救助申请。相关业务部门收到救助申请后三个工作日内将申请材料及时移送刑事被害人救助工作办公室,并告知刑事被害人或其近亲属。"因此,控告申诉部门充分发挥在刑事被害人救助智能上的牵头作用,要求与被害人救助相关的公诉、侦查业务部门强化协作与配合,以确保救助工作能够有序开展。而在此过程中M市检察机关又具体做到了如下几点:一是加强刑事被害人信息的收集。在公诉环节,公诉部门和侦监部门应当注意收集不予批准逮捕或者起诉类案件中造成被害人伤残的相关信息。依职权主动去了解刑事被害人及其家属的家庭生活生产状况、经济状况以及获得救助的其他情况。控申部门在实际操作中也应当尤为注意对此类案件被害人及其近亲属的信息搜集。二是加强协调配合,控申部门对公诉、侦监部门移送备案的案件信息进行认真调查分析,及时提出处理意见后通报公诉侦监部门。三是建立救助工作档案制度。公诉、侦监和控申部门各自建立救助工作台账,并形成定期对账制度。同时,控申部门不定期从院办公室统计部门收集不起诉案件情况,对发现遗漏的救助案件信息,及时协调公诉部门补充完善,进一步扩大救助案源。

3.1.3 合理救助

《S省检察机关刑事被害人救助实施办法(试行)》第三章第七条规定:人民检察院与相关部门协调、协商采取的其他如社保、医保、转学、就业、费用减免等救助方式进行救助的,按照相关政策规定执行。这项规定对被害人合理救助打下了良好的基础,在具体工作中,M市检察机关还协调办案单位与民政等部门联合救助,以此追求最佳的救助效果。如李某某救助案件,M市D区检察院协同M市公安局交警一大队、Q镇及T镇民政部门为被害人李某某一共争取了3.5万元的救助金,李某对检察机关的帮助和支持表示非常感谢。[45] 此案例充分说明了多部门联合救助可以最合理地去解决被害人的需求以达到最佳的救助效果,也体现了中央政法委联合八部门出台《关于开展被害人救助工作的若干意见》的原意。

3.1.4 多元救助

多元化救助能够最大限度地去满足被害人的不同需求,同时也可以使被害人得到就业或者社会保险的支持,这样才能真正走出困境。在刑事被害人救助工作中,大部分进行的是物资救助,然而在实践中,仅仅进行物质救助远不足以达到最好的效果。一些被害人往往更需要精神上和心理上的救助。因为在遭受侵害之后,被害人在短期内可能会表现出诸如愤怒、恐惧、绝望等心理伤害的表现。而在较长时间内可能都会表现出诸如心理阴影、社交困难、精神分裂等症状。为此,M市检察机关尝试了多元化的救助方式,采取物质救助与心理救助双管齐下。如欧某某刑事被害人救助案。2011年10月17日,当时年仅16岁的欧某某在R县W镇车站H旅馆被杜某从4楼推下导致6级伤残,住院治疗以及后续医疗费用巨大,法院判决杜某故意伤害罪,判处有期徒刑两年零六个月,赔偿经济损失44 115.58元。而杜某本人及其家人因为没有钱财所以至今仍然分文未付,欧某的母亲于是向R县检察院进行申诉并申请救助。R县检察院针对欧某对社会的敌对心理和自身生理上伤残的阴影,对她进行了多次谈话,让她逐渐消除了敌对心理,认识到并不是所有人都是"坏人",同时从思想上耐心开导她,虽然身体残疾但今后的路还很长,只要积极面对生活一样可以很精彩。R县院对其救助了5000元,欧某获得的救助金主要用于后期治疗,后R县检察院又对欧某进行了回访,让欧某重拾学习和生活的信心,身体状况和精神状况都日益好转。欧某的母亲表示,检察官的做法让她们全家都感到无比的温暖。

普通的刑事被害人救助都采取经刑事被害人救助工作领导小组审查同意后,报同级党委政法委审批,再从刑事被害人专项救助资金内支付的方式。然而在实务中,由于各地经济水平和财政状况的差异,刑事被害人专项救助基金存在储备不足、审批困难、发放滞后等问题。如果单纯依靠

---

[45] 被救助人李某某丈夫吴某在驾驶电动三轮车避让余某驾驶的变形三轮车时发生侧翻,致吴某死亡、侦监部门应市公安局交警一大队申请提前介入该案后,发现余某的行为不构成犯罪,但被救助人年满65周岁,丧失劳动能力,生活存在困难,而肇事者车辆未购买保险,倾其所有也难以赔偿。

刑事被害人救助基金进行救助,难以切实解决刑事被害人实际问题。为此,M市检察机关创新救助方式,以信访案牵头,多途径筹集资金,多元救助方式对被害人进行救助。如刑事被害人周某(未成年)救助一案。原案犯罪嫌疑人由于不满楼上邻居杨某家发出声响,用匕首将杨某刺死,并将杨某之子周某刺伤。后经S省法医鉴定中心鉴定,杜某患有精神分裂症,因此,杜某无刑事责任能力。因原案犯罪嫌疑本人及其亲属不具备赔偿能力,被害人监护人周礼富多次向市、区两级领导上访,要求追究杜某刑事责任,并要求承担民事赔偿责任。[46] D区成立了由检察长任组长的领导小组,并多次组织相关部门研究协调化解方案,创新工作举措,决定对被害人实施救助。通过检察长协调相关部门做艰苦细致的工作,杜某监护人与被害人近亲属达成一致意见,因监护人无力支付巨额赔偿费用,将其住房一套转让给周某用以折抵赔偿费用,其余停尸费、被救助人低保待遇等也通过协调市、区民政部门得到解决,并由政府向周某拨付生活困难救助金7万元、房屋产权转让费2.9万元。上述费用共计9.9万元切实解决了被救助人的实际困难,信访人也息诉罢访,促进了和谐维护了稳定。

从2012年到2013年11月M市检察系统实施被害人救助的工作我们可以得到这样一个积极的信号,那就是被害人救助工作能够切实帮助被害人及其家属得到经济上的帮助,同时还可以得到心理安慰。这对于被害人早日走出困境、及时战胜心理阴影、尽快融入社会有着非常重大的意义。而检察机关在帮助处于弱势的被害人同时也在化解社会矛盾,推进社会和谐稳定,在这过程之中检察机关也在树立着公众对政法机关的信心,为中国法治进程进行了有力的推动。

3.2 问题

在M市实施被害人救助的调研过程中,从积极的角度出发我们看到了检察机关在被害人救助中所取得的成绩,包括一些创新方法的使用和新的救助模式的落实。但是也看到一些问题。对于已经出现的问题和困难我们要进行分析以对解决方案进行构建。囿于M市检察机关开展被害人救助工作时间较短,因此我们不能排除这种可能性就是有些潜在的问题还未浮现或者说还未出现相关的典型案例,所以对可能存在的问题,也应进行理论上的探讨和分析以期待实务部门能够提前做出应对预案。

---

[46] http://www.msjcy.gov.cn/info/1035/1312.htm 眉山市院积极开展刑事被害人救助工作服务民生维护民利取得明显成效,最后访问日期2014年4月6日。

M市检察机关的被害人救助工作主要体现在经济救助上，对被害人司法权利并未特别关注，而对被害人的心理抚慰也是个案进行，并未形成专门的机制，也缺乏专门的辅导人员，同时对被害人可能遭受的"二次伤害"也缺乏关注。从M市2012年至2013年11月，一共办理的44件刑事被害人救助案件来看，检察环节实施被害人救助主要存在以下问题。

3.2.1 救助依据不规范

M市在进行被害人救助时，主要依据《S省检察机关刑事被害人救助实施办法（试行）》的相关规定，在实际操作中发现了该办法并不是很完善，还是存在诸多需要改进和完善的地方，经过汇总，我们发现实践操作中的问题主要集中在以下几个方面：一是救助对象范围过于狭窄。办法中规定，检察机关的救助对象为"不批准逮捕、不起诉、刑事申诉"中的案件，而在救助实践中，往往存在不属于不批准逮捕、不起诉和刑事申诉的案件，而被害人确实受到严重伤害，从被害人救助"社会福利说"的角度来说，社会福利应当照顾到有切实困难的被害人，但是办法中规定的救助条件过于狭隘使得很多被害人的情况没有被该办法所涵盖。办法中还规定"已接受过救助，或者已经通过保险、追偿、捐助等其他途径获得赔偿、补偿或救济的"不予救助。在实践中有的虽获得过一些救助、赔偿、补偿或救济但并不充分，对他们进行救助又合情合理，而办法却将这部分人列为不予救助对象，未达到救助制度的初衷。简单地给予一些救助金并不能使得被害人从被侵害之后的困境中走出。二是救助工作缺乏制约。办法中规定对符合救助条件的刑事被害人及其近亲属，是可依本办法实施救助，不是"必须"救助，不救助也没有任何相关制约措施，使得救助工作具有很大的随意性。不管是检察机关内部还是上级检察机关和政法委，都没有相关具体措施去制约不救助的行为，使得被害人在得不到救助时难以进行申诉。

3.2.2 被害人救助领域不全面

从广义的角度来说被害人救助应当包括两个方面：司法救助和经济救助。司法救助则更多是对被害人诉讼权利以及抗诉权等的保护。目前我国刑事法律尤其是新修改的《刑事诉讼法》已经提出了"保障人权"的理念，而从刑诉法的角度去看主要还是侧重于对刑讯逼供的遏制和对被告人权利的保障，而对刑事被害人虽然也赋予了多项权利，但还是不够具体，缺乏操作性。经济救助就是对被害人进行经济上的帮助和支持。目前S省检察机关并未出台专门的文件去规制关于被害人司法救助，同时M市检察机关在司法救助方面并未形成专门的被害人司法救助工作机制,对被害人救助工作主要集中在经济救助上,通常来说就是简单给予钱财。随着被害人学的发展和现在交叉学科发展的趋势,被害人学与心理学交叉之后,就有学者提出了关于刑事被害人心理救助的设想。

3.2.3 救助机制不健全

虽然M市检察机关在被害人救助上走在了S省的前列,也采取了诸如上报政法委、成立救助领导小组以及部门协作等创新工作机制,但是目前被害人救助仍然存在救助工作缺乏健全的救助计划的现实困境。目前对于救助申请是否符合救助条件、具体救助金额等问题,大都是遇到一个问题讨论一个问题,没有规范统一的救助工作机制。司法实务中,基层实务部门都希望救助规则越具体越好,而现在的救助机制不具备系统化、规范化,给操作带来很大不便。还有就是存在审查报批不仔细。往往存在对一些不符合救助条件的当事人,由于没有得到赔偿,家庭陷入困境,不断上访,为了维护稳定就只能实施救助,甚至出现漫天要价的情形;但是对一些符合救助条件的当事人由于不了解刑事被害人救助制度,而失去获得救助的机会。

3.2.4 被害人救助的效果不理想

从M市开展刑事被害人救助工作分析,存在保障不得力的问题。检察机关业务部门平时主要将精力集中于案件的办理,很少对符合救助条件的被害人提出救助,例如M市某基层院近年来办理的不捕、不诉和刑事申诉案件达100多件,而予以救助的仅3件。存在救助工作支持力度不大的问题,检察环节少量的救助只能是杯水车薪,不能充分满足救助工作的需要,加之相关部门协同救助力度不大,很难形成救助合力,检察机关的单线救助很难达到理想的效果。如果能够参照《关于开展被害人救助工作的若干意见》由法院、检察院、公安、民政、司法、财政、人力资源和社会保障等部门合作救助相比效果会更加理想。在检察机关的救助上,与民政等部门也有合作但是并未形成长效机制。

3.2.5 实施被害人救助不彻底

虽然《S省检察机关刑事被害人救助实施办法(试行)》中规定了由人民检察院与相关部门协调,采取诸如社保、医保、转学、就业、费用减免等多元化的方式对被害人进行救助;根据实际情况酌情协调民政、教育、卫生、社会保障、残联等部门及群众团体组织予以救助的综合救助模式;对被害人救助的从救助金额上来看该救助办法规定的是限额救助:按照申请时当地上年度职工年平均工资为基准,救助金额总数一般不超过当地上年度职工年平均工资三十六个月工资的总额。M市基层院在开展被害人救助时,多数情况下是对被害人实施表面救助,从救助方式上看就是简单的给钱给物,不能从根本上摆脱苦难的境地,偶尔能够会同地方政府解决一些实际困难,但也只能是短时间的帮扶,不能形成长效机制。从救助对象的回访情况来看,检察机关的救助可以在一定程度上缓解被救助人的经济困难,但困难户的根本问题并未得到好转,不能从救助走向自救。如被救助人张某一家四口三个残疾,给予的救助金只能解决一些生活上的困难,却不能让他们走向自救之路。如果能够形成与民政部门等的联动机制,根据具体情况联动民政等部门给被害人办理低保或者提供就业机会,则可能会起到更好的效果,帮助被害人真正地走向自救之路。如果真正能够与相关部门形成联动救助机制,并且进行制度化规范,那么被害人救助的彻底性会大大提高。

3.2.6 缺乏对被害人二次伤害的防御机制

司法实践中,得不到有效赔偿,致使处于孤立无援的被害人遭受"二次伤害"的比比皆是。[47] 二次伤害不但可以发生在刑事诉讼过程中,而且可以发生在被害人所居住和生活的社会环境中。在正常的刑事诉讼中,被害人从不同诉讼阶段往往要面临警察、律师、法官等一次又一次的询问,这一次次的询问就是要被害人不断地去重复痛苦的记忆,而这当中经常涉及被害人的隐私和内心最脆弱的部分。从社会角度来说,舆论可能是给被害人带来最大伤害的环节,在为了彰显国家打击犯罪的成果时,可能被害人的权利就会被冷落。甚至有些舆论媒体为了赚取点击率不惜以透露被害人隐私来吸引观众的眼球。从保护被害人不被二次伤害的角度来看,韩国和日本的做法尤为值得借鉴。以韩国为例,其在《性犯罪惩治及其被害人保护法》中规定对性犯罪被害人在侦查审判阶段设置了特殊的保护程序,通过对人身保护、身份限制公开以及证人证言的提供等方面对被害人提供了防护,防备第二次侵害。日本的警察机构建立了针对各种被害人的保护计划,例如对性犯罪案件被害人和未成年的保护计划。对于减轻被害人心理负担和保障隐私方面:日本警察机构也进行了诸多改革:第一次出现场时不着警服,不使用警车;引进一种专门的特殊车辆以便能够在犯罪现场询问被害人或将其带到一些必要场所;在警察局安排一间专门用于询问被害人的房间。[48] 在防御被害人二次伤害上,M市

---

[47] 郑玉忠:"关于建立刑事被害人国家救助制度的思考",华东政法大学硕士论文。

[48] [日]太田达也著,武小凤译:"刑事被害人救助与刑事被害人权利在亚洲地区的发展进程",载《环球法律评论》2009年第3期。

检察机关并未建立起专门的应对机制,从国家层面来说也缺乏相关立法和指导性文件。

4 改革与完善

任何一个制度的完善,都要经过理论与实践的反复磨合,磨合过程就犹如"破茧成蝶"一般,要历经艰辛与困苦才能最后见到化蝶飞的美,被害人救助制度的建立自然也毫不例外的要经历一个漫长而又复杂的过程。这个过程需要学界的反复调研和论证,也离不开实务部门每一个相关工作人员的艰辛付出和对司法实践的探索。由此可见,如何完善我国的被害人救助体系是一个需要实践与实证分析的,我们不能仅仅从理论上构想出一套看似很华丽很美好的制度。被害人救助制度本身就有着独特的价值,随着我国经济和社会的快速发展,原有的计划经济模式和相对固定的熟人社会环境被打破,新的社会管控问题不断的出现,与此同时随着教育水平的提高民众的法治意识和维权观念不断的强化,这对司法工作提出了很高的要求,如果民众的司法诉求得不到及时有效的回应,那么潜在的不稳定因素就会浮现危害着社会的稳定和司法机关的公信力。被害人救助能够在缓解被害人痛苦的前提下,化解社会矛盾,提高司法公信力。在当下中国,构建合理的被害人救助制度直接关乎着社会的和谐与稳定。检察机关按照《宪法》、《人民检察院组织法》等法律的规定作为法定的法律监督机关在保障被害人权益方面肩负着重要的使命。完善检察机关被害人救助制度是发挥检察机关刑事申诉职能的现实需要,是推动中国司法改革、建设法治中国和维护社会公平正义的要求。随着理论研究的不断深入和我国被害人救助在司法实践层面的开展,对于改革和完善被害人救助机制的设想也是多种多样。笔者在社会福利说的理论基础之上结合M市检察机关被害人救助工作的专题调研所了解到的情况,对刑事被害人救助制度的改革与完善提出完善建议和制度设想,以期对刑事被害人救助制度的完善有所裨益。

4.1 完善救助依据

笔者对S省M市各个基层检察机关实务工作人员对于完善救助方面的观点进行了汇总:希望能够不断充实和完善《刑事被害人救助实施办法》,除了不批准逮捕、不起诉、刑事申诉案件之外的被害人因遭受犯罪行为侵害,又得不到有效赔偿、生活陷入严重困难的刑事案件被害人及近亲属也予以救助。对于被救助过的被害人,如果再出现新的困难,也可以列入救助范围。由于我国现在尚无统一性的被害人救助法律,由于立法的缺失使得被害人救助工作缺乏常态性和稳定性，在通常情况下完善的法律制度是一个制度成熟的标志，因此从立法的层面去构建被害人救助制度就为诸多学者和实务工作者所支持。对于从立法层面去构建被害人救助制度大体上存在以下几种观点：

4.1.1 进行补偿式的立法

此种模式基于社会契约论而构建的国家责任说或者有限国家责任说。国家刑事补偿就是被害人由于遭遇到犯罪行为的侵害，同时又因为其他原因而不能从施害人那里获得赔偿时由国家酌情对其进行经济补偿的制度。此种补偿型的思路一度由最高人民检察院倡导，在2007年1月时最高人民检察院还曾经提倡建立被害人补偿试点。

4.1.2 刑诉法和被害人救助混合立法的模式

此种模式的出发点是基于对现行刑诉法立法结构的保护。如果将被害人保护的相关事宜均包涵在刑事诉讼法的框架内，那势必会改变原有的刑诉法构架，甚至会出现对刑事被害人的救助超越刑诉法的内涵。这种模式实质上是对被害人救助制度进行了程序性事项和实体性事项进行了分别立法的处理，那就是希望将被害人救助的程序性事宜以刑诉法修正案的模式逐步设置在刑事诉讼法之内，而根据现实环境和司法实践将被害人救助的相关实体性事项进行立法，将相关事项和程序构建在专门的被害人救助法之内。

4.1.3 被害人保护法模式

此种模式是对被害人救助以及相关问题的综合性立法。一旦制定《被害人保护法》则可以涵盖司法救助、社会救助、经济救助等等细节性问题。此种模式主要从被害人学理论出发力求构建理论上最完善的救助制度。

4.1.4 分阶段构建我国刑事被害人救助法律体系

首先由国家统一部署并且为被害人救助建立物质基础，待条件成熟以后再进行被害人救助立法。

从理论和实践两方面来看，第四种模式符合我国目前司法改革的思路，也符合我国的基本国情。从根本上来讲，法律是调整社会关系的规范体系。无论在任何一个国家法律都是在不断地变化和权衡这个时期的利益分配需求。在经历了三十多年改革开放之后，我国的经济、社会发展水平取得了骄人的成绩，但是我国目前仍然是发展中国家，更为重要的是我国目前处在社会转型的关键时期还面临着诸多复杂的问题。在内部方面社会治安、公民医疗等领域需要牵扯大量的经济资源，而在外部方面国际形势纷繁复杂面对领土纠纷、恐怖主义等新的挑战,又需要牵扯大量的社会物质财富。从目前的整体环境来权衡,依照社会福利说的语境去分阶段构建被害人救助体系是符合当前利益分配格局的理性选择。从2004年在我国开始的被害人救助试点工作,再延伸到2009年中央政法委的宏观指导性文件,再到S省人民检察院于2011年通过的《S省检察机关刑事被害人救助实施办法(试行)》,我们不难看到:"实践中刑事被害人救助的试点情况表明,对部分特困刑事被害人给予经济救助,不仅是必要的,而且是可行的。"[49]目前由我国政府积极倡导的由试点单位现行开展被害人救助工作,逐步向标准的、全国性的国家救助制度转变。此种模式和制度构想符合我国很长一个阶段对利益分配的需求,也能够使得刑事被害人得到各方面的支持和帮助,减少他们受到二次伤害或者走向对司法失去信心而动用私刑报复的道路。因此,笔者认为,在我国转型期社会压力与被害人群体利益保障的背景下,我们应当继续按照近年来的模式,由党中央牵头以政策性文献为被害人救助工作指导方向;国务院行政法规规范财政部、民政部等行政部门;最高人民法院和最高人民检察院指导性文件指导法检系统;各地政府、法院、检察院在由上而下的统一指导下去实践救助制度的综合模式去推进刑事被害人救助制度的逐步完善。在政策的制定上和今后的立法构想方面,可以借鉴国外的立法模式和联合国层面的一些公约、宣言等,如1972年公布的《奥地利刑事被害人救助法》、联合国执行《关于犯罪与司法:迎接21世纪的挑战的维也纳宣言》的行动计划等。在已经成型的立法借鉴上,笔者以为我国台湾地区1998年通过的《犯罪被害人保护法》有着较其他法律更高的借鉴性。原因在于:一是大陆与台湾地区的人民同为华夏儿女,我们有着相似的历史文化背景与感性认识和理性认识基础。二是相较于其他国家的立法体例而言我国台湾地区的立法相对较晚,可以说是对国外被害人救助体系正面经验大胆吸收,同时又一定程度上兼顾了本地区的民俗习惯等。[50]逐步地推进被害人救助的立法活动能够逐渐提高被害人救助制度的操作性,被害人救助一旦以立法的形式确立下来那么救助活动的规范性和透明度也会大大增加,其持久性和稳定性也会大大增强。我国目前尚未进行全国性的被害

---

[49] 陈彬、李昌林、薛竑、高峰:《刑事被害人救济制度研究》,法律出版社2009年版,第63页。

[50] 李勇:"论台湾地区犯罪被害人保护法对大陆立法的借鉴意义",载《黑龙江省政法管理干部学院学报》2009年第2期。

人专门立法,而按照我国《立法法》的规定,只要不是专属于全国人大及其常委会的专属立法事由,且目前没有制定全国性的法律,那么省、自治区、直辖市和较大的市就可以根据本地方情况的具体情况制定地方性法规。目前我国经济发展不平衡,区域差距在一定时期还将存在并且短时间内差异性不会迅速缩小,同时被害人救助的资金也主要依靠于地方财政的支出,目前也没有把被害人救助资金纳入社会福利彩票等多元资金筹措的范围内,因此由地方政府按照《立法法》的要求制定合乎本行政区域内要求的地方性被害人救助法规更能从实际情况出发解决好被害人救助问题。待被害人救助的理论研究和司法实践成熟后再进行全国性的立法研讨,对出台全国性的被害人救助法进行详实的研究和讨论再制定出专门的被害人救助法律。

4.2 健全救助机构

笔者走访了M市几个基层检察院之后对于健全救助机制和规范救助工作,观点汇总如下:加强领导,成立由检察长担任组长,各科室负责人为副组长的司法救助工作领导小组,具体实施由控告申诉部门负责,办公室设在院控告申诉科。对刑事被害人救助规范操作,制定《刑事被害人救助专项资金使用管理具体办法(试行)》,对救助资金使用管理遵循的原则、核发程序、救助工作管理等进行规定。加强对救助资金的管理和对救助对象的审查,刑事被害人救助资金纳入财政专户,由专人管理,不得挪用、坐支。控申部门的工作人员在接到被害人及其家属的救助申请之后应当充分听取办案人员的建议;并与业务部门一起对申请的被害人的家庭情况、生活生产状况、受损害程度、过错程度等多元因素综合进行考察,并向相关机关、单位以及群众了解赔偿情况等相关信息,提高救助案件的质量和效率。

关于救助机制的健全,也有着丰富的域外立法体例和司法实践可以借鉴。对于刑事被害人救助机构的设置国外主要有以下几种模式:

4.2.1 设立专门的基金

如《美国1984年刑事被害人法》第10 601条规定:国库设立刑事被害人基金专门账户。1985年颁布的《比利时关于财政和其他措施的法律》第三章司法制度与公民的保障,第二节国家对故意的暴力行为被害人的救助第28条:司法部单设故意暴力行为被害人经济救助基金。

4.2.2 成立赔偿委员会

如我国香港特别行政区就成立了暴力伤亡赔偿委员会和执法伤亡赔偿委员会来负责相关事宜。

4.2.3 由司法实务部门中的某一部门来负责

如在韩国,被害人救助政策主要由公诉检察官办公室执行,因为在法律上检察官是受警察协助的刑事案件侦察者。[51] 这种由检察机关来负责被害人救助的模式通常被称为检察院模式。检察院模式的支持者主要有以下依据,检察机关作为法律监督机关肩负着"保障人权"的使命不论是犯罪嫌疑人或者是被害人。还有就是救助金额的多少并不需要类似法庭审理阶段的举证质证、交叉询问等专门辩论程序,就程序构造而言,审查程序普遍表现为申请方与审查方的单方性构造,而缺乏诉讼程序所必备的原被告两造与裁判者组成的三角型构造。[52] 因此不是必须由法院经手构造出一个三角形的诉讼模式而后又法官居中裁判。法院的裁判具有中立性、终局性等特点但是由于法院裁判是整个司法活动的最终环节,从救助的时效性角度去考察和量化未必是最合理的选择。同时,在我国人民检察院上下级是领导关系,便于被害人对救助行为申请复议。又如在爱尔兰是由法院来负责被害人补偿方案的执行。《爱尔兰犯罪造成的人身伤害的补偿方案》第 1 条规定:根据本方案第 17 条规定设立的刑事伤害补偿法庭可以对暴力犯罪直接造成的伤害或者第 4 段规定的帮助防止犯罪、试图帮助防止犯罪、拯救人的生命的被害人进行补偿。该补偿方案第 17 条规定:方案由刑事补偿法庭管理,其成员由司法部长任命。它由一名主任和六名普通成员组成。此种由法院来负责被害人救助的模式在学理上被称为是法院模式。法院模式的支持者主要以法院作为最终的司法裁判机关为落脚点,此种观点的核心在于对法院裁判终局性和判决既判力的信赖:如果是由公安机关、检察院等相对于法院的前置机关来进行被害人救助则会因为案件还在程序进程中,案件尚且无结论可能会使得被害人内心确信度降低,同时可以充分利用审级制度的优势给予当事人上诉的方便。笔者认为由法院作为救助机关有违我国被害人救助制度设计的初衷,因为被害人因刑事违法侵害造成的困境事实上从违法行为发生的那一刻起就已经存在了,按照我国刑事诉讼法分阶段进行诉讼程序的结构法院是司法程序的最后环节,由最终裁判环节的人民法院来实施救助难以达到及时的效果,救助不及时也往往会导致被害人陷入遭受"二次

---

[51] [日]太田达也著,武小凤译:"刑事被害人救助与刑事被害人权利在亚洲地区的发展进程",载《环球法律评论》2009 年第 3 期。

[52] 陈彬、李昌林、薛竑、高峰:《刑事被害人救济制度研究》,法律出版社 2009 年版,第 198 页。

伤害"或者转而寻求私刑报复的路径。因此,从时效性和我国的司法救助实践来看以法院作为被害人救助机关在中国现阶段并不是一个理性的选择。

目前在我国,尤其是在 2007 年 1 月,最高人民检察院申诉检察厅向全国检察机关发出通知,要求全国检察机关在条件允许情况下积极开展刑事被害人救助制度试点工作。[53] 在此之后刑事被害人救助工作在全国检察系统逐步展开,时至今日刑事被害人救助工作已经成为了检察日常工作中不可或缺的重要组成部分。而后最高人民检察院又下发通知,由人民检察院控告申诉部门负责刑事被害人救助工作。根据笔者的调研,在《S 省检察机关刑事被害人救助实施办法(试行)》下发之后,S 省和 M 时已经形成了由分管控告申诉工作的副检察长担任组长,侦监、公诉、控告、申诉、纪检监察、计财装备等部门的主要负责人为成员的工作领导小组负责承办刑事被害人救助案件并且由同级党委政法委负责对检察机关内部救助工作领导小组进行审查、审批的工作机制。笔者认为,目前 S 省对被害人救助机构的构建在目前尚无全国性统一救助法律的大背景下已经相对较为完善,具有很高参考价值和参照意义。我们要一分为二的看待 S 省被害人救助工作,要一分为二的去看待被害人救助工作,既要肯定成绩又要正视问题,目前来看 S 省被害人救助工作问题主要集中在救助条件、具体救助金额等方面,这些方面还缺乏统一长效的救助机制。对于此问题笔者将在健全救助程序一节集中讨论。

4.3 健全救助程序

按照被害人救助工作的国外立法体例和我国的司法实践被害人救助程序主要应当包括:申请、审查、资金发放、跟踪回访、监督检查等。

在申请阶段,也就是救助工作的起步阶段应当包括以下两种情形:一是被害人主动提起;二是人民检察院依照职权发现符合救助条件的被害人而依职权提起。S 省检察机关规定:被害人及其近亲属申请时应当按照案件所处诉讼环节不同而向人民检察院相关业务部门提出救助申请。笔者以为,此种模式便于检察机关各个部门之间清晰权责,但是对于被害人而言此种模式可能会遇到"踢皮球"的困境,比如说当事人可能不懂法律而去寻找检察院政治部寻求救助而政治部恰巧不是救助业务部门而按照规定申请时应当按照案件所处诉讼环节不同而向人民检察院相关业务

---

[53] 罗昌平:"论被害人救助检察职能化的合理性及制度设计",载《法学》2008 年第 10 期。

部门提出救助申请,根据这样的规定被害人向政治部提出申请显然不符合规定的要求,而政治部的工作人员可能会对此事进行推诿而耽误申请人的时间也降低了救助工作的效率。因此采取被害人向检察机关任何部门提出申请都应当视为申请有效同时由收到申请的部门移交被害人救助办公室的模式较为合理。为了便利当事人的考虑申请原则上应当书面提出,但是书面申请确有困难的当事人则可以采取口头申请由检察机关承办人员书写并由当事人及承办人按手印的模式。在申请形式上S省检察机关充分贯彻了便利当事人的原则。

审查阶段首先应当对申请人主体资格是否恰当进行审查。对于被害人救助的主体资格而言,学界通说认为可以分为两类:一类是因被侵犯而造成合法权益受损,家庭生活陷入困难的被害人;一类是被害人死亡之后依靠其共同生活的其他家庭成员。[54] S省检察机关的被救助主体涵盖了以上两方面人员,但是有一个前提条件就是人民检察院办理的不批准逮捕、不起诉、刑事申诉案件。S省检察机关在救助对象的把握上还制定了限制规则把以下六种情况的被害人及其近亲属排除在救助范围之外:一是因参与违法犯罪活动或非法组织活动,导致本人生活困难的;有条件提起附带民事诉讼但自愿放弃的;犯罪嫌疑人、被告人及其他赔偿义务人愿意赔偿损失但刑事被害人或其近亲属拒绝的;已接受过救助,或者已经通过保险、追偿、捐助等其他途径获得赔偿、补偿或救济的;无正常理由配合查明犯罪事实的,或提供虚假陈述、证据等妨害刑事诉讼的;给予救助违反公平正义或社会公德的。应当说《S省检察机关刑事被害人救助实施办法(试行)》对应当救助对象范围的规定还是很有借鉴价值的,尤其是六条排除性规定,从被害人主观恶性出发具有很高的理论水平,但是按照"社会福利说"的语境这种模式似乎又有些狭隘。首先不批准逮捕、不起诉、刑事申诉案件这个前提条件就会把实践中很多被害人排除在救助之外。其次被害人救助在福利语境下更多是针对被害人的经济困难状况而定,不适宜按照刑法的理论标准去区分故意或者是过失来决定是否给予救助。但是可以按照被害人主观恶性的大小酌情减少其救助资金,而不应当一刀切,只要被害人有直观恶性就完全剥夺其接受救助的权利。第三就是被害人救助方面不适宜采用民法私权处分的理念,在刑事诉讼中被害人及其家属的情绪变化属于正常情况,在立案阶段可能会由于一时

---

[54] 代春波、姚嘉伟:"检察机关刑事被害人救助实证研究",载《中国刑事法杂志》2012年第10期。

激愤为了追求对犯罪嫌疑人的重刑处罚而去放弃接受赔偿,当进入审判环节时如果之前已经放弃赔偿和附带民事诉讼的申请,由此一来刑事被害人及其家属又不能够申请救助则会使他们陷入新的困境。第四就是被害人缺乏精神方面的救助。被害人精神损害的救助确实是一个值得深思的问题,目前在M市检察机关救助的案件中,在个案中进行了一些心理疏导的尝试,如R县杜某故意伤害欧某某一案。从对被害人欧某某的回访来看,R县检察机关的尝试很有价值。目前从大范围来看被害人救助范围还是限于人身伤害较为妥当,同时制定救助规则不宜规定过死,应当把权力交给基层检察院根据个案的情况酌情采取心理救助。在审查阶段还应当注意对审批程序时效的规范,不论被害人是否符合救助条件都应当及时予以告知,对于符合救助条件的应当及时进入下一个救助环节,对于不符合救助条件的应当及时告知被害人如何救济相关权利,在这一点上S省检察系统已经有了比较规范的做法。

4.3.1 资金发放环节首先应当保障资金来源,确保有足够的资金以支持被害人救助工作

在各地由于经济状况不同,以及与财政部门协调程度的不同,被害人救助资金的发放难免有所差别。在S省的实践过程中被害人救助的资金来源为各级人民政府财政部门设立的司法救助专项资金。此种设立专项基金的形式应当说是符合中央政法的指导性意见,并且符合当地实际情况的。同时,S省检察机关在资金发放环节还明确了申请人若不能到场可以由其委托他人申请的制度以及发放资金时由办公室工作人员与申领人约谈并制作笔录的制度。应当说S省检察机关在资金发放环节的制度细化工作上已经较为完善。

4.3.2 跟踪回访

通常情况下关于被害人救助的程序问题,一般有申请、审查、资金发放、监督申诉程序。跟踪回访环节对于被害人而言能够保障其权利落到实处,并且能够保障被害人救助不是一次性的简单给钱了事,而是建立起被害人与检察机关的长效互动机制,同时在跟踪回访过程之中可以了解到被害人的现实困境以及对将来如何修正和强化被害人救助制度搜集真实而详尽的资料。从保护纳税人的角度考虑,对于少数欺诈、虚构事实骗取救助资金的被害人可以起到监督的作用,事实上保障了国家公民纳税人所支付的公共财政的去向。S省检察机关目前已经建立起了回访机制,不过还不够细化具体。在今后的细化工作中,能够制作出既有模式化的回访考核表,又有开放性的考核问题同时还能对回访时间做出系统的

规定则更为适宜。

4.3.3 监督检查

孟德斯鸠说，一条万古不易的政治经验是，握有权力的人容易滥用权力，直到遇到某种外在限制为止。因此，要使权力进行正常运行不至走向滥用权力的极端则应当以权力对权力进行制约，对于被害人救助也应当设置相应的制度对权力进行合理化配置和制约。目前S省已经建立起了一套监督检查机制：在资金发放给被害人之后，由刑事被害人救助工作办公室将相关材料复印件送至纪检监察部门，每年由省检察院对全省救助工作进行总结并报省委政法委、省财政厅、省审计厅的监督监察。S省对被害人救助监督监察工作主要还是以纪检监察部门为主导，笔者认为如果能够发挥出检察机关上下级之间领导关系的作用，会使得被害人救助工作的监督机制更加健全。如：全省检察机关制作规范化的工作日历，对被害人救助工作制作专门的案卷，并且由下级检察机关定期将工作日历交由上级检察机关备案，以便及时进行指导和监督。

4.3.4 申诉途径

上个环节讲到了权力制约的问题，申诉途径亦是强化监督的路径。目前在司法实践中，被害人往往处于被动地位被作为实施救助的检察机关所主导。对于是否应当救助、救助的金额等实际问题如存在异议，却难以进行救济。若没有救助权利的保障，讲不利于被救助人充分表达自己的诉求，不利于救助工作开展到实处并取得更好的效果。[55] 笔者认为首先应当建立起被害人与检察机关互动的机制，以便检察机关能够及时掌握被害人的意见想法，减少因为救助工作不得当而产生的"二次伤害"。在申诉途径上有学者建议设置检察机关被害人救助的复议或复核规则。[56] 而按照"社会福利说"的语境，国家对被害人的救助本质上是一种社会福利，如果将被害人的申诉程序设置为类似行政法律中的复议或复核则由把被害人救助构建在"国家责任说"的倾向，不符合被害人救助制度的理论结构基础。因此，在被害人救助制度构建时不适宜设置复议、复核制度，在检察院内部构建起公开透明的救助机制，让被害人看得到听得到，对不明白的问题及时进行解释和疏导就足以保障被害人权利。

---

[55] 杨松："C市检察机关刑事被害人救助工作调研报告"，安徽大学硕士学位论文。

[56] 当检察机关根据案件情况做出不予救助的决定告知申请人后，应赋予其不服该决定申请复议或复核的权利，不能因为检察机关做出不予救助的决定后就终结了申请人进一步申请救助的权利。杨松："C市检察机关刑事被害人救助工作调研报告"，安徽大学硕士学位论文。

4.4 部门协作多元救助

4.4.1 加强协作

"三个臭皮匠顶个诸葛亮"这句广为流传的俗语告诉了我们协作的重要性。在司法实务中，如果检察机关各个工作部门能够通力协作，则可以充分发挥潜力开发司法资源的潜在力量为被害人救助工作"添砖加瓦"。通过调研对 M 市几个基层院的走访汇总了他们在部门协作方面的观点：充分发挥院控申部门在刑事被害人救助职能上的指挥作用，要求相关业务部门加强协作配合，合力开展工作。首先是加强普法宣传，通过法制类日报进行巡展、举报宣传周等进行被害人救助工作的宣传。在接办案件窗口应当主动告知前来申请的被害人及其近亲属相关法律的释义，并主动询问被害人、申请救助人的家庭情况、生产生活状况。其次是建立部门间信息共享制度。检察机关内部公诉、侦监等部门要通力合作，对掌握的被害人、申请救助人的情况进行信息互通。控申部门加强与公诉、侦监等部门的沟通协作，积极排查救助对象，第一时间掌握救助对象的基本资料。

如果检察机关的工作部门之间的协作机制已经成熟，那么将协作机制进行扩大，逐步扩大到检察机关与同级人民政府和同级人民政府的财政、劳动和社会保障、民政等工作部门，被害人救助的体系会更加完善，制度会更加健全。由于在 S 省被害人救助的资金来源于各级人民政府财政部门设立的司法救助专项资金，所以检察机关与同级人民政府财政部门的协作显得尤为重要，目前对于检察机关与相关部门的协调工作只是有一些概括性的规定。在协助方式上多以协调和协商为主，这在很大程度上要考量检察机关与相关部门的协调能力，无明确的协助救助规范会给被害人救助的操作性带来影响。如 S 省能够在比如 M 市这种在被害人救助工作比较成熟的区域开展试点工作去探寻检察机关和财政、民政、社保等部门的联动救助机制，并及时的反馈调研报告对联动机制进行规范和调整，整理出一套合法、合理、合情的联动机制，最终以地方性法律规范的形式固定下来。

4.4.2 多元救助

M 市检察机关对于多元化救助的观点如下：在对符合条件的刑事被害人给付救助金的同时，采取积极多项措施，多方位地对刑事被害人及其家庭进行救助。首先是物质救助与心理救助双管齐下。在对刑事被害人日常所必须品给付外，鉴于对部分刑事被害人遭受刑事犯罪侵害内心遭受打击可能会产生仇视社会的心理，注重对刑事被害人进行心理救助，疏缓其不满甚至愤怒心理,帮助其尽快走出阴影,防范影响社会稳定的过激情况的发生。其次是社会救助与专项救助齐头并进。将发放专项救助金与寻求其他社会救助相结合,对刑事被害人有专业技能或是可能发展养殖等项目的安排就业或提供技术支持,同时积极向有关部门呼吁,在社会救助、民政救济等方面给予刑事被害人更多帮助。俗话说,"授人以鱼不如授人以渔"。在被害人救助工作中我们可以把对受害人进行经济救助称之为"授之以鱼",与之相对的是我们可以把对被害人进行专业技能培训或是促进其进行水产养殖等就业活动称之为"授之以渔"。

目前S省检察机关对被害人的救助主要以金钱方式为主,虽然在《S省检察机关刑事被害人救助实施办法(试行)》中规定了对被害人进行抒放精神痛苦的救急抚慰活动,但是这规定过于模糊和原则化,对于实践中的被害人精神抚慰多是一事一议尚未形成规范的心理疏导机制,也缺乏进行心理辅导的专业人员。虽然物质上的尤其是经济上的救助能同时缓解被害人的心理阴影,但是从救助的长效性来看单纯的经济救助还远远不够。在完善被害人心理救助上我们可以从如下三点入手:首先,我们可以建立相关的社会救助组织。被害人社会救助、援助可以参照外国的成熟做法,可以建立民间救助组织的形式,如美国1976年加利福尼亚州民间创立的"援助被害人全国联盟",成立之后受到公众的热烈欢迎,取得了良好的社会效果,各州纷纷效仿,各自成立了被害人援助组织。对于被害人的心理抚慰,社会救助组织主要提供诸如:法律咨询、劝慰、引导、提供心理咨询等方式。其次,在司法层面完善被害人心理救助。完善现有的刑事诉讼体系强化"保障人权"理念对被害人的覆盖,诸如强化对被害人的法律援助,构建类似刑诉法中证人保护之类的被害人保护制度,以及规范司法机关对被害人的告知义务等。再次,就是构建良好的社会氛围减少被害人在社会中可能面临的"二次伤害"和心理刺激。这就包括新闻媒体在刑事案件的报道中要正确把握方向,更好地为被害人创造宽容的社会氛围。

与民政、社会保障等部门的协作对于被害人救助的长期性保障显得尤为关键。S省检察机关对于刑事被害人的多元化救助开展限制了一定的条件。[57]这个条件的限定并不合理,既然不符合救助条件的被害人可

---

[57]《S省检察机关刑事被害人救助实施办法(试行)》第15条规定:对虽不符合本办法第四条规定救助条件,但刑事被害人确因刑事犯罪行为侵害,造成了一定的生活困难,由刑事被害人救助工作办公室根据申请人需要解决的问题及实际情况提出综合救助意见,经检察长批准后酌情协调民政、教育、卫生社会保障、残联等部门及群团组织予以救助。

以得到此种多机关的协调和多元化救助,那符合救助条件的被害人是不是更应该得到此种多机关协调的多元化救助呢?笔者认为,对于被害人的多机关协调救助不应当仅仅限于不符合救助条件的被害人,对符合救助条件与不符合条件的被害人都应当予以覆盖。这样才符合救助的目的和设置救助规则的原因,也能最大限度的保障被害人的权益。

4.5 扩宽资金来源

在我国的司法实务中,被害人救助的资金来源主要是由同级政府财政拨款建立被害人救助资金的模式。S省检察机关被害人救助资金的来源根据相关规定也是由同级政府部门设立司法救助专项资金的模式。以这种模式为基础,全国各地的司法实务部门又根据自己的实际情况进行了一定的创新,例如:山东省淄博市专门设立了刑事被害人经济困难救助资金,由市财政拨款30万元,法院从罚没款中拨出20万元以及社会捐赠资金共同组成。[58] 淄博市的做法为被害人救助资金的来源打开了思路,其中由法院从罚没款中拨款进行救助的做法是对救助实践工作的有力尝试。对于救助资金来源的扩宽有学者提出了"将公安司法机关在办理刑事案件中没收的取保候审保证金、执行财产刑以及没收犯罪所得等所获收益,全部转化为国家救助金。"[59] 此种观点实质上是对淄博市扩宽救助资金来源的扩大解读,为了补充被害人救助资金还有学者提出"必要时,可以经过规定的批准程序,通过发行被害人国家救助福利彩票的方式募集救助资金"[60]。目前,我国的彩票有中国体育彩票与中国福利彩票。我国的这两种彩票不同于其他国家有些具有博彩性质,而是都是为了社会公共事业的发展筹集资金。自20世纪80年代中后期开始,中国体育彩票与中国福利彩票蓬勃发展至今,为我国的社会福利事业做出了巨大的贡献。中国体育彩票为全民健身、办好奥运和其他重大体育赛事筹集资金等方面做出了巨大的贡献。中国福利彩票则为老年人、残疾人、孤儿等需要帮助的社会弱势群体的帮助、辅助和救助上做出了巨大的贡献。这两种彩票模式成功的经验也为被害人救助资金来源的扩宽进行了有力的实践。中国体育彩票对所筹集的资金按比例分配的模式(50%返还中奖者,20%为发行费用,30%为体育公益金)就很值得将来被害人救助福利

---

[58] 曹利民:"刑事被害人救助制度研究",载赵秉志《社会经济稳定的刑事司法保障》,北京师范大学出版社,第180页。

[59] 樊崇义:《刑事诉讼法学》,中国政法大学出版社,第240页。

[60] 樊崇义:《刑事诉讼法学》,中国政法大学出版社,第240页。

彩票所筹集资金分配去借鉴,可以尝试50%作为救助资金支付给被害人,20%作为司法救助发放的工作费用,30%作为救助公积金。由于中国福利彩票的宗旨"扶老、助残、救孤、济困、赈灾"所覆盖的范围较广,因此被害人救助完全可以覆盖于中国福利彩票的红十字宗旨之下,可以尝试单独发行一种新的专用于被害人救助的社会福利彩票。也可以经相关部门许可之后,增加社会福利彩票的发行数额,将全部福利彩票的一部分专门用于被害人救助。目前我国已经形成了成型的福利彩票发行机制。其中中华人民共和国财政部是社会福利彩票的宏观市场管理部门,负责制定相关政策和法规以及管理和监督彩票的发行。由中华人民共和国民政部负责制定福利彩票事业发展规划,管理发行部门尽可能的减少费用、降低成本,并且设立直属事业单位中国福利彩票发行管理中心对全国各地福利彩票销售机构进行监督和管理。中国社会福利彩票经过近30年的发展,其发行管理机制已经相当完善和健全。因此,将发行福利彩票作为被害人救助资金扩宽的一种模式,笔者认为具有相当的可行性。

4.6 检察机关对被害人发放救助金后可以向加害人追偿

在民事法律领域之中,不真正连带责任制度[61]的设计往往是从被侵权人利益保护的角度出发。产品质量责任就是一个极具典型意义的例子。[62]虽然不真正连带责任的法理基础与被害人救助的法理基础有很大差别,但是这种基于民法理论外化出来的法律制度却值得其他部门法借鉴。这种向真正过错方追偿的制度符合对弱势群体保护的取向同时又将最终的责任归于真正的过错责任人,符合法律公平正义的价值取向,具有很高的借鉴意义。在社会福利说的语境之下构建的被害人救助制度也是从被害人所面临的紧急困难出发,为了及时化解社会矛盾、缓和被害人及其家属的情绪,由检察机关将对被害人进行救助的社会福利具体的落实给被害人及其家属。如果仅仅从对被害人实施救助的角度出发,检察机关的救助工作规则只要构建的合理并且相对完善,那么被害人自然就不大可能会走上私自报复的道路。但是,对于被害人的伤害从根源上讲是由施暴人所造成的,因此在检察机关发放救助资金后如果不进行追偿就

---

[61] 杨立新:"论不真正连带责任类型体系及规则",载《当代法学》2012年第3期。
[62] 消费者购买产品,因产品存在缺陷而受到损害的被侵权人可以向生产者或者销售者进行请求赔偿,这两者之中任何无过错的一方在承担的责任之后都可以向真正有过错的一方去追偿。

会在一定程度上放纵施害人。从词义出发我们也可以看出追偿就有先行垫付然后再由垫付人向实际侵权人进行追索的含义。如果发放被害人救助金的时候，犯罪人没有钱财以支付给被害人，此时由国家发放救助金对被害人的危难状况进行救助合情合理的，但是当检察机关向被害人支付救助金之后，如果犯罪人有了经济来源或者被证明有能力去承担这笔费用时，如果不对犯罪人进行追偿则会出现一个怪现象，那就是犯罪人侵害了他们的人身权财产权等实体性权力，但是由侵权行为所产生的费用却由第三方国家来负担了，这是极其不合理的。综上，笔者认为在被害人救助相关法律和救助条例的规定中设计：如果犯罪人钱财用以支付给被害人的时候，那么在被害人救助阶段由检察机关实施救助时先行支付的救助资金由检察机关向犯罪人追偿的条文是合理的。

4.7 构建被害人二次伤害的防御机制

二次伤害顾名思义，就是某个主体在已经受到伤害的情况下因为媒体或者是其他因素的介入而再一次受到的伤害。二次伤害的范围很广有竞技体育中心的肢体再度创伤，也有高速公路之中的一次交通事故发生后因为现场危险解除的不及时而遭到追尾等再次伤害。[63] 本文所说的二次伤害指的是司法实务中，由于司法机关工作的不细致或者是失误在询问等过程中使得被害人再次陷入恐惧等不良心理状态，以及新闻媒体对司法案件的不合理报道使得被害人隐私被泄露以至于进入激动、愤怒等状态。很长一段时间由于"打击犯罪"的需要刑事被害人在诉讼中的角色长期被侦查人员作为取得被害人陈述这一法定证据的通道，忽略了其诉讼参与人的地位，自然对其遭受"二次伤害"处于淡漠的地位。我国新的刑事司法理念要求加大对人权保障的力度，作为诉讼参与人的被害人其权利就不能被摆在被漠视的地位了。要构建被害人二次伤害的防御机制，笔者认为首先是要保障被害人在各个诉讼阶段的知情权，这里并不是消费者保护法意义上的知情权，而是希望司法实务部门在自己的工作规则中加入告知被害人案件进展情况的义务，同时应当告知被害人办案机关的名称以及办案人员的名称及其联系方式，这样可以便利被害人进行救助申请。与此同时还应当在司法实务部门的工作规则中加入类似"人民检察院应当保障被害人的隐私权"以及相关的违纪惩罚规章，这样一来被害人就可以及时的了解案件的情况并且不会被肆意泄露隐私。此次刑

---

[63] 石磊、段晓敏："高速公路建设中如何减少二次伤害"，载《才智》2011年第19期。

诉法确立的未成年犯罪嫌疑人案卷封存制度[64]就值得建立被害人隐私保护制度来借鉴。司法实务部门应当开展专项业务培训并且保证一定数量的女工作人员以保障女性被害人的利益。在获取被害人陈述这一关键证据的环节上，应当设置专门的询问室与犯罪嫌疑人讯问室进行区别，在询问过程中可以采取聘请专业心理辅导师参与询问以求对被害人的"二次伤害"降到最低限度。

5 结语

被害人学说被介绍到中国已经有三十年左右的时间，在国外已经建立了一套比较健全完善的刑事被害人救助制度体系的时候，我国才刚刚开始接触并起步，一开始我们只有不断的向西方的先进经验学习，在理论上广为讨论分析，结合实际选定理论基础，再依此进行具体制度的搭建，法律移植能否见效，水土服不服，以待实践的检验。从2004年地方被害人救助试点工作的开始，到2009年全国范围内《关于开展被害人救助工作的若干意见》，再到如今也就经历了十年的光景，十年可以积累不少经验，包括在实践中能够推行的措施，也包括暴露的不少问题，比如依据的缺乏，程序的不规范等等。近几年随着我国立法修法力度的加强，人权保障和程序正义得到前所未有的重视，我国正在逐渐改变苏联模式及重实体轻程序的法律结构的长期影响，这为现阶段建设刑事被害人的理论研究和制度建设都提供了一个良好的契机和大的社会背景，但是制度建设并不能一蹴而就，正如本文所提到的，我国需要分阶段的建立不同的被害人保护机制，这是一个逐渐进步的过程，我们需要通过实务部门的反馈，也需要理论研究的跟进。

此次之所以选择S省M市作为调研地点，是因为M市作为S省的经济较为发达地区各方面的条件都比较成熟，并且在被害人救助制度上做了广泛的大有裨益的实践，为调研提供了丰富的案例与素材。在刑事诉讼法修改之后，S省M市检察院在人权保障的大制度环境下，以省院的刑事被害人救助办法为依托进行了大胆的尝试。此次调研总结出了地方被害人救助制度的一些缺陷，尤其是在法律依据以及法律程序的设计

---

[64] 《刑事诉讼法》第275条规定："犯罪的时候不满十八周岁，被判处五年有期徒刑以下刑罚的，应当对相关犯罪记录予以封存。犯罪记录被封存的，不得向任何单位和个人提供，但司法机关为办案需要或者有关单位根据国家规定进行查询的除外。依法进行查询的单位，应当对被封存的犯罪记录的情况予以保密。"

方面，充分的说明实务部门在具体程序设计过程中，对于法律理论基础缺少探讨和认识，也从侧面反映了实务部门和理论研究部门联系与沟通的缺乏。我们通过此次调研提出了一些建议，希望能够对地方被害人救助制度的规范化和科学化、系统化作出贡献。

论《刑事诉讼法》修改后的几个证据问题

叶 玲[*]

摘要：证据制度的修改是新刑诉法的一大重点,也是一大亮点。新刑诉法浓墨重彩地对证据制度进行了八个方面的补充和完善,主要包括：证据的概念和种类、"排除合理怀疑"证明标准的确立、非法证据排除规则、瑕疵证据的补正、行政执法证据与刑事诉讼证据的衔接、证人出庭作证、不得强迫自证其罪等。在我国刑事证据制度极不完善、司法实践问题繁多的情况下,新刑诉法对证据制度的修改可谓是应运而生,理论界和实务界对新修改的证据制度抱有极高的期望。时至今日,新《刑事诉讼法》实施已两年有余,证据制度在实践中的运行状况究竟如何？是否达到了预期目标？带着这些疑问,本课题组选取了S省M市为调研蓝本,与M市五个基层检察院的主要干部进行了座谈,并查阅了M市在新刑诉法颁布施行过后起诉处理的部分案件的案卷。就研究主题而言,囿于时间、人力、物力等客观因素的限制,对新修改的证据制度的各项内容无法面面俱到的关涉,因此本次调研重点关注了以下五个方面的问题：(1)证据概念的变化；(2)证明标准的变化；(3)非法证据的认定、排除程序问题；(4)瑕疵证据的补正与合理解释问题；(5)行政执法证据(包括纪委双规期间形成的证据)与刑事诉讼证据的衔接问题。

关键词：新刑事诉讼法 证据 司法实践

一、证据概念变化

目前我国对证据概念问题采用了在立法中予以定义的方式,新刑诉法改旧刑诉法的42条为48条,证据的概念由"证明案件真实情况的一切事实都是证据"修改为"可以用来证明案件事实的材料,都是证据",同时对证据的种类重新进行了分类,改"鉴定结论"为"鉴定意见",并增加了新的证据种类。这些规定在一定程度上明确了证据的范围,新增加的证据种类对于司法实务中证据的收集和审查也将起到积极的作用。但是从本次调研的综合情况来看,几乎所有的检察官都表示证据概念的变化可以在学理上探讨,但对实务影响很小,证据概念的变化并不必然影响检察机

---

[*] 叶玲,四川大学2013级诉讼法硕士研究生。

关认识和使用证据,而新增加的证据种类也是少有采用。

(一) 证据概念的变化

具体来说,对于新《刑事诉讼法》第 48 条将证据的概念由原来的"事实说"改为现在的"材料说",这种修正在学界看来似乎更加科学合理。旧刑诉法规定"证明案件真实情况的一切事实都是证据"本身就存在问题,其包含了"事实为真"的前提,使得证据失去了中立性的色彩,并且导致证据的查证、质证、认证"无从说起",又引起了"虚假的证据"不是证据的逻辑矛盾。"材料说"则很好的解决了这个问题,但是这对实务操作并没有造成什么显著的影响。M 市 D 区的一名检察官表示新刑诉法出台后的 48 条不是他们学习的重点,证据的概念是怎么样的对于他们在司法实践中具体操作没有影响。Q 县的公诉科科长也表示不管是"事实说"还是"材料说"都是学理范围内的探讨,实务操作中仍然按照一贯的方法、思路来发现并收集证据。四川大学张斌教授认为,法律实务人员理解证据概念采取的是一种实用主义态度,他们具有一种规范的思维和操作习惯。检察人员不会因为原来刑事诉讼法规定的证据是"事实",现在是"材料",就不清楚应当怎样去发现、固定、收集和运用证据。[①] 相反,无论是"事实说"还是"材料说"都不会造成检察人员实际办案中对证据的内涵和外延理解的偏差。对办案人员来说,证据的内涵就是认识案件事实的手段,是办案的依据、方法,而证据的外延就是那八种证据种类,不同的证据种类有不同的收集方法和程序。这些与证据有关的知识足以满足侦查人员的日常办案需求。张斌教授的这一观点从一定程度上解释了证据概念的变化与司法实践操作的"脱节",但是还不够深入、具体。

通过调研,课题组发现检察人员在实务操作中普遍偏向于从实质上对证据概念进行解读,即可以用来证明案件事实情况,且符合证据的客观性、关联性和合法性的,才是他们理解的证据。以未成年人社会调查报告为例,如果从理论上来探讨,学界对于未成年人社会调查报告是否属于证据颇有争议。一种观点认为属于证据,对于该证据属于何种证据,各方意见又表现出差异。一些学者主张未成年人社会调查报告具有相关性、专业性和科学应用性,属于专家证据;而某些学者则认为,未成年人社会调查报告具备了证据的真实性、关联性和合法性,应当被视为证据,其属于品格证据;而另一种观点则认为未成年人社会调查报告不是证据,而是一种参考资料。未成年人社会调查报告涉及的内容与案件事实并不存在客

[①] 张斌:"证据概念的学科分析——法学、哲学、科学的视角",载《四川大学学报(哲学社会科学版)》2013 年第 1 期。

观、必然的联系,这与证据能够证明案件事实不相符合,因此不应被采纳为证据。在司法实务中,后一种观点在检察官中占主导地位。

R县的检察官们表示,未成年人社会调查报告不应当视作证据,该报告涉及的内容与案件事实并不存在客观、必然的联系,不能够反映诸如被指控的犯罪是否为被告人所实施、实施犯罪的时间、地点、手段等案件事实的情况,这与证据能够证明案件事实不相符合。以R县检察官的观点为代表,各区县检察官的意见大同小异,都不认为未成年人社会调查报告系"正统"证据,因而不是他们理解的证据。但是,不可否认的是侦查机关、检察机关以及人民法院通过社会调查报告,根据未成年人的成长历程、道德品质、个人特点、智力结构、身心状况、家庭社会关系等,可以综合分析其犯罪主观方面的意图,进而判断其主观恶性的大小;而通过未成年人的一贯表现、监护条件以及帮教条件的好坏,可以衡量未成年人的社会危险性。因此,未成年人社会调查报告在检察机关处理未成年人案件作出不起诉、附条件不起诉的决定以及人民法院量刑时都起着重要作用。而新刑诉法修改的证据概念明确表明,证据既包括定罪证据也包括量刑证据,而未成年人社会调查报告在量刑环节起着的巨大作用,足以让其在证据领域占有"一席之地",至于未成年人社会调查报告具体的证据归属,还有待理论界和实务界的进一步研究与探讨。

再以全程同步录音录像资料为例,新刑诉法第121条规定:"侦查人员在讯问犯罪嫌疑人的时候,可以对讯问过程进行录音或者录像;对于可能判处无期徒刑、死刑的案件或者其他重大犯罪案件,应当对讯问过程进行录音或者录像。录音或者录像应当全程进行,保持完整性。"扩大了同步录音录像的适用范围,从只能适用于检察机关的自侦案件,到普遍适用于公安机关负责的普通刑事案件。全程同步录音录像的逐步实施,掀起了理论界和实务界对全程同步录音录像资料的证据归属的讨论热潮。理论界普遍认为全程同步录音录像资料是证据,至于具体归属于哪种证据又有不同的观点。第一种观点认为,讯问犯罪嫌疑人的录音录像的证据类型是动态的,随证明目的的改变而改变。[2][3][4] 一般情况下,其为口供的

---

② 潘金贵、陈永佳:"讯问犯罪嫌疑人同步录音录像的证据学分析",载《湖南公安高等专科学校学报》2009年第2期。

③ 陈奇敏:"讯问同步录音录像制度的现状、问题及完善",载《上海公安高等专科学校学报》2009年第4期。

④ 潘申明、魏修臣:"侦查讯问全程同步录音录像的证据属性及其规范",载《华东政法大学学报》2010年第6期。

固定方式；特殊情况下，又转化为视听资料，即当辩方提出刑讯逼供、指供、诱供等程序抗辩时；而当有人销毁同步录音录像资料，涉嫌构成帮助毁灭证据罪时，该同步录音录像资料就是"口供"与物证的复合。第二种观点认为，从实体意义上看，全程同步录音录像是一种固定保全证据的手段，从程序意义上看则属于视听资料。[5][6] 第三种观点则认为，全程同步录音录像从本质上来说是一种固定言词证据的辅助手段，是言词证据的附属资料（即附件）。[7]

就调研情况来看，各区县检察官对于全程同步录音录像资料的证据归属也是各执一词、莫衷一是。但就其程序操作来说，却是大同小异，区别不大。检察机关对于全程同步录音录像资料的运用主要体现在两个方面：一是对于公安机关立案侦查的案件，存在法律规定的特殊情况时，人民检察院在审查逮捕、审查起诉和审判阶段，可以调取公安机关讯问犯罪嫌疑人的录音、录像，对证据收集的合法性以及犯罪嫌疑人、被告人供述的真实性进行审查。[8] 二是公诉部门在出庭支持公诉时，使用同步录音录像资料来指控或强化指控犯罪。利用同步录音录像指控犯罪主要针对被告人及证人拒供（证）、翻供（证），并拒绝说明理由或者提出除刑讯逼供、暴力取证外的其他理由的情形，例如未看笔录即签字等，公诉人可以将同步录音录像取代笔录直接作为指控犯罪的证据材料并当庭播放。利用同步录音录像强化指控犯罪主要针对以刑讯逼供、暴力取证为理由质疑笔录内容真实性的情形，公诉人可以将同步录音录像在庭前或者当庭选择性播放以证明侦查行为的合法性及笔录内容的真实性。如D县郭某诈骗一案，庭前会议中辩护律师未对讯问犯罪嫌疑人的讯问笔录提出

---

[5] 肖志勇、瞿伟："讯问全程同步录音录像若干问题探讨"，载《中国刑事法杂志》2007年第3期。

[6] 孙洪坤、韦成虎："检察机关全程同步录音录像制度实证研究"，载《淮北煤炭师范学院学报（哲学社会科学版）》2010年第5期。

[7] 重庆市人民检察院第一分院课题组："讯问犯罪嫌疑人同步录音录像制度刍议"，载徐静村：《刑事诉讼前言研究》，中国检察出版社2006年版。

[8] 详见《人民警察刑事诉讼规则（试行）》第73条第一款："对于公安机关立案侦查的案件，存在下列情形之一的，人民检察院在审查逮捕、审查起诉和审判阶段，可以调取公安机关讯问犯罪嫌疑人的录音、录像，对证据收集的合法性以及犯罪嫌疑人、被告人供述的真实性进行审查：（一）认为讯问活动可能存在刑讯逼供等非法取证行为的；（二）犯罪嫌疑人、被告人或者辩护人提出犯罪嫌疑人、被告人供述系非法取得，并提供相关线索或者材料的；（三）犯罪嫌疑人、被告人对讯问活动合法性提出异议或者翻供，并提供相关线索或者材料的；（四）案情重大、疑难、复杂的。

意见,而在庭审中却主张侦查机关对郭某进行了刑讯逼供,郭某系"屈打成招",企图进行无罪辩护。最终法院调取了侦查机关讯问犯罪嫌疑人郭某时的录音录像进行播放,才得以证明讯问笔录的真实性和合法性。最终法院判处郭某诈骗罪成立,判处有期徒刑三年。

综上所述,证据概念的变化对于司法实践没有明显的变化,但并不是说证据概念的变化没有作用。修改后的证据概念采"材料说",排除了"事实说"存在的逻辑上的矛盾,区分了证据与定案依据,使得证据概念的定义更为客观、符合实际,不违背逻辑要求,对于人们正确理解和使用证据概念,具有一定的现实意义。

(二) 证据种类的变化

新刑诉法第 48 条在原有法定证据种类上增加了电子数据、辨认笔录和侦查实验笔录,同时将"鉴定结论"改为了"鉴定意见"。可以说,新的证据种类的增加,使得司法实务中收集的很多证据材料因符合法定的证据形式予以适用,对于惩罚犯罪有着重要的意义。其中辨认侦查实验笔录在实务操作过程中早已被当做证据来使用,只不过之前因为法律没有规定,因而"名不正,言不顺",身份尴尬。现在明确将其纳入法定证据的种类,会有更多的可能性去构建这些证据的形成规则,以保证辨认和侦查实验笔录的客观性和准确性,防止冤假错案的发生。而将电子证据纳入法定的证据类型则是科技时代司法实践的需要。随着科技的发展,电脑和互联网高度普及,网络犯罪案件日益增多,犯罪手法日新月异。但是调研反映,司法实践中仍然存在很多突出问题:

第一,刑诉法增列了电子数据、辨认笔录以及侦查实验笔录,但并没有同时规定相应的取证程序,实务操作中随意性较大。以证据的提取及其提取笔录为例,目前证据的提取及其提取笔录没有明确、固定的适用对象,实务操作中显得相对随意、比较混乱,一种比较常见的情况就是对于从案发现场收集的实物证据,往往也采用提取并制作提取笔录。如一起抢劫杀人案现场,侦查机关从现场发现了凶器,遂提取了该凶器准备送检,并制作了提取笔录作为证据。但实际上,该凶器属于实物证据,应当采用扣押,而非提取。刑诉法第 130 条明确规定:"为了确定被害人、犯罪嫌疑人的某些特征、伤害情况或者生理状态,可以对人身进行检查,可以提取指纹信息,采集血液、尿液等生物样本。"这表明,只有提取生物样本,才需要制作提取笔录。

第二,由于新刑诉法允许行政证据用作司法证据,而行政证据的类型和名称与司法证据不尽一致,如行政执法中的现场报告,到底应该属于何种证据?

第三,刑诉法对笔录证据采取的是列举式规定,法条仅明文列举了"勘验、检查、搜查等"笔录,对于其中的"等"字究竟可以包括哪些证据,高法、高检和公安机关的司法解释不一致,实践中可能造成冲突。

第四,实务中使用的证据种类并不限于法定的八种证据,例如,破案经过、情况说明等法外证据种类仍在普遍使用。

总结上述四类问题,我们可以发现根源有二:一是我国在证据种类的划分上受前苏联的影响,采取的是典型的封闭式模式,即特定证据材料必须符合八种法定证据形式才能作为证据使用。但是这种列举并不能够涵盖所有的证据种类,一旦出现新的证据种类,就会因为不具备法定的证据形式而被排除在外,再加上法律的制定本身就具有滞后性,司法实务中实际的证据材料的种类早已超出刑诉法的规定,因而即便是修改过后的48条对于实务操作仍然起不到太大的作用。二是法律规定的不完善,造成了新增证据种类这一立法的"虚设"。新增的证据种类确实反映了实践的需要,将实务中大量存在的证据材料作为明确的证据种类规定于法律之中,但是立法过于粗糙,没有规定明确具体的取证程序,再加上高法、高检和公安机关对于笔录种类的司法解释不一致,实务中可能产生冲突,有损司法公正。

针对证据种类的划分问题,我国理论界主要存在着两种观点:一是对证据种类重新进行划分,采用更为科学合理的证划分标准。例如将证据种类规定为:物证、书证和人证三类。其中人证包括证人证言,被害人、自诉人的陈述,犯罪嫌疑人、被告人的供诉和辩解及其他形式;书证包括文件、鉴定意见、勘验检查笔录、视听资料及其他形式。⑨ 也有人认为应当取消法律对证据种类的规定,只要对案件事实有证明作用,不论什么形式都可以在诉讼中作为证据使用。二是在以后的修正中增加一个兜底条款,即"其他对案件事实起证明作用的证据",以便在出现新的证据形式或出现难以归类的证据形式时因无法可依而束手无策。D县的检察官们也表示,明确规定证据种类是不明智的做法,随着经济社会的发展变化,新的证据种类将层出不穷,证据种类实乃难以穷尽,因此改变证据的种类划分,或是规定必要的兜底条款很有必要。笔者的观点与检察官们的观点一致。立法总是具有滞后性,很多时候无法对最新的情况作出最及时的

---

⑨ 俞树毅、洪涛:"我国刑事诉讼证据种类的审视",载《兰州大学学报(社会科学版)》2007年3月第35卷第2期。

反应,因而在证据种类的划分上留有余地才能够满足司法实践的需求。至于要弥补法律对证据规范的冲突与缺失却并非一朝一夕可以完成的,需要理论界和实务界的长期努力、共同合作,才能构建更为完善的证据体系,促成更多证据法律规范的出台,最终较好的衔接法律规范和司法实践。

二、证明标准的变化

1996年的刑诉法规定的证明标准是案件事实清楚、证据确实充分。无论是侦查机关侦查终结、人民检察院审查起诉,还是人民法院判决被告人有罪均适用这一标准。可是,"案件事实清楚、证据确实充分"究竟是怎样一种标准在我国却没有统一的认识。究其原因在于这个标准过于抽象,在司法实践中难以具体操作,从而给办案人员留下了较大的自由裁量的空间。公、检、法三机关在司法实践中常常在证据是否确实充分的问题上出现分歧。因此,法律有必要对该证明标准进行完善,对什么是案件事实清楚和证据确实、充分进行进一步的细化,使之具有可操作性,能够准确得到适用。新刑诉法第53条正是基于这种司法实务操作的需求对原刑诉法第46条进行的补充。

(一) 修改后的证明标准

修改后的证明标准对"证据确实、充分"作出了进一步规定,即证据确实、充分,应当符合以下条件:(一)定罪量刑的事实都有证据证明;(二)据以定案的证据均经法定程序查证属实;(三)综合全案证据,对所认定的事实已排除合理怀疑。修改后的证明标准强调定罪与量刑证据同等重要,意在改变传统的重定罪轻量刑的习惯做法;凸显程序价值,强调作为定案依据的证据须经法定程序调查属实;综合全案证据,能够做出一个总体的评价,即所认定的事实已经排除了合理怀疑。总的来说,新的证明标准较之过去确有进步之处,但是否在司法实践中更具有可操作性,能够得到很好的适用呢?

(二) 调研现状

在此次的调研中,课题组发现检察官们对于"排除合理怀疑"这一新的证明标准的态度却是不置可否,纷纷表示对该证明标准很困惑,不明白何谓"合理怀疑"。在问及觉得这一标准较过去是高了还是低了的时候,有的检察官表示标准提高了,但是有的检察官表示标准降低了,还有的则表示没有变化。D县的一名检察官认为,"排除合理怀疑"也就是没有了其他的合理怀疑存在,关键事实的真相只有一个,也就是《死刑案件证据规定》中的"唯一性"标准;D区的检察官认为"排除合理怀疑"是对原有的证明标准的进一步细化,所以应该是没有降低也没有提高证明标准的;P县一名检察官则表示,证明标准的变化与否对于司法实践没有影响,实务操作中囿于考核制度等因素,有其自成一套的"高标准"的判断标准,即强调每一证据自身的证明力,注重证据之间能否相互印证,形成证据链条,最终法院根据证据认定案件事实从而能够做出有罪判决;Q县的公诉科科长则表示,"排除合理怀疑"这一标准很不明确,感觉很抽象,理解起来有困难,在司法实践中很难把握。

(三)"排除合理怀疑"的理论分析

从上述调研结果可以看出,在目前的司法实践中,检察官们对于新刑诉法的证明标准的认识分歧很大,对于"排除合理怀疑"的含义理解也是深浅不一。虽说分歧、异议短时间内不能够协调一致,但是要想在实务中能够真正有效的运用"排除合理怀疑",在理论上仍需要澄清若干问题。

1. "排除合理怀疑"与英美法中的排除合理怀疑证明标准的区别

"排除合理怀疑"从法解释的角度来看,只是"证据确实、充分"的判断依据,亦即对原证明标准的进一步解释,并非独立的证明标准。因此我国法中的"排除合理怀疑"作为证据判断规则的定位,使得其与英美法以其为证明标准的主要表达方式存在明显的区别。以证明方式的显著差异为例,相较于以典型的自由心证为证明方式的英美法,司法实践中我国的证明方式虽然也是自由心证但却更强调客观性。这种客观性包含两个方面:其一,事实认定依赖于证据数量以及证据间的相互印证,法官的个人经验只起到很小的填补作用,甚至排斥法官的个人经验;其二,基于证据印证形成的案件事实更易被广泛接受,并具有相对的稳定性。如"一对一"贿赂案中,如果只有行贿一方的证据,无论多少,若没有受贿一方提供证据加以印证,就不能确认贿赂犯罪事实。稳定的证明结构的形成依赖一定程度的"印证"。但在典型的自由心证证明方式下,未过于强调证据间的印证性,而且允许印证具有多样性。如在"一对一"贿赂案,涉嫌受贿人不承认行贿,但只要行贿人的说法在行贿一方有账据支持,或者有参与研究决定以及实施行贿的其他主体(即使未到现场的直接送钱——即所谓"门外人")的印证,且支持的证据来源自然,其内容没有突出的矛盾与疑点,也被视为一种印证,并据以定案。

2. 是否降低了刑事诉讼证明标准

笔者认为,将英美法系的"排除合理怀疑"植入我国刑事诉讼的证明标准中,并不会产生降低证明标准的现象。

首先,全国人大常委会法制工作委员会对这一观点做出了明确的回应:"本条使用'排除合理怀疑'这一提法,并不是修改了我国刑事诉讼的证明标准,而是从另一个角度进一步明确了'证据确实、充分'的含义,便于办案人员把握。"这一回应即意味着立法者在立法时将"排除合理怀疑"作为刑事诉讼的证明标准,实际上是对"证据确实、充分"所作的当然解释,即根据形式逻辑的推理,要达到"证据确实、充分"的程度,就必须在证明过程中"排除合理怀疑"。其次,"排除合理怀疑"与"证据确实、充分"是现象与本质的关系。"排除合理怀疑"是"证据确实、充分"的外部表现,是局部、单个证据所要达到的证明标准,并且该单一证据能否排除合理怀疑可能随着其他证据所证明的内容而变化;而"证据确实、充分"则是整个证据体系所具备的根本特征,是结合全案的证据所得出的结论,证据确实、充分是经过对单一证据的逻辑分析,达到相互印证的程度,进而推理出的具有一定稳定性结论的证明标准。

因此,我国规定的"证据确实、充分"标准并非高过英美法系国家"排除合理怀疑"标准或大陆法系国家"高度盖然性"标准,即"排除合理怀疑"引入并没有降低刑事诉讼证明标准。

3. "排除合理怀疑"与死刑案件"唯一性"标准的关系问题

植入"排除合理怀疑"的新的证明标准作为我国刑事诉讼中最普遍的证明标准适用于所有的案件类型,自然包括了死刑案件。也就是说,死刑案件的证明标准就是要达到"排除合理怀疑"。而2010年5月,颁布的《死刑案件证据规定》首次对"确实、充分"的含义进行了明确规定,根据该《规定》第5条第2款:"证据确实、充分是指:(一)定罪量刑的事实都有证据证明;(二)每一个定案的证据均已经法定程序查证属实;(三)证据与证据之间、证据与案件事实之间不存在矛盾或者矛盾得以合理排除;(四)共同犯罪案件中,被告人的地位、作用均已查清;(五)根据证据认定案件事实的过程符合逻辑和经验规则,由证据得出的结论为唯一结论。"据此,死刑案件实行结论"唯一性"标准。不仅如此,可以说,《死刑案件证据规定》对于"证据确实、充分"的解释是对长期以来我国理论实务界研究、实践成果较为全面的总结,是我国司法实务中不仅是死刑案件也包括普通刑事案件长期以来实行的证明标准。那么就出现了一个问题:"排除合理怀疑"与死刑案件"唯一性"标准的关系是怎么的?

"唯一性"标准侧重于对证据本身的量与质的要求,在理论上要求穷尽一切办法查明案件真实,最终认定的事实是排他的不具有其他解释可能的。而"排除合理怀疑"从主观方面出发,对侦查人员、检察官、法官的主观认识作出严格要求,即以案件的证据为基础,不断发现、验证和排除疑点,使得最终的案件事实是唯一的,不再有其他解释的可能。因此,从内涵上来说,"唯一性"与"排除合理怀疑"标准的要求是一致的,仅是侧重点不同,表述不同,实则是同一事物的不同面。

综上所述,我国现行刑事诉讼证明标准中的"排除合理怀疑"不同于英美法的证明标准,而是对"证据确实、充分"的这一证明标准的进一步解释,因此在实务操作中对现行证明标准准确理解和把握尤其重要。特别是法官在裁判案件过程中,判断"证据是否确实、充分"要建立在"定罪量刑的事实都有证据证明"和"据以定案的证据均经法定程序查证属实"这两项要件的基础之上,然后综合全案证据进行判断是否能够"排除合理怀疑",而不能孤立地适用。适用"排除合理怀疑"一定要符合逻辑和经验法则,避免对案件事实进行主观臆断、吹毛求疵等不合理怀疑。此外,"排除合理怀疑"只能够是对重要的、关键性的、涉及到定罪量刑的事实排除合理怀疑,而不能苛求对所有细节都排除合理怀疑。

三、非法证据的认定、排除问题

新刑诉法在《两个证据规定》之后对非法证据排除规则做出了进一步明确和完善。修改后的《刑事诉讼法》共用了"五条八款"对非法证据排除的范围、程序、证明责任、证明标准等作出了明确、具体的规定,同时还规定了一系列遏制刑讯逼供等非法取证行为的措施,这些证据规则、规范的实施,必然将有效的保障案件事实认定的有效性和准确性。再者,在新《刑事诉讼法》实施后不久,由于像浙江"张氏叔侄案"这类重大冤假错案的披露和纠错,政法机关开展了防止冤假错案的专项活动,要求办案人员从冤假错案中吸取深刻的教训,强化证据意识和办案质量意识,严格地按照法律规定,客观搜集证据,认定案件事实。新《刑事诉讼法》证据规范的实施与政法机关防止冤假错案的专项活动相互影响、相互作用,对于司法实践中有效排除非法证据、提高刑事案件办案质量发挥了积极作用。但同时也应当承认由于现行的体制本身缺陷、法律规范不周严、办案指标、考核制度、办案人员的个人素质良莠不齐、"熟人社会"等因素的影响,检察人员在办理案件排除非法证据时受到诸多限制。

(一)非法证据排除规则适用难的原因

课题组对 M 市五个基层人民检察院从 2010 年到 2013 年四年间审查起诉并经人民法院审判终结的案件进行了分析统计,课题组发现存在非法证据情形的案件数量较少,2013 年案件发现率最高也不超过百分之十,其余年份更是在百分之五左右徘徊;而对于确认了非法证据并依法予以排除的案件更是少之又少,年均案件数仅为一件。由此可见,非法证据排除规则的实施在司法实践中效果不佳、困难重重,发现非法证据的案件数量较少、确认了非法证据并予以排除的案件数量更是极少。认真分析,我们认为阻碍非法证据排除规则有效实施的原因有以下几点:

第一,非法证据的发现渠道单一。绝大部分都是由犯罪嫌疑人或者被告人及其辩护人提出排除非法证据,司法机关主动发现并排除非法证据的情况极少,尤其是侦查机关发现非法证据的概率基本为零。

第二,检察官们对于非法证据排除规则态度复杂、暧昧、接受度不高。有的检察官认为,非法证据排除规则是值得肯定,其对于遏制司法机关非法取证、维护司法权威、保障犯罪嫌疑人(被告人)的诉讼权利、实现司法公正意义重大,因而在实务操作中应当支持,并按照法律规定积极适用。有的检察官则表示,规则是好的,但是操作性不强,具体办案过程变化不大,案子原来怎么办现在还怎么办。更有多名检察官表示,新规则在司法实践中时有"走过场"之嫌,发现非法证据的案件实属个别情况,即便是有,该非法证据也实难排除。法院、检察院基本上都是要求公安机关提供情况说明,这种自证"清白"的效果可想而知。非法证据排除规则实际上没能起到应有的效果。总的来说,检察官们对于非法证据排除规则总体上非常赞同,但深入探究这一表面共识后的细节问题,则呈现出一些消极、怀疑、观望的态度。

第三,对非法证据排除规则,实务部门理解不尽相同、操作难度很大。首先是非法证据概念的理解问题,实践中存在不能很好地区分非法证据和瑕疵证据的情况,因而有可能将非法证据视为瑕疵证据而要求侦查机关一再补正或者作出合理解释,这样的补正和合理解释使得本来的非法证据披上了合法的"外衣",如果该证据被采纳,将会引起当事人和公众的质疑,有损司法的权威性和公正性。而法律对非法实物证据的定义则不甚明确,何谓"严重违反法定程序,可能严重影响司法公正"?"严重"的标准是什么?这些都不明确,给予了法院很大的自由裁量权。法院出于对惩罚犯罪的考虑,很可能对侦查机关、检察机关移送的某些实物证据的合法性"睁一只眼、闭一只眼",使得刑诉法关于非法实物证据排除的规定名存实亡,失去意义。而且由于每个法官对于取证程序是否达到严重程度的认识不一,极易造成司法混乱。同时,从逻辑上来说,也会给办案人员造成一种错误的认识,即在不严重影响司法公正的前提下,是不是就可以违反法定程序来收集物证、书证呢?其次,对于以"引诱、欺骗"等方法收集的证据是否属于非法证据排除的范围,法律规定不明确,实务操作中争议极大。新《刑事诉讼法》第 50 条规定:"严禁刑讯逼供和以威胁、引诱、欺骗以及其他非法方法收集证据,不得强迫任何人证实自己有罪。"而该法第 54 条规定:"采用刑讯逼供等非法方法收集的犯罪嫌疑人、被告人供述和采用暴力、威胁等非法方法收集的证人证言、被害人陈述,应当予以排除。"法律采用了"宽禁止、严排除"的规范模式,即取证方法禁止范围较宽,而排除非法证据范围较窄,未规定"引诱、欺骗"获取的人证均予排除。[10] 再者,最高人民法院、最高人民检察院相关的司法解释对"刑讯逼供等非法方法"中的"等"字做出了解释,以"痛苦原则"作为衡量非法证据的标准,因此按照这一标准,"引诱、欺骗"等方法获取证据,即便是严重违法,也很难达到痛苦这一标准。以 D 区人民检察院审查起诉的梁某某制贩毒品案为例,侦查人员以告知取保候审的相关规定,要求被告人犯罪嫌疑人如实供述。又如师某某制贩毒品案中,同案犯胡某某提出见到其家人以后就如实供述,侦查人员遂满足其要求,后胡某某也如实供述了其犯罪事实。在上述的案件当中,不管是侦查人员告知相关的法律规定和刑事政策,还是利用犯罪嫌疑人想见人家的心理,承诺其供述以后就让其见家人,都没有迫使犯罪嫌疑人违背意愿供述,因此仅仅属于侦查技巧,不属于非法证据。

(二)解决适用非法证据排除规则的措施

1. 准确把握非法证据的内涵及外延

非法证据这一基本概念的明确、规范与清晰可以让非法证据排除规则更有效的实施,所以正确的理解非法证据很重要。非法证据和瑕疵证据虽同属于违法证据的范畴,但是两者有着极大的不同。这两者之间的区别具体体现在以下两个方面:首先,在性质上,非法证据系取证程序严重违法,取证手段侵犯了公民的宪法性基本权利;而瑕疵证据只是取证程序的轻微违法,达不到严重违法的标准,并且取证方法没有侵犯《宪法》赋予公民的基本性权利。其次,在效力上,非法证据一经查实,则必须排除。而瑕疵证据经过补正和作出合理解释以后,是可以有证据能力的,可以继续使用。非法证据与瑕疵证据的具体区分笔者将在后文的瑕疵证据当中进行详细的说明。[11]

---

[10] 龙宗智:"新刑事诉讼法实施:半年初判",载《清华法学》2013 年第 5 期。
[11] 万毅:"论瑕疵证据——以'两个《证据规定》'为分析对象",载《法商研究》2011 年第 5 期。

对于"刑诉逼供等非法方法"中的"等"字的理解,最高人民法院和最高人民检察院已经做出了司法解释,即"使用肉刑或者变相肉刑,或者采用其他使被告人在肉体上或者精神上遭受剧烈疼痛或者痛苦的方法,迫使被告人违背意愿供述的"或者"其他非法方法是指违法程度和对犯罪嫌疑人的强迫程度与刑讯逼供或者暴力、威胁相当而迫使其违背意愿供述的方法"。在实践中,具体对"等"字的理解可参见《最高人民检察院关于渎职侵权案件立案标准的规定》关于刑讯逼供立案标准中对于非法手段的列举,即涉嫌下列情形之一的,应当予立案:(1)以殴打、捆绑、违法使用械具等恶劣手段逼取口供的;(2)以较长时间冻、饿、晒、烤等手段逼取口供,严重损害犯罪嫌疑人、被告人身体健康的。而以"引诱、欺骗"等非法方法收集的言词证据是否应该排除这一问题在目前实务操作中最富有争议。根据新《刑事诉讼法》以及最高人民法院、最高人民检察院的解释可知,非法言词证据的含义包括两部分:一是该言词证据收集手段是违法的;二是因为犯罪嫌疑人或者被告人在肉体上或者精神上遭受剧烈疼痛或者痛苦,所以做出违背其意愿的供述。而"引诱、欺骗"等非法手段很难达到精神上的剧烈痛苦这一标准,并且在某些情况下,受到"引诱、欺骗"的犯罪嫌疑人或者被告人所做的供述并没有违背其意愿。因而很难根据法律规定的非法证据的排除规则将"引诱、欺骗"等方法取得的言词证据加以排除。因此,对于"引诱、欺骗"等非法方法获得的证据是否应该排除这一问题,我们赞同大部分检察官的观点采用"具体问题具体分析"的方法。如果引诱、欺骗的取证手段严重的违反了法律的规定,使得犯罪嫌疑人、被告人被迫供述,以至于严重的损害了口供的客观性和真实性的,应当予以排除。无伤大雅的引诱、欺骗则可以一种侦查审讯技巧来对待,这在国际上也不是"无据可考"的,比如美国警察讯问技巧中的心理操纵术。

2. 从细节出发解决非法证据排除环节存在的问题

关于非法证据排除环节存在的问题,可以从两个方面来解决。一是检察机关在思想上要正确的面对非法证据排除规则,增强证据意识,更加重视对客观证据的收集,张扬"重证据,轻口供"的刑事司法理念。二是从程序上来保障非法证据排除规则的实现。在审查批捕和审查起诉过程中,要加强对证据合法性的审查,包括对证据内容和取证程序的审查。强化讯问犯罪嫌疑人、询问证人、听取律师的意见工作,从中发现非法取证线索。具体操作如下:(一)在审查起诉阶段,询问犯罪嫌疑人、询问证人时,要告知权力并向其主动说明非法证据排除的法律规定,讯(询)问其对取证过程的意见,核实讯(询)问笔录,以及是否存在刑讯逼供、暴力取证等非法取证情形。充分听取律师对证据合法性问题的意见,如果存在非法取证情况的,可进一步审查核实。(二)强化对讯(询)问时间、地点及同步录音录像的审查。重点审查是否存在不保证休息、饮食的连续讯问;是否拘留、逮捕犯罪嫌疑人后24小时内送看守所及讯问必须在看守所进行;是否同步录音录像(特别是犯罪嫌疑人翻供的同步录音录像的审查)、同步录音录像是否体现了"全面、全部、全程"、同步录音录像上犯罪嫌疑人的精神状态是否正常,讯问人员有无指供、诱供情形。如师某某制贩毒品案中,在审查起诉阶段,检察人员提审胡某时其翻供称侦查人员带其见了家人,对其进行引诱。检察人员迅速进行了核实,要求侦查人员对此情况进行说明,并且专门查证了该案的技侦监控资料,证实了其供述的自愿性。案件得以顺利起诉,胡某之前的有罪供述对整个案件的认定起到了至关重要的作用。

3. "重复自白"的可采性问题

"重复自白"又称"二次自白",是指某次自白即有罪供述涉嫌违法取得,但与该口供内容相同而未涉嫌采用非法手段的后续口供。此种供述是承认其作为证据的效力,还是作为"毒树之果"予以排除,在修改后的《刑事诉讼法》中并未明确。但我们普遍认为判断"重复自白"可采与否的标准是看刑讯逼供与供述之间的因果关系是否中断。如果中断了,那么后续口供将不受刑讯逼供的影响,是为合法真实的口供,应当承认其作为证据的效力;如果没有中断,那么该口供应当排除。"重复自白"的效力问题是刑事诉讼证据规则中的重要问题,其能否被采纳与非法证据规则效用的发挥有重要的关联。为了保障重新取证时"二次自白"的自愿性和真实性,应当要更换讯问人员,还要进行"特别加重的告知",即在重新取证之前应当告知犯罪嫌疑人或者被告人,上次讯问属于非法取证行为,因而所做的口供不具有证据效力,现在已经更换侦查人员重新讯问,并且应当将告知的内容都记录到讯问笔录里面,经犯罪嫌疑人或者被告人签字或者盖章发生法律效力。这样一来,不仅首次自白被排除了,也切断了非法讯问与"二次自白"之间的因果关系,使得"二次自白"能够成为具有"独立来源"的合法证据。

4. 完善证据体系,充分利用庭前会议,最大程度的排除非法证据

除了加强证据合法性的审查核实,还要进一步的完善证据体系,"防范于未然",杜绝诉讼风险。为应对被告人及其辩护人搞庭审"突袭",检察院应当尽可能的收集相关证据,包括调取犯罪嫌疑人(被告人)的看守所体检记录、出入所登记表、看守所监控视频,抓获经过,以及提取、封存

过程的同步录音录像资料,侦查人员出具情况说明等资料。如果在法庭审理过程中被告人及其辩护人没有提出非法证据的申请,那么可以不出示上述证据;如果被告人及其辩护人当庭提出了非法证据,可向法庭出示以上收集的证据,用以证实证据收集的合法性,便于合议庭当庭评议认定,确保庭审能够顺利进行,起到良好的庭审效果。

最后要充分利用庭前会议程序,排除非法证据。就检察院方面来说,在审查起诉的过程中发现证据的合法性可能存在争议的,应当充分准备、收集证据,然后主动与法院沟通协调,要求召开庭前会议,由法院召集公诉人及当事人、辩护人等对是否系非法证据进行举证说明,尽可能将非法证据排除问题在庭前会议程序中解决确保庭审顺利进行。如梁某某制贩毒品案中,审查起诉阶段,被告人和辩护人提出侦查人员以取保候审引诱被告人供述,为了核实其供述的真实性,检察人员补充了相关证人证言,并查看了该案的技侦监控资料,在庭前会议中,与辩护人及法院承办人交换了意见,最终达成了不属于非法证据的共识,为庭审的顺利进行打下了良好的基础。但是这种情况在目前的司法实践中还不是常态,"高预期,软立法"的庭前会议程序的功能仅限于"了解情况,听取意见",而不能处理实体问题。只要控辩双方有一方不积极配合,所有的问题也只有在庭审中解决。

四、瑕疵证据的补正与合理解释问题

瑕疵证据是不适格证据的一种形式,其本质特征在于取得程序的轻微违法性,因而法律对瑕疵证据采取的是一种可以容忍的态度,即只要对瑕疵证据进行补正和做出合理解释,弥补其违法性,就可以使其具有证据能力。由此可见,瑕疵证据与非法证据、没有证据能力的证据无论是在内涵还是外延上都是有着显著区别的。尤其是瑕疵证据和非法证据因为同属于违法证据的范畴,因而在司法实践当中应当注意区分,切勿将两者混为一谈。将瑕疵证据作为非法证据予以排除或者是把非法证据视为瑕疵证据允许其一再补正后使用,都将造成司法不公。在司法实践中,瑕疵证据的判断和应用存在较多的问题,因此本次调研也将瑕疵证据列入其中。

(一)瑕疵证据与非法证据的区别

根据调研的情况来看,在 M 市人民检察院受理的案件当中出现的瑕疵证据的类型主要有:未填写讯(询)问人、记录人;在未成年人犯罪中,没有通知其监护人而形成的笔录;视听资料内容与笔录存在出入及其他情形的瑕疵物证、书证、证人证言等。但是由于瑕疵证据与非法证据关系

"暧昧",两者之间的界限不如非法证据与合法证据那么明显,所以司法实践中也存在难以区分瑕疵证据与非法证据的情况。

以讯问笔录为例,由于基层警力不足、警务活动繁重,因而"一人讯问"的情况在司法实务中较多。新刑诉法第 116 条和第 120 条分别规定"讯问犯罪嫌疑人必须由人民检察院或者公安机关的侦查人员负责进行"。实践中,如果侦查讯问笔录只有 1 名侦查人员签名的,该笔录是非法证据还是瑕疵证据呢?如果在一名侦查人员讯问的笔录上"无中生有"增加了新的侦查人员的签名,该笔录是非法证据还是瑕疵证据呢?如果讯问犯罪嫌疑人的两名人员中只有一名是侦查人员,该侦查讯问笔录是非法证据还是瑕疵证据呢?在调研的过程中,课题组发现上述情况在司法实践中都存在。当问及处理意见时,检察官们表示上述情况肯定是违法取证无疑,一般来说都是以瑕疵证据来对待,只要侦查机关能够提供相关的证据证明该份笔录的真实性,那么该份笔录证据是可以用的。相反,如果侦查机关没法提供证据来进行证明,或者说有同步录音录像资料表明存在刑讯逼供等非法取证的情形,那么该份证据将被排除。检察官们还表示,较之其他的瑕疵证据来说,对于"一人讯问"的情形检察机关往往采取更"包容"的态度。一来是由于基层确实人手紧缺、警务繁忙。一名侦查人员常常身兼数职,既是接警员又是出警员,不仅要当办案人,还要兼顾现场勘查、走访调查和案件平台信息录入等工作;二来则是由于"口供"对于侦破案件的重要性,一般来说,即便是一名侦查人员讯问或者是协警讯问,基本上也能够保证讯问笔录的真实性,因而有助于突破案件,追诉犯罪。

笔者认为,瑕疵证据只涉及一些技术性、细节性要求,是轻微的程序性违法,不会侵犯公民基本的宪法性权力,这是其与非法证据最重要的区别。刑诉法第 116 条和第 120 条规定"讯问的时候,侦查人员不得少于二人"、"侦查人员也应当在笔录上签字",其主要目的在于侦查人员互相监督、防范刑讯逼供等非法取证行为的发生以及保护侦查人员的人身安全,不关涉犯罪嫌疑人或者被告人的宪法性的基本权利。因而侦查人员"一人讯问"虽然违背《刑事诉讼法》的规定,但却未侵犯犯罪嫌疑人或者被告人的宪法性基本权利,因而,所获取的笔录属于瑕疵证据。而在"一人讯问"所获的笔录上增签名字,意在从形式上满足"两人讯问"的法律规定,则是一种弄虚作假的不当补正手段,虽然如此,但并未从根本上影响讯问笔录的证据质量,因而该份讯问笔录仍属瑕疵证据。

(二) 瑕疵证据的补正限度及合理解释的程度

如上文所述,在一名侦查人员讯问所获得讯问笔录上"无中生有"的增加一名侦查人员的签字，实则是一种不当的的补正手段。这就提到了一个问题，对于瑕疵证据的补正方法以何为限？作出合理解释中的"合理"又该怎样来理解。

　　补正，即补充、修正，是对有瑕疵的证据进行有针对性的修补，一般包括了当事人同意、补强证据、补充证据等方式。但是补正要有一个限度，没有限度的进行补正，只会消解原本就难以执行的证据规范的执行效力。因此补正要以真实性为前提，像通过"倒签时间"、"无中生有的增加侦查人员与见证人"等行为来从形式上符合程序规定，实属弄虚作假，是瑕疵证据补正的"大忌"，应当被禁止。因此对于"一人讯问"所获笔录的瑕疵，侦查机关可另行提供相关证据，对其进行补强，从而达到补正的效果，比如提供全程同步录音、录像排除刑讯逼供等非法取证方法的发生，保证犯罪嫌疑人或者被告人供述的自愿性和真实性，从而对讯问笔录的内容可以进一步补强。侦查机关对于瑕疵证据只有在补正不能的情况下，才能够通过给出解释的方式来弥补瑕疵证据的缺陷。因为侦查机关通常是通过其内部机构开具《情况说明书》的方式来进行说明，而补正则是用证据说话，可信度更高；此外，合理解释的标准过于模糊，在实践中造成司法机关各行其是，随意性太大。笔者认为，合理解释就是要求侦查机关给出的理由客观真实，符合逻辑规律和经验法则，能够解释清楚证据瑕疵的形成。所谓理由的客观真实，就是禁止虚构伪造理由。例如，对同一犯罪嫌疑人或者被告人讯问制作的两份笔录中，都只有一名侦查人员签字。当辩护律师提出质疑时，侦查机关因没有对讯问过程进行同步录音录像，因而无法出具证据证明，故解释称侦查人员因为疏忽忘记了签字。按照经验来说，一份讯问笔录忘记签字，可能是公务繁忙疏忽了。但两份笔录都漏签了，再解释为疏忽就有悖常理，此种解释很明显是虚构伪造的。

（三）瑕疵证据的补正和作出合理解释的标准

　　至于对"瑕疵证据的补正和作出合理解释"应当达到一个什么样的标准，Q县的一位检察官认为对于瑕疵证据主要是要达到检察官内心确信且最终使得法官形成足够的内心确信的标准，虽然瑕疵证据并不影响证据的客观性和真实性，但是必须要求有关侦查人员对这类证据进行认真的补正或者作出合理的解释，最终在庭审时，能够使法官形成足够的内心确信，从而采纳该证据。R县人民检察院的检察官们对于此问题的认识也是大同小异，他们认为，瑕疵证据要以本身的真实性和客观性为前提，补正则是在此基础上作出的能够弥补证据因为疏忽、遗失某些内容或者是内容出现错误等情况的行为，从而使瑕疵证据能够具有证据能力；而作出合理解释则是在证据补正不能的情况下再适用,合理解释应当针对瑕疵证据产生的原因说明理由,且理由要充分合理,让法官信服,消除对瑕疵证据采用的顾虑。总的来说,M市的检察官们对于"瑕疵证据的补正和作出合理解释"的标准尺度拿捏把握得很好,在实务操作中基本上能够保证办案的质量。

五、行政执法证据与诉讼证据的衔接问题

新《刑事诉讼法》第 52 条第 2 款规定:"行政机关在行政执法和查办案件过程中收集的物证、书证、视听资料、电子数据等证据材料,在刑事诉讼中可以作为证据使用。"该项规定解决了长期以来存在于行政执法与刑事司法中的证据衔接问题,满足了实践的需要,对于实务操作产生了积极的影响。但是根据调研情况,行政执法证据与刑事诉讼证据的衔接仍然存在很多难题。

(一)对《刑事诉讼法》第 52 条第 2 款的理解

1. 对"可以作为证据使用"的理解

对于"可以作为证据使用"普遍有两种不同的理解。一种观点是,该条文赋予了行政执法证据作为刑事诉讼证据的证据能力,即行政执法机关获取的"物证、书证、视听资料、电子数据等证据材料"无需经过转化,可以直接使用。《最高人民法院关于适用〈中华人民共和国刑事诉讼法〉的解释》第 65 条的规定,即"行政机关在行政执法和查办案件过程中收集的物证、书证、视听资料、电子数据等证据材料,在刑事诉讼中可以作为证据使用;经法庭查证属实,且收集程序符合有关法律、行政法规规定的,可以作为定案的根据"就支持了这一观点;另外一种观点则认为,"可以作为证据使用"仍然属于证据转化的提示条款,即非经司法机关审查核实,行政执法机关获取的证据是不可以在刑事诉讼中使用的。《最高人民检察院刑事诉讼规则》第 64 条规定,"行政机关在行政执法和查办案件过程中收集的物证、书证、视听资料、电子数据证据材料,应当以该机关的名义移送,经人民检察院审查符合法定要求的,可以作为证据使用",强调行政执法机关获取的证据必须"经人民检察院审查符合法定要求"才可以作为证据使用。检察官们的不同意见反映出了实务操作的差异,因而有可能出现同一案件因不同管辖而出现不同的处理结果,显然有违司法公正。

2. 对"等证据材料"中证据种类的理解

从第 52 条第 2 款来看,难以明确除物证、书证、视听资料、电子数据四种证据种类之外的其他证据种类。法律关于证据种类的规定不一致导

致实务操作难。新《刑事诉讼法》第52条明确规定了行政执法过程中收集的物证、书证、视听资料和电子数据可以在刑事诉讼中作为证据适用，最高法院的司法解释与新刑诉法的规定保持了一致，没有增加列举新的证据种类，并且保留了"等"字，而最高检刑事诉讼规则在法定的四种证据种类之外，增加了鉴定意见和勘验、检查笔录两类证据，公安部程序规定则增加了检验报告，鉴定意见和勘验、检查笔录三种证据。[12]此外值得注意的是，《最高人民检察院刑事诉讼规则》第64条第3款还明确规定对于人民检察院直接受理立案侦查的案件，在法定的情况下，供述或者是人证可以作为刑事诉讼证据使用。法律规定的不一致，极易导致司法机关各行其是，损害法律实施的有效性和统一性。

再者行政执法证据与刑事诉讼证据有着很大的区别，首先就体现在称谓的不一致。《公安机关办理行政案件程序规定》规定："公安机关办理行政案件的证据种类主要有：一、书证；二、物证；三、视听资料、电子证据；四、被害人陈述和其他证人证言；五、违法嫌疑人的陈述和申辩；六、鉴定意见；七、检测结论；八、勘验、检查笔录、现场笔录。"上述证据种类中，可以直接用作刑事证据的有：1. 书证、物证；2. 视听资料、电子证据（数据）；3. 鉴定意见；4. 检测结论；5. 勘验检查笔录、现场笔录。此外在证据收集的主体、证据形式、收集程序等方面行政执法证据与刑事诉讼证据也存在着极大的差异。我国行政行为种类繁多，不同的行政法规对取证程序的规定也是宽严不一，而我国的刑事证据规则对证据收集的主体、证据形式、收集程序等做出了明确的规定，要求严格。这种严格使得很多的行政证据在刑事诉讼中难以使用。

3. 适用现状

根据调研的情况来看，各个检察院在对行政证据的转化和使用问题上大同小异。他们认为行政执法机关在行政执法过程中所收集的物证、书证、视听资料、电子数据四种证据材料自始即具有证据能力，无需再经

---

[12] 《最高人民法院关于适用〈中华人民共和国刑事诉讼法〉的解释》第65条第一款规定："行政机关在行政执法和查办案件过程中收集的物证、书证、视听资料、电子数据等证据材料，在刑事诉讼中可以作为证据使用；经法庭查证属实，且收集程序符合有关法律、行政法规规定的，可以作为定案的根据。"《人民检察院刑事诉讼规则》（试行）第6条第二款规定："行政机关在行政执法和查办案件过程中收集的鉴定意见、勘验、检查笔录，经人民检察院审查符合法定要求的，可以作为证据使用。"《公安机关办理刑事案件程序规定》第60条第一款规定："公安机关接受或者依法调取的行政机关在行政执法和查办案件过程中收集的物证、书证、视听资料、电子数据、检验报告、鉴定意见、勘验笔录、检查笔录等证据材料，可以作为证据使用。"

过所谓证据"转化"即可作为定案根据；对于证人证言、纪检双规期间的自书材料则全部进行转化，具体操作是由侦查人员对证人（犯罪嫌疑人）重新询（讯）问，重新制作询（讯）问笔录。而对于人民检察院刑诉规则增加的鉴定意见和勘验、检查笔录两类证据，以及公安部程序规定增加的检验报告则需要经过审查符合法定要求后作为刑事证据使用，亦认为无需再履行取证程序。原因有二：一是勘验检查笔录、鉴定意见、检验报告客观性较强，制作主体或者鉴定机构客观中立，因而所得的证据真实可靠。一经检察机关审查认为证据形式符合规定且证据本身具有客观真实性，那么是可以在庭审中直接拿来用的。例如M市一生产假烟案，M市烟草公司移交D县检察院的材料当中有一份由S省烟草监督监测站就涉案假烟作出的鉴定意见，D县检察院在提起公诉时，是直接将该份鉴定意见移交法院的，并没有重新做鉴定，法院也对该份鉴定意见予以认可。二是检察机关介入行政案件的侦查距离行政案件案发有一个时间差，且此时行政执法机关已经对案件进行过处理，现场已经被破坏，赃物也可能腐烂变质或者不复存在，因而对于该案件已经不能够进行勘验、检查以及鉴定。

（二）对于存有瑕疵的行政执法证据的处理

司法实践中的另一难题就是对于非法的行政证据应当如何处理的问题。对于依法取得的物证、书证、视听资料、电子数据等行政证据，根据新《刑事诉讼法》第52条第2款的规定，在审判中经过法官的审查确认，便可以具备刑事证据的能力，经过审查核实，可以最终作为定案的依据。问题是对于非法的物证、书证应当怎样处理呢？实践中，对于有瑕疵的物证、书证都是由行政执法机关依照行政程序进行补正。但是行政程序与刑事诉讼程序本身规定就不同，被检察机关视为瑕疵证据的物证书证有可能是行政机关按照法定程序收集、固定的，因此再让行政机关按照行政程序进行补正也不能解决证据的瑕疵问题。此外像行政机关处理的工商类案件中，如果行政机关对物品的记录不准确，而待重新补正时，可能因为商品的腐烂、变质而无法补正。但是如果由侦查机关自行补正更是困难重重，一来侦查机关得到的不是第一手资料，很难确定其客观真实性，二来自行补正增加了侦查人员的工作负担，对于人手紧缺、司法资源缺乏的今天，操作难度更大。

（三）评析及对策

1. 关于在刑事诉讼中衔接适用的行政证据形式问题要分情况处理

第一，物证、书证、视听资料、电子数据四类法定的证据形式可以直接适用。因为其是由刑事诉讼法明确规定的，具有法定性和明确性，因此无须解释就可以即可适用。但是也不排除"物证也说谎"的可能,⑬因此司法机关在调取这些证据的过程中,应该对其来源、收集时间、地点以及方式、是否存在原件、是否与案件具有关联性等方面进行审查和确认,以保证证据的真实性。

第二,勘验、检查笔录等现场笔录可直接转化成为刑事证据。一般来说,如果此类证据经过行政机关相关人员签字盖章,那么刑事司法机关只需要再次从犯罪嫌疑人、被告人那里确认即可。⑭但是如果犯罪嫌疑人、被告人不予认可,那么在有条件的情况下刑事司法机关要重新制作转化后使用。重新制作不能的情况下,如果该证据对定罪量刑起着十分重要的作用,也可以参加法庭质证,结合其他的相关证据由法院判定是否采信。

第三,言词证据的转化规则及其适用。不同于实物证据,言词证据易受人的主观因素和客观环境影响,因而具有不稳定性和不确定性。此类证据又是直接证据,与犯罪嫌疑人、被告人的权利保障有着密切的利害关系,因此应该严格按照法律规定,人民检察院侦查部门对于行政机关在执法和查办案件过程中收集的犯罪嫌疑人供述、被害人陈述、证人证言等言词证据,应当另行讯问或询问。但是实践中也有另外一种做法,即不对每一份言词证据进行重新提取,而是在证据提出者提出异议的时候,才对犯罪嫌疑人、被告人、证人等重新取证,这种方法也不无不可。因为其获得了当事人的认可,保障了言词证据的客观真实性,所以这种方法也是可取的。但是因为法律没有这样的明文规定,所以并不能保障侦查人员确实让当事人核对过言词证据,因而该证据的客观真实性不能得到保证。鉴定意见属于言词证据的范畴,虽然"由于鉴定人具备相关的资质条件,与案件的当事人没有利害关系,因此鉴定结论一般比较客观公正,不会因指派或聘请的机构不同而出现不同的结果"。⑮但是,由于鉴定意见的专业性、科学性的特点,其出现错误,也是可能的。在此情况下,检察机关要重点审查作出鉴定意见的机构的资质、方法、途径等。

2. 关于非法的物证、书证、视听资料、电子数据的补正问题

根据调研情况来看,对于行政执法机关移送的物证、书证、视听资料、

---

⑬ 陈光中:《刑事诉讼法(第二版)》,北京大学出版社,第169页。
⑭ 张博:"浅议行政执法证据在刑事诉讼中的应用",载《法制与经济》2013年6月(总第350期)。
⑮ 周佑勇、刘艳红:"行政执法与刑事司法相衔接程序机制研究",载《东南大学学报(哲学社会科学版)》2004年第1期。

电子数据是非法证据或者瑕疵证据的,司法实践中检察机关是将上述证据直接排除或者退回行政执法机关,按照行政执法的程序进行补正。但是这种方式可以说在司法实践中效果并不好。首先,对于行政执法机关移送的证据是否是非法证据,检察机关没有发现的渠道;既便是发现了非法证据,但一旦将该证据排除了,检察院将面临证据不足难以起诉的风险。其次,行政执法机关对于证据本身以及收集程序合法的判断标准有其单独的法律规定,不同于刑事诉讼证据的标准。这就会存在该证据在行政机关看来是合法的,但是在刑事诉讼中不一定合法的情况。最后,如前文所述,行政执法由于其执法对象的特殊性,客观上补正会存在一定的难度。在调研中,D区检察院的检察官们普遍表示,行政执法机关移送的证据形式极不规范。例如眉山砂石一案,针对付某、王某非法采矿的情形,行政执法机关在相关的执法材料中对犯罪嫌疑人采矿的地点是按照当地的俗称来写的,不够准确。检察机关在审查起诉时,及时发现了这个问题,随即让当地政府出具有关该地名的说明,才避免了在庭审中陷入被动。上述案件算是很好补正的个案,而绝大多数的行政案件补正极为困难。如工商类的行政案件,商品容易过期、腐败,要想补正或者重新取证,那是几乎不可能的。又如纪委移送的案件材料,其中证据的合法性根本无法审查。

  总的来说,对行政执法机关移送的四种证据材料进行非法证据的排除或者瑕疵证据的补正,对检察机关来说绝非易事,还有赖于法律就行政执法与刑事诉讼的衔接作出进一步的规定,完善细节,从而更好地指导司法实践。

强制措施制度改革虚置化原因
——基于检察视角的分析

姜 宇[*]

摘要：强制措施作为保障我国刑事诉讼程序顺利进行的重要措施，其在司法实践中的运用状况，直接关系到我国刑事诉讼打击犯罪与保障人权的目标能否实现。新《刑事诉讼法》对于强制措施的修改，使我国的强制措施制度在立法层面形成更加完备的体系，充分体现了尊重和保障人权的原则，适应了法治发展的要求。虽然立法上完善了强制措施制度，但实践与立法的步调却并不一致，呈现出"立法实践两张皮"。有鉴于此，急需探寻实践中强制措施制度改革虚置化的原因所在。

关键词：强制措施 人权保障 虚置化

引言

我国刑事诉讼强制措施是指公安机关、人民检察院和人民法院为了保障诉讼的顺利进行，依法对犯罪嫌疑人、被告人所采取的在一定期限内暂时限制或剥夺其人身自由的法定强制方法。[①]具体包括：拘传、取保候审、监视居住、拘留和逮捕。2012年3月14日，全国人大通过了《关于〈修改刑事诉讼法〉的决定》，本次修法对强制措施制度作了重大的修改，细化了强制措施适用的具体条款，体现了尊重和保障人权的价值取向。尽管社会大众对改革后的强制措施制度满怀期待，但并不意味着以往强制措施适用过程中的问题迎刃而解。实践也已证明，虽然立法上完善了强制措施制度，但实践与立法的步调却并不一致，呈现出"立法实践两张皮"。修改后的强制措施依旧未能解决过往司法实务中的问题，如"羁押率畸高"、"一捕到底"，并且，修改后的强制措施制度甚至面临着被虚置化的倾向。有鉴于此，笔者拟从修改后的强制措施条文出发，结合司法实践中纷繁复杂的具体情况，以拘传、监视居住、逮捕制度为例，探寻强制措施改革后依旧未能解决司法实务问题之原

---

[*] 姜宇，四川大学2013级诉讼法硕士研究生。
[①] 陈光中、徐静村：《刑事诉讼法学》，中国政法大学出版社2002年版，第213页。

因所在。

1. 拘传制度虚置化原因

拘传,作为刑事诉讼强制措施体系中的一环,一方面相较于其他四种强制措施,其对犯罪嫌疑人、被告人的人身自由限制的程度最轻;另一方面,相较于其他的羁押与非羁押性强制措施,其特质乃为一种侦查到案的措施。新《刑事诉讼法》第64条规定:"人民检察院根据案件情况,对犯罪嫌疑人、被告人可以拘传。"而《人民检察院刑事诉讼规则》(下称规则)从第78条到82条,主要针对"不得以连续拘传的方式变相拘禁犯罪嫌疑人"的规定作了细化,规定了两次拘传之间的时间间隔。② 应当说,修改后的拘传制度在适用上体现尊重和保障人权的价值取向,但是由于受限于司法实务中的客观存在,加之检察机关"误解"不够细化拘传制度条文等相关因素,拘传措施实践适用依旧不容乐观。

第一,客观方面而言,拘传适用需求少。内蒙古自治区人民检察院2007年至2009年,立案侦查的贪污贿赂案件中无一适用拘传措施。贵州省人民检察院2007年至2009年立案侦查的职务犯罪案件中,适用拘传的仅占4.81%。③ 现行的体制与职务犯罪的特点以及立法规定的狭小适用对象,造成拘传在检察实务中成为了"鸡肋"。

(一)体制层面,涉嫌职务犯罪案件中,纪检部门的率先介入,虚化了检察机关拘传措施的适用。职务犯罪案件中,一般由纪委率先介入,对可能触犯《刑法》的党政人员,进行"双规"(在规定的时间和地点交代问题)。待所涉及的犯罪证据查证属实之后,继而移送检察院,通过司法途径,对涉嫌职务犯罪的人员进行司法追诉。由于涉嫌职务犯罪的公职人员在纪委"双规"期间,人身自由已被限制,犯罪事实的相关证据已经确实充分,所以当案件移送到检察院之时,检察院已不需要再对其适用拘传措施。

(二)职务犯罪特点,规避了检察机关大范围适用拘传的可能。职务犯罪具有高度的隐蔽性,证据收集较为困难。检察机关在获得犯罪嫌疑人涉嫌职务犯罪的线索后,对涉嫌职务犯罪的犯罪嫌疑人进行初查,初查过程中一般不接触犯罪嫌疑人,而只是进行外围走访调查。若检察机关贸然的拘传讯问犯罪嫌疑人,很可能会"打草惊蛇",导致犯罪嫌疑人毁灭证据,增加案件的侦破难度。而当初查完成后,犯罪嫌疑人职务犯罪事实

---

② 陈岩:"论拘传的理解与适用——以新《人民检察院刑事诉讼规则(试行)》为中心展开",载《上海公安高等专科学校学报》2013年第3期。

③ 高景峰、杨雄:《新刑事诉讼法强制措施解读》,中国检察出版社2012年版,第176页。

已查证属实,检察机关根据案情的轻重,对犯罪嫌疑人适用限制人身自由的其他强制措施。

（三）狭窄的拘传适用对象。我国刑诉法规定,拘传只能适用于犯罪嫌疑人、被告人。相较于域外国家日本、俄罗斯等国,均有关于拘传拒不到庭的证人之规定④,我国拘传适用的对象过于狭窄,以至于司法实务中,检察机关对于应当出庭而不出庭的证人无计可施。拘传,作为一种强制到案措施,其功能在于保障与案件有关的人员到案参与调查。证人,作为知晓案件事实情况的人,法律明确规定了其有出庭作证的义务。因此,当证人不出庭作证,检察机关理应通过拘传措施将其强制到庭参与庭审调查。拘传不能适用证人,是我国拘传措施适用较少的一个重要原因。

第二,主观方面,"误解"拘传的适用。修改后的立法条文依旧对拘传措施规定的过于粗陋。首先,新刑诉法规定,拘传适用的持续时间不得超过十二小时；案情重大、复杂的,拘传适用的持续时间不得超过二十四小时。由此我国确立了拘传时间以十二小时为原则,二十四小时为例外的基本准则。这种原则与例外相结合的方式,满足了我国检察机关在司法实务中侦破某些复杂案件的时间需求。但是此次立法并未能够细化明确"重大、复杂"案件的情况。其次,《规则》规定,两次拘传间隔的时间一般不得少于十二小时。规定拘传的间隔时间一般不得少于十二小时,其进步意义是不言而喻的。但是条文中"一般"的措词,弱化了条文的刚性要求,成为了检察机关办案的选择适用条文。再次,新刑诉法规定,拘传犯罪嫌疑人,应当保证犯罪嫌疑人的饮食和必要的休息时间。何为必要的休息时间,多长的拘传时间后应当保障犯罪嫌疑人休息？法律依旧欠缺必要的规定。

事实上,正是上述规定的粗陋导致的不确定性,造成了检察机关"误解"适用拘传措施,成为了检察机关适用拘传措施侵害犯罪嫌疑人人权的"借口"。职务犯罪案件由于较高的隐蔽性,证据收集较为困难。仅以受贿案件为例,受贿过程中由于仅有行贿人与受贿人,且缺乏受害人及必要的见证人,受贿事实难以得到其他物证的支撑,证据的收集极为困难。加之,基层检察院侦查手段单一,技术侦查设备落后,案件的侦破依旧采取"由人到物"的侦破路径,口供依旧是侦破案件的关键。在这样一种现实条件下,为侦破犯罪,抓捕罪犯,检察机关在理解适用法律条文时,"误解"

---

④ 郭烁:"中国刑事拘传存在的问题及变革",载《比较法学》2013年第4期。

适用拘传法律条文很是自然。立法对拘传措施中犯罪嫌疑人权益保障的价值追求已沦为"水中月,镜中花"。

2. 监视居住虚置化原因

监视居住作为我国特有的一种强制措施,最初确立于1979年《刑事诉讼法》,监视居住设立之初,只是与取保候审一同作为羁押代替措施,且缺乏关于监视居住的适用范围等规定。1996年《刑事诉讼法》修改后,细化了监视居住的法律条款,将监视居住与取保候审做出一定的区分。这主要体现在执行措施方面,即监视居住对被执行者的人身限制程度方面更为严格。[5] 2012年新修改的《刑事诉讼法》,进一步细化了监视居住的适用条件和程序,将监视居住的适用条件与取保候审的适用条件区分开来,构成了取保候审与逮捕之间的缓冲剂,使得我国的强制措施体系更加的完整。完善后的监视居住,主要功能有二:一是保障犯罪嫌疑人、被告人之人身自由,降低羁押率;二是保证刑事诉讼的顺利进行。[6]

虽然立法条文将监视居住措施进行大幅度修改完善,使监视居住强制措施看起来易于操作。但是,受限于司法实践的客观存在,加之检察机关对监视居住法律条文的"误解"适用,修改后的监视居住依旧不能实现当初的立法期盼。

第一,客观方面而言,监视居住适用需求少。司法实践中,监视居住适用少,一直是阻碍着监视居住措施功能发挥的主要原因之一。就全国范围而言,监视居住相较于其他四种强制措施,其适用率是适用最低的。监视居住在检察实务中适用少的主要原因如下:

(一)职务犯罪案件犯罪嫌疑人自身的特点。职务犯罪案件的侦办模式一般为两种:一是案件由纪委侦办,当职务犯罪案件出现后,纪委对犯罪嫌疑人进行双规,待案件事实证据查证属实达到定罪量刑的标准后,移交检察机关进行追诉;二是检察机关侦办,检察机关发现职务犯罪案件后,通过自侦力量寻找证据查获犯罪嫌疑人。无疑,以上两种侦办模式下的职务犯罪案件犯罪嫌疑人,都鲜有刑诉法72条规定的符合逮捕却适用监视居住的例外情形。因此,当犯罪证据确实充分,检察机关直接适用逮捕而不适用监视居住措施。

(二)公安机关难以执行检察机关的监视居住。虽然《刑事诉讼法》、

---

[5] 左卫民:"反思监视居住:错乱的立法与尴尬的实践",载《学习与探索》2012年第8期。

[6] 庄乾龙、李卫红:"监视居住制度改革得与失——兼评新《刑事诉讼法》第73条及相关规定",载《法学杂志》2014年第1期。

《最高人民检察院刑事诉讼规则》和公安部《办理刑事案件程序规定》明确规定了对于监视居住强制措施执行机构为公安机关。但是实践中,公安机关却难以执行检察机关决定的监视居住措施。究其原因,首先,公安机关本身就面临任务重、警力不足的现状,对于执行自身承办案件的监视居住都缺乏积极性,公安机关自身对于监视居住的措施的适用率不高,在三个调研地区公安局,监视居住的适用率可以用"稀有"一词来概括。⑦ 又怎么能够保证检察机关适用的监视居住能得到有效执行!其次,检警关系没有如立法规定上的和谐、顺畅。由于种种原因,各地公、检机关的关系都不是很顺畅,有的地方甚至到了相互拆台、水火不容的地步,作为协调机构的各地政法委对此也徒唤奈何。⑧ 再次,安全问题的责任承担,导致公安机关缺乏执行积极性。现实环境的复杂多变,极有可能由于偶发的因素导致监视居住执行过程中出现安全问题。而担心承担安全责任,一直是公安机关对监视居住的执行缺乏积极性的重要因素。

(三)基层检察机关缺乏施行监视居住的条件。公安机关实施监视居住缺乏积极性,由检察机关独自实施监视居住亦缺乏实施条件。首先,立法层面缺乏检察机关执行监视居住的规定。《刑事诉讼法》与《规则》都规定,监视居住的执行由公安机关执行,基层检察机关实施监视居住面临"违法"。其次,现实层面缺乏一定的物质条件。仅以指定监视居住的适用为例,一是经济条件,指定监视居住需有一固定场所,并且监视居住实施中要保证指定监视居住人以及相关人员的日常开销。而基层检察机关普遍面临经费不充足的现状,难以有效保障以上项目的花销。二是人员配置条件,指定监视居住需要配备大量的人员才能够得到有效的执行。例如,监视居住一人,需要两人看守,一天按照三班排序,则需要六人。而基层检察院自身人员编制不足,且老龄化严重,女性检察官也占据相当大的比重,笔者调研的 H 县基层检察院,女性检察官比例占据了 50%! 如此严峻的人员现实,致使基层检察系统难以开展监视居住。三是安全条件,基层检察机关害怕监视居住执行过程中,由于偶发的因素导致被执行监视居住的犯罪嫌疑人出现安全上的意外,进而承担相应的法律责任,因而,不愿开展监视居住强制措施。

第二,主观方面,"误解"监视居住的适用。新《刑事诉讼法》中将监视

---

⑦ 马静华、冯露:"监视居住:一个实证角度的分析",载《现代法学》2007 年第 2 期。
⑧ 肖波:"自侦案件采取监视居住强制措施的规范与完善"。http://www.hbjc.gov.cn/shiwuyanjiu/zhenchashiwu/200805/t20080529_14021.html。

居住分为一般监视居住和指定监视居住,指定监视居住的人身强制性更大。由于职务犯罪案件的侦破在于获取犯罪嫌疑人口供,因而检察机关适用监视居住时都偏爱强度更大的指定监视居住。指定监视居住的强度大,但立法层面的规定却不尽完善,检察机关"误解"粗陋的立法条文,滥用指定监视居住,虚化指定监视居住应有的价值功能,导致实践中指定监视居住已经沦为羁押措施。⑨

首先,检察机关可随意适用指定监视居住。新刑诉法72条第4款规定,因为案件的特殊情况或者办理案件的需要,可以适用监视居住。虽然监视居住的适用必须符合逮捕条件,但由于立法层面对于逮捕条件的设定过于模糊,实践中几乎所有的案件都可达到逮捕标准。并且,办案需要与案件的特殊情况含义不清,往往成为实践中检察机关滥用指定监视居住的借口。只要案情的需要,检察机关可以对任何案件的犯罪嫌疑人开启指定监视居住。其次,缺乏指定监视居住具体规定,导致犯罪嫌疑人人身自由受限大。实践中,检察机关将被指定监视居住的犯罪嫌疑人安排于狭小的空间如宾馆单间中生活并对犯罪嫌疑人实施24小时专人看管的工作制度。这样的现实状况使得犯罪嫌疑人的人身自由所受到的限制比起监狱的羁押有过之而无不及。最后,缺乏外来监督,极易侵害犯罪嫌疑人合法权益。新刑诉法虽规定犯罪嫌疑人被指定监视居住后,检察机关应当"通知"犯罪嫌疑人家属,但却未明确通知的内容。《规则》114条规定:"将指定监视居住的原因通知被指定监视居住人家属。"法律未规定将监视居住的地点通知犯罪嫌疑人家属,不将指定监视居住的地点告知家属极易导致指定监视居住演变为社会各界普遍担心的封闭、黑暗状态,严重缺乏外来监督。⑩ 处于封闭、黑暗状态下的犯罪嫌疑人,岂能不按照检察机关的要求"乖乖就范",又岂敢奢求自己的权益保障。并且,在无法获知犯罪嫌疑人具体地址情况下,辩护律师亦无法介入指定监视居住维护犯罪嫌疑人权益。

3. 逮捕制度改革虚置化原因

逮捕是由法律规定的执行机构按照法律规定的程序,为保全诉讼程序而对犯罪嫌疑人、被告人采取的限制一定时限的、剥夺人身自由的强制措施。由于我国逮捕与羁押的不分离,导致我国犯罪嫌疑人逮捕之后必

---

⑨ 谢小剑、赵斌良:"检察机关适用指定监视居住的实证分析——以T市检察机关为例",载《海南大学学报人文社会科学版》2014年第5期。

⑩ 程雷:"刑事诉讼法第73条的法解释学分析",载《政法论坛》2013年第4期。

然处于被羁押的状态。与域外各国相比,我国的逮捕率过高,羁押现象严重,一直为我国学者所诟病。新刑诉法试图解决我国逮捕制度中长期存在的"逮捕率畸高"问题,对逮捕制度进行了大幅度修改,具体体现为逮捕条件的细化,审查逮捕程序的完善,逮捕执行制度的修改,羁押必要性审查制度的确定。然而,完善后的逮捕制度,却并未能够解决我国长久以来的高羁押率问题。鉴于此,笔者拟从逮捕制度和捕后羁押必要性运行存在的问题进行分析。

3.1 逮捕适用未减少

逮捕,作为我国强制措施体系中,人身自由限制程度最为严重的一项措施,其制度功能是通过暂时性地限制、剥夺犯罪嫌疑人、被告人的人身自由,从而保障诉讼的顺利进行。[11] 此次立法对逮捕制度的大修,其目的便是破除以往逮捕的高适用率,使逮捕回归其最本质的功能。然而,由于受限于检察机关自身因素,逮捕依旧呈现出广泛适用的倾向。

第一,对逮捕制度的"误解"。虽然此次修法,进一步对逮捕制度进行了细化完善,但修改后的逮捕制度依旧容易使检察机关产生"误解"。

(一)对细化的逮捕条件"误解"适用。相较于 1996 年《刑事诉讼法》,此次新《刑事诉讼法》对逮捕条件的细化主要集中于明确划分五种具体的社会危险性情形:(1)可能实施新的犯罪;(2)有危害国家安全、公共安全或者社会秩序的现实危险的;(3)可能毁灭、伪造证据,干扰证人作证或者串供的;(4)可能对被害人、举报人、控告人实施打击报复的;(5)企图自杀或者逃跑的。但细化后的社会危险性依旧范围过宽,导致其丧失了应有的限制逮捕适用范围的作用。[12] 仅以企图逃跑为例,从理性层面而言,任何犯罪嫌疑人实施犯罪后都有企图逃跑的可能,只是可能性有大有小而已。因此,检察机关适用逮捕措施需主观裁量犯罪嫌疑人逃跑的可能,逃跑可能性大的犯罪嫌疑人才应当被适用逮捕措施。但是,司法实务中检察机关却未曾过多的量化犯罪嫌疑人的逃跑可能性,一般直接适用逮捕措施。外地人逮捕措施适用尤为明显。实践中检察机关对于外地犯罪嫌疑人实施"一刀切",即只要是外地犯罪嫌疑人都适用逮捕措施,而对案件的性质是否真正足以促使犯罪嫌疑人逃跑在所不问。如 P 县人民检

---

[11] 郭晶:"逮捕制度改革的两条道路及其反思——以逮捕制度功能异化现象为立论基点",载《时代法学》2014 年第 4 期。

[12] 陈永生:"逮捕的中国问题与制度应对——以 2012 年刑事诉讼法对逮捕制度的修改为中心",载《政法论坛》2013 年第 4 期。

察院L科长所言:"在公诉环节我们也觉得有些案件犯罪情节轻微,可以不适用逮捕强制措施,但是由于犯罪嫌疑人不是本地人,不能完全确保犯罪嫌疑人在开庭之时到庭,只有适用逮捕强制措施。"

(二)对"可以"听取犯罪嫌疑人意见的"误解"。此次修法,明确规定了检察机关在审查批准逮捕环节可以听取犯罪嫌疑人意见,以及在法律规定的情况下明确了检察机关必须听取犯罪嫌疑人意见。较之以往我国审查逮捕程序呈现的封闭状态、行政化审批色彩,应当说,修改后的条文打破封闭的审批环节,重塑了审批程序的诉讼构造。完善后的审查逮捕程序希望通过听取犯罪嫌疑人意见,保障犯罪嫌疑人合法权益,降低逮捕措施适用。但是,"可以"二字的规定,在实践中却演变为"不可以"。M市检察系统对于公安机关移送的1 000多件案件竟没有一例主动开展询问犯罪嫌疑人。检察机关"误解"法律条文"可以"听取犯罪嫌疑人意见的规定,规避了听取犯罪嫌疑人意见的程序。

第二,检警关系一体化追诉犯罪。虽然检察机关是我国的法律监督机关,基于自身的监督定位,应当在追诉犯罪过程中恪尽职守,遵循客观公正义务。但现实司法实务中,由于我国公安司法机关在刑事诉讼过程中施行"分工负责,互相配合,互相制约"的原则,整个刑事诉讼过程呈现流水作业状态。检察机关更多地是配合公安机关对犯罪嫌疑人完成追诉的目标,如何将犯罪嫌疑人交付审判进而追究犯罪嫌疑人的刑事责任,才是侦查机关和检察机关所要考虑的首要问题。[13] 在这种情况下,逮捕适用扩大化难以避免。以批捕时证据存在重大瑕疵为例,当侦查机关移送犯罪嫌疑人证据存在重大瑕疵问题,检察机关一般不会建议侦查机关释放犯罪嫌疑人,而是通过以下两种方式解决:一是直接适用批准逮捕。笔者在Q县人民检察院发现一起案例:侦查机关提请批准逮捕的一起电信诈骗案件中,移送的证据存在着重大的瑕疵,检察机关建议不予以批捕,但遭致侦查机关的强烈反对,检察机关建议对犯罪嫌疑人适用附条件逮捕也未得到侦查机关同意,最终检察机关对犯罪嫌疑人适用了批准逮捕;二是退回补充侦查,对于某些案件证据存在瑕疵,且侦查期限已至,检察机关会将案件退回侦查机关补充侦查。通过退回补充侦查,延长侦查机关收集犯罪嫌疑人定罪量刑证据的时间,以便最终将犯罪嫌疑人进行批捕。

---

[13] 王超:"非法证据排除规则的虚置化隐忧与优化改革",载《法学杂志》2013年第12期。

第三,考核制度控制逮捕的适用。考核制度的建立,本意是推动检察机关内部各部门工作的积极开展。然而,由于考核制度设置的不合理,导致考核制度逐渐演变为阻碍制度改革的障碍,消极作用大于积极作用。以逮捕制度为例,某些地方的检察机关将"不捕率"控制在10%以下,一旦超过10%,则检察长需向上级检察机关说明情况。现行《人民检察院审查逮捕质量标准》第25条规定:"对有逮捕必要的犯罪嫌疑人不批准逮捕,致使犯罪嫌疑人实施新的犯罪或者严重影响刑事诉讼正常进行的,属于错不捕。"这一条文明显引导检察官对犯罪嫌疑人"够罪既捕"。因为,从理论上讲,任何一个犯罪嫌疑人只要不被羁押都会有实施新犯罪与妨碍诉讼的可能。作为理性人的检察官,为避免犯罪嫌疑人可能出现的实施犯罪情或妨碍诉讼的情况,影响自身的考评,一般会不加选择地适用逮捕措施。

3.2 羁押必要性审查未大范围适用

羁押并不是一种独立的强制措施,而是由刑事拘留和逮捕的适用所带来的持续限制犯罪嫌疑人、被告人人身自由的当然状态和必然结果。[14] 长久以来,我国司法实务中,羁押问题严重。而1996年的刑诉法却缺乏相应的羁押审查制度设计。新刑诉法第93条规定:"犯罪嫌疑人、被告人被逮捕后,人民检察院仍应当对羁押的必要性进行审查。对不需要继续羁押的,应当建议予以释放或者变更强制措施。"新刑诉法通过法律条文的规定确定了我国的羁押必要性审查制度,有利于犯罪嫌疑人、被告人权利的保障。然而,作为一项"千呼万唤始出来"的新制度,羁押必要性审查制度的实施却是不容乐观。M市基层人民检察院中,只有个别的检察院实施了羁押必要性审查制度,且实施的羁押必要性审查的案件只有几例,多集中于轻微过失犯罪并取得被害人谅解的案件,如交通肇事案件。究其原因,主要受限于客观方面和主观方面:

第一,客观方面的现实困境。现实层面的客观难题,制约了羁押必要性审查降低羁押率的可能。

(一)"案多人少"的现实状况。2013年1月至10月,M市侦监部门共受理审查批准逮捕案件906件1376人,批准逮捕695件1010人。而M市检察系统共有检察官30人左右,除去领导,实际一线的办案检察官只有20余位,且人员老龄化严重。并且,实践中纪委经常抽调检察官负

---

[14] 陈瑞华:"未决羁押制度的理论反思",载《法学研究》2002年第5期。

责协助侦办案件。检察系统的实际工作量以近乎达到检察官工作的极限。仅以基层检察院公诉科为例，几乎所有的公诉科检察官每天都会加班办案。而羁押必要性审查程序比较繁琐，制定羁押必要性审查报告牵涉跨机关的协作，无疑加剧了检察系统的工作压力，检察机关针对众多犯罪嫌疑人的审查力不从心，审查必然会流于形式。因而，导致了检察机关难以大量发现需要改变羁押的犯罪嫌疑人。

（二）非羁押性代替措施适用难。由上文分析监视居住可知，我国的监视居住的适用因为缺乏条件已经出现虚置倾向。同样的，由于实践中各种各样的问题，取保候审适用率也很低。以 M 市而言，近几年自侦案件中只有几件案件的犯罪嫌疑人适用了取保候审。由于非羁押性代替措施适用困难，检察机关在羁押必要性审查中，缺乏其他代替羁押的措施，导致羁押必要性审查中改变羁押的案件量少。

第二，主观方面检察机关自身因素。检察机关自身主观因素，导致了羁押必要性审查难以改变犯罪嫌疑人羁押状态。

（一）"误解"羁押必要性审查标准。虽然羁押附随于逮捕制度，但随着诉讼程序的进行，案件事实、证据、犯罪嫌疑人社会危险性一直处于变化之中，且距离审判程序越近，案件事实、证据、犯罪嫌疑人社会危险性越确定。因而，从理论层面而言，相对于侦查程序阶段的逮捕标准，捕后羁押必要性审查中证明犯罪嫌疑人需要被羁押的标准应当更高。因此，检察机关羁押必要性审查中，不仅应当审查案件事实证据，还应当重点审查犯罪嫌疑人的社会危险性。但司法实践中，检察机关侦监、公诉部门对案件羁押必要性审查中，均以逮捕的"够罪"为标准，即审查案件事实是否属实，证据链条是否完整，并在此基础上结合查看犯罪嫌疑人的人身状况是否具有法律规定的不予以羁押情形，忽略犯罪嫌疑人社会危险性的评判。司法实务中，案件由侦查机关移送检察机关，一般已达到"够罪"标准，犯罪嫌疑人被羁押后，人身状况一般不会发生改变。当案件再经历检察机关侦监批捕、公诉部门审查起诉环节过滤后，案件证据不充足，达不到"够罪"标准的案件数量是极为稀少的。以 P 县为例，一年 200 多起的案件数量中，达不到"够罪"标准而需要改变羁押的案件数量可能仅仅只有两三件。

（二）"遗忘"犯罪嫌疑人权益保障。《规则》617 条规定："侦查阶段的捕后羁押必要性审查由侦监部门负责；审判阶段的捕后羁押必要性审查由公诉部门负责；监所检察部门在监所检察工作中发现不需要继续羁押的，可以提出释放犯罪嫌疑人、被告人或者变更强制措施的建议。"《规则》的规定体现了审查羁押必要性以业务部门为主,监所部门为辅的精神。[15] 客观地讲,这一制度设计满足了羁押必要性审查效率的要求,但是却难使检察机关保障犯罪嫌疑人的权益。首先,案件由侦监部门审查批准逮捕,虽然可以避免重新熟知案情而带来的效率延误,但很难想象侦监部门对犯罪嫌疑人进行羁押必要性审查过程中,会将自己批捕的案件提出改变羁押的建议,因为这显然承认了自己以前的工作存在疏漏进而可能引发责任的承担。其次,公诉部门也难以改变犯罪嫌疑人的羁押。犯罪嫌疑人经过了侦监部门羁押必要性审查,而未被提出羁押改变的建议,公诉部门一般也不会提出羁押改变的建议。因为,公诉部门羁押必要性审查若改变了犯罪嫌疑人羁押,必会影响侦监部门的考核,造成部门关系的不和谐。由此观之,检察机关羁押必要性审查即使出现了应当改变羁押犯罪嫌疑人的可能,犯罪嫌疑人也难以被释放,其合法权益已被"遗忘"。

4. 强制措施虚化的深层次原因

透过上文的分析,可以明显感知此次强制措施改革已面临虚化,立法所追求的价值已难以实现。虽然此次强制措施改革遭遇虚化的风险受限于上文所述的多方面原因所致。但笔者以为,抛开既有的现实客观因素如纪委提前介入、案多人少、立法条文疏漏等原因,基于检察机关自身适用强制措施而言,此次强制措施适用未能体现立法价值的原因主要是整个检察体系过强地追求打击犯罪而忽视人权保障。

首先,考核规则体现过强打击犯罪的倾向。逮捕作为保障诉讼进行的强制措施,只有当犯罪嫌疑人具有明显影响诉讼进行的可能方能适用。然而检察机关的考核制度,引导检察官广泛适用逮捕措施,控制着逮捕的高适用率,造成"构罪即捕",体现出检察机关主观上已将逮捕作为打击犯罪的工具。通过大范围的适用逮捕,广泛地打击犯罪,以消除社会的不稳定因素。其次,检警一体,呈现检察机关过强的打击犯罪欲望。检察机关除了具有追诉功能,也具有法律监督功能。然而实践中,追诉功能已完全遮蔽了监督功能。检察机关在刑事诉讼过程中,明显出现配合侦查机关追诉犯罪嫌疑人,明显违背了客观义务。甚至这种强烈的打击犯罪的冲动,以促使检察机关逾越了法律底线。再次,"误解"适用强制措施的表象下隐藏打击犯罪的目标。检察机关"误解"适用强制措施,实为曲意释法,

---

[15] 顾永忠、李辞:"捕后羁押必要性审查制度的理解与适用",载《国家检察官学院学报》2013年第1期。

即故意违背刑事诉讼法的立法原意曲解刑事诉讼法的条文内涵。[16]检察机关适用强制措施,总是尽最大可能地将强制措施法律条文朝着便利打击犯罪、忽略人权保障的方向解释,通过最大程度的利用法律条文的疏漏,追诉犯罪嫌疑人。最后,过强的打击犯罪,必然带来人权保障的"遗忘"。刑诉法规定人权保障作为我国刑事诉讼的价值追求,检察机关作为我国的法律监督机关,捍卫立法价值是检察机关应有之义。然而,犯罪嫌疑人权益保障却并未得到有效实践。羁押必要性审查中,检察机关居然"遗忘"犯罪嫌疑人权益。而这一现象的出现,正是长久以来打击犯罪,忽视人权保障的思维惯性使然。

正是这深层次思想层面的因素,导致了我国本已严峻的强制措施问题,更加的"雪上加霜"。

5. 结语

虽然修改后的强制措施制度面临虚置化隐忧,但作为一次渐进性的改革,立法者对此次修法所作出的努力是不容置疑的。以羁押必要性审查为例,虽然实践中经羁押必要性审查改变羁押的犯罪嫌疑人案例所占比例较小,但羁押必要性审查作为一种救济措施的存在却是必需的。任何一项改革成果的受惠人群都是必经少数再到大多数。当然,我们也必须看到,强制措施全面的发生功效,完全做到保障犯罪嫌疑人的人权,还有很长的路要走。我们亟待深化强制措施的改革。

---

[16] 万毅:"曲意释法现象批判——以刑事辩护制度为中心的分析",载《政法论坛》2013年第2期。

逮捕程序若干证据法难题及其破解
——法解释学角度的思考[*]

万 毅[**]

摘要：逮捕环节作为诉讼程序中的重要环节，同样应适用证据裁判原则。在逮捕的实体要件中，社会危险性要件虽然是对未来可能发生的事实的预测，但仍需要一定证据进行证明，证明可以采取直接证明或间接证明的方式，充分利用推论的证明作用。由于逮捕环节尚且处于证据收集阶段，且需要对社会危险性进行证明，所以不应实行"排除合理怀疑"的证明标准，而只需达到"相当理由"或"优势证据"的标准即可，但实践操作中应将"相当理由"或"优势证据"作为底限。在逮捕环节中，检察机关应有依职权调查取证的权力，且当对非法证据进行调查时，应允许采取较为宽泛的调查手段。

关键词：逮捕 证明对象 证明标准 非法证据排除

2012年刑事诉讼法修正时，充分吸收了司法实务的长期经验，以立法的形式细化了逮捕条件，对逮捕的必要性条件作出了明确而具体的规定，试图使之更加具有可操作性。但是，从新刑诉法实施一年多来的情况看，新刑诉法细化逮捕条件、增强实务操作性的目的并未能完全实现。究其缘由，刑事诉讼制度的改革，仅有程序法上的"大刀阔斧"，而无证据法层面的配套协调，效果必定"大打折扣"。正基于此，笔者在本文中尝试运用法解释学的方法对逮捕程序中长期以来存在争议的若干证据法难题进行了梳理和破解，以期解决审查逮捕在证据法层面的实务操作问题，推动审查逮捕实务的发展。

一、"证据裁判"原则在逮捕程序中的适用

修正后的刑事诉讼法第79条规定："对有证据证明有犯罪事实，可能判处徒刑以上刑罚的犯罪嫌疑人、被告人，采取取保候审尚不足以防止发

---

[*] 本文系笔者主持的2014年度国家社科基金重点项目《刑事诉讼法解释学的原理及运用研究》的阶段性成果。

[**] 万毅，法学博士，四川大学法学院教授、博士生导师。

生下列社会危险性的,应当予以逮捕:(一)可能实施新的犯罪的;(二)有危害国家安全、公共安全或者社会秩序的现实危险的;(三)可能毁灭、伪造证据,干扰证人作证或者串供的;(四)可能对被害人、举报人、控告人实施打击报复的;(五)企图自杀或者逃跑的。"由于在该法条的条文表述中,"有证据证明"一语与"有犯罪事实"一语直接相连,因此,理论和实务上一直认为"有证据证明"是对"有犯罪事实"这一要件的证据要求,即是否"有犯罪事实发生"以及"犯罪事实是犯罪嫌疑人实施的",必须要有证据予以证明。据此,法条上所谓"有证据证明",仅仅是针对"有犯罪事实"这一要件而言的,至于逮捕的其他要件尤其是社会危险性要件,是否同样要求有证据予以证明以及如何进行证明,法条表述语焉不详,从而使得该问题成为法解释上和实务操作中一个颇具争议的问题。

更麻烦的是,就在刑诉法修正案出台后不久,最高人民检察院随即发布了对刑诉法的司法解释《人民检察院刑事诉讼规则》(以下简称《规则》),该《规则》第139条针对刑诉法第79条作出了进一步的解释性规定:"人民检察院对有证据证明有犯罪事实,可能判处徒刑以上刑罚的犯罪嫌疑人,采取取保候审尚不足以防止发生下列社会危险性的,应当予以逮捕:(一)可能实施新的犯罪的,即犯罪嫌疑人多次作案、连续作案、流窜作案,其主观恶性、犯罪习性表明其可能实施新的犯罪,以及有一定证据证明犯罪嫌疑人已经开始策划、预备实施犯罪的;(二)有危害国家安全、公共安全或者社会秩序的现实危险的,即有一定证据证明或者有迹象表明犯罪嫌疑人在案发前或者案发后正在积极策划、组织或者预备实施危害国家安全、公共安全或者社会秩序的重大违法犯罪行为的;(三)可能毁灭、伪造证据,干扰证人作证或者串供的,即有一定证据证明或者有迹象表明犯罪嫌疑人在归案前或者归案后已经着手实施或者企图实施毁灭、伪造证据,干扰证人作证或者串供行为的;(四)有一定证据证明或者有迹象表明犯罪嫌疑人可能对被害人、举报人、控告人实施打击报复的;(五)企图自杀或者逃跑的,即犯罪嫌疑人归案前或者归案后曾经自杀,或者有一定证据证明或者有迹象表明犯罪嫌疑人试图自杀或者逃跑的。"在该条司法解释的第3、4、5项内容中,《规则》明确采用了"有一定证据证明或者有迹象表明"这一表述方式,从而将"有迹象表明"与"有一定证据证明"相并列,视同为认定社会危险性存在的依据之一。据此,认定社会危险性是否存在,实际上有两种方式或途径:一是有证据证明;二是有迹象表明。换言之,认定社会危险性是否存在,不一定要求有一定证据予以证明,"有迹象表明"本身也可以作为认定社会危险性存在的依据。这就带来一个问题：如此规定，在证据法理上会否与证据裁判原则相抵触、相冲突？

所谓证据裁判原则，是指犯罪事实应依证据认定之，无证据不得认定其犯罪事实。这是证据规定的帝王条款之一，支配所有的犯罪事实之认定。① 对于证据裁判原则，我国刑事诉讼立法上虽未明文作出规定，但2010年最高人民法院、最高人民检察院、公安部、国家安全部和司法部颁布的司法解释性文件《关于办理死刑案件审查判断证据若干问题的规定》（以下简称《办理死刑案件证据规定》）中第2条曾明确规定："认定案件事实，必须以证据为依据。"学界公认，该条规定是从司法解释层面对证据裁判原则的明文肯认。此后，高检《规则》第61条第一款亦规定："人民检察院在立案侦查、审查逮捕、审查起诉等办案活动中认定案件事实，应当以证据为根据。"按照高检官方出版的《〈人民检察院刑事诉讼规则（试行）〉理解与适用》一书对该条规定的解释和说明，该条规定所表述的内容正是证据裁判原则，是从检察机关工作环节的角度对证据裁判原则的一种重述。② 据此，检察机关在审查逮捕环节的工作仍然需要遵循证据裁判原则，审查逮捕环节认定案件事实应当且只能以证据为根据，无证据不得认定案件事实。

然而，理论上有争议的是，从法理上讲，刑事诉讼活动根据目的和性质的不同，可以分为两类：一是事实认定活动；二是法律适用活动。所谓法律适用，即裁判者对法律进行解释和适用的活动，它本质上是个法律问题，与事实和证据无关，因此，并不适用证据裁判原则；而事实认定活动，则是裁判者对案件事实是否发生进行认识并作出判断的活动，那么，裁判者如何认定案件事实呢？依据证据裁判原则的要求，只能通过证据来认识并判断案件事实是否发生，因此，证据裁判原则的适用对象仅限于案件的事实认定活动，而不及于法律适用活动。

问题是，逮捕环节对社会危险性的判断，究竟属于事实认定活动，还是法律适用活动？根据刑诉法第79条的规定，对社会危险性的判断可以具体分解为以下五项内容：(1)可能实施新的犯罪的；(2)有危害国家安全、公共安全或者社会秩序的现实危险的；(3)可能毁灭、伪造证据，干扰证人作证或者串供的；(4)可能对被害人、举报人、控告人实施打击报复的；(5)企图自杀或者逃跑的。从内容上分析，上述五项评判内容，并不是

---

① 林钰雄：《刑事诉讼法（上）》，中国人民大学出版社2005年版，第344页。
② 孙谦主编：《〈人民检察院刑事诉讼规则（试行）〉理解与适用》，中国检察出版社2012年版，第48—50页。

典型意义上的"事实",因为,证据学上的"事实",是一种已经发生或现实存在的情况,即"历史事实",③它具有确定不变性,正因为历史事实是已经发生的事实,具有确定性,因此才具有可证明性,才能收集证据予以证明;而刑诉法第 79 条所要求的对社会危险性存否的判断,属于对未来可能发生的事实的一种预测、推测,因其尚未发生,固具有不确定性,遂无法通过现有证据予以证明,故而从表面上看,对社会危险性存否的判断,似乎不同于典型意义上的事实认定活动。但实际上,如果仔细分析刑诉法第 79 条以及《规则》第 139 条的用语和表述方式,可以发现,法条用语中充斥着"可能"、"企图"、"现实危险"等表盖然性的用语,这意味着法条要求我们证明的并非社会危险性行为究竟是否发生,而是社会危险性行为发生的"可能性"。例如,刑诉法第 79 条第 4 项规定的是"可能对被害人、举报人、控告人实施打击报复的",据此,证明的实际对象并非"犯罪嫌疑人是否对被害人、举报人、控告人实施打击报复",而是"犯罪嫌疑人对被害人、举报人、控告人实施打击报复的可能性"。从证明原理上讲,"犯罪嫌疑人是否对被害人、举报人、控告人实施打击报复"这一对象因为尚未发生,故而无法证明,但"犯罪嫌疑人对被害人、举报人、控告人实施打击报复的可能性"这一对象,却是可以证明的,因为,这种"可能性"是一种现实可能性,是一种基于现实条件(事实),而对另一事实(事件)未来发生的概率的一种推论。理论上证明这种现实可能性的存在,有直接证明和间接证明(推论)两种方式,前者如犯罪嫌疑人到案后一直叫嚣要报复举报他的人,并放狠话说:"谁敢作证指证我,我就搞死谁全家!"该案犯罪嫌疑人的言语和态度,本身就是一种证据,证明嫌疑人有对被害人、举报人、控告人实施打击报复的可能性,这是直接证明;后者如嫌疑人虽落网,但其同案犯在逃,"同案犯在逃"这一事实本身并不能直接证明嫌疑人会与之串供,但从经验上讲,同案犯已经在逃,若不逮捕嫌疑人,则两者串供的可能性较大。因此,基于同案犯在逃这一事实,可以合理地推论出存在串供的可能。这是一个典型的间接证明即推论的构造:运用经验法则,通过间接事实(同案犯在逃)之存在来推断主要事实(串供)。其中,同案犯在逃是间接事实亦是基础事实,可能串供则是推论事实亦即待证事实。这种间接证明的实质,是以已经发生或现实存在的事实为基础,再依据经验法则来推断、推论某一事实未来发生的可能性。由于作为推论前提的基础

---

③ 龙宗智:"'大证据学'的建构及其学理",载《法学研究》2006 年第 5 期。

事实——现实情况本身是可以证明的,因而,实务中我们只需举证证明该基础事实的存在,即可合理地推论出这种"可能性"的存在。例如,基于同案犯在逃这一事实,我们依据经验可以合理地推断出如果不逮捕犯罪嫌疑人,就有串供之虞这一结论。在这一证明过程中,串供是未来可能发生之事,本身具有不确定性,无法直接证明也无法直接认定,只能依据同案犯在逃这一基础事实来对其未来发生的可能性进行推断、推论,但作为推论基础的"同案犯在逃"这一事实本身,却是历史事实,具有可证明性,因而,从司法实务的角度出发,我们只需举证证明"同案犯在逃"这一事实,即可依据经验法则合理地推论并认定存在社会危险性(可能性)。基于此,社会危险性要件的判断和认定,仍然应当归属于事实认定活动的范畴,而应接受证据裁判原则的约束,无证据,不得认定社会危险性的存否。

至于《规则》第139条规定的"有迹象表明"一语的理解和解释问题,笔者认为,首先,既然前文已经证立社会危险性的存否应当贯彻证据裁判原则,无证据,不得认定社会危险性之存在,那么,所谓"有迹象表明"一语,显然就不能解释为不需要证据予以证明,而只能将其解释为一种特殊的证据类型或证明方式;其次,所谓"迹象",在汉语中,亦作"迹相",意指表露出来的不很显著的情况,可借以推断过去或将来。④ 例如,著名作家曹禺先生在其名剧《王昭君》第四幕中曾写道:"我们的骑兵在鸡鹿寨外草地上,发现五百里外有汉军马粪多处,察看迹象,像是来了大批汉军。"在该句中,作者根据"五百里外的多处汉军马粪"这一"迹象",借以推论出"来了大批汉军"这一结论。显然,从证据学的角度讲,所谓"五百里外有多处汉军马粪"这一迹象,本身就是一种物证,该物证虽然不能直接证明"来了大批汉军",属于间接证据,但在经验上,依据这一间接证据可以推论出"来了大批汉军"。由此可见,所谓"迹象",其实指的仍然是一种证据,只不过该证据与案件事实之间的关联度比较低("不很显著")。换言之,所谓"有迹象表明",实务中可以从以下两个方面予以把握:第一,它仍然属于一种证据;第二,它属于一种间接证据,不能直接证明案件事实,而必须借助经验法则对案件事实进行合理的推断、推论。例如,公安机关多次要求犯罪嫌疑人上交其持有的护照,以防止其外逃,但嫌疑人口头虽答应,却迟迟不予上交。嫌疑人迟迟不上交护照这一行为(不作为),在司法实务中通常被视为嫌疑人可能外逃的一种"迹象"。但实际上它同样可以

---

④ 百度百科"迹象"词条。

转化为一种证据（如可以要求警察就此作证，从而将其转化为证人证言），由此证明嫌疑人确有拒不上交护照的行为事实，进而依据经验法则推论其可能外逃。由此可见，所谓"有迹象表明"与"有一定证据证明"之间其实并没有本质的区别，两者的差异可能仅仅只是证据类型和证明方式上的技术性差异。基于此，笔者认为，《规则》将"有迹象表明"和"有一定证据证明"并列作规定，实在是不科学，不仅导致与证据裁判原则的冲突、背离，更重要的是可能误导实践。

值得追问的是，为何高检《规则》第139条要采取"有迹象表明"这一明显有违证据裁判原则的表述方式？由于未见任何官方解释，笔者只能从学术角度进行推断，这可能与我国刑事诉讼法的证据立法模式和实践中公安司法人员证据意识和取证、查证能力不足的现状和现实有关。首先，我国刑事诉讼法对证据的概念进行了明确的定义，即只有能够证明案件事实的材料，才是证据。这一证据概念，使得司法实务中诸多本可以作为证据使用的材料如辅助证据，被挡在诉讼程序之外，不能作为证据使用。例如，在英美国家具有可采性的品格证据，在我国长期以来却无法作为证据使用，主要原因就在于，品格证据作为一种辅助证据，只能用以证明其他证据（言词证据）的真实性，而不能直接证明案件事实，根据我国刑事诉讼法上的证据概念，品格证据不能成为适格的证据。⑤ 同时，深受前苏联影响的传统证据学理论亦对证据的概念和资格施加了诸多不必要的限制。例如，私人收集的证据材料如记者暗访形成的视听资料，在我国司法实务中不能作为证据使用，主要原因就在于，我国传统证据学深受前苏联证据学的影响，坚持取证主体合法性理论，认为只有法定的行使刑事诉讼职权的国家专门机关即公、检、法机关的工作人员收集的证据材料，才能叫证据，而私人收集的证据材料，不得直接作为证据使用，而必须经过法定程序转化才能作为证据使用。立法和理论上的僵化，使得司法实务中的一些实践作法得不到正当性、合法化支持，实践部门被迫在证据的概念和名目之外，以"迹象"等名义为实践中的作法争取生存空间，并试图在司法解释的层面将之合法化。

其次，与英美法系开放式以及大陆法系半开放式分类体系比较，我国的证据分类是一种全封闭式体系。"所谓封闭式分类体系是指全部证据

---

⑤ 当然，我国司法实务判决中在量刑时也经常使用"日常表现"等作为量刑依据，尤其是在未成年人犯罪案件中，记载未成年人日常表现的《社会调查报告》实际上是重要的量刑证据，但是，司法解释并未承认其证据资格，而只是称之为审判时的"参考"。

材料在法律上被划分为几个种类,并被赋予证据资格,凡是未被纳入这些类别的材料就不能作为证据。"⑥换言之,根据我国证据立法和理论,只有具体可归入法定八种证据种类的材料,才能称之为"证据",不在八种法定证据种类之列,即不能作为证据使用。而从逮捕环节的证据实务来看,在对社会危险性的判断上,有的判断依据,显然并无法归入八种法定证据种类之列。例如,《规则》第139条第一项规定,在判断是否可能实施新的犯罪时,只要查明"犯罪嫌疑人多次作案、连续作案、流窜作案",即可认定其可能实施新的犯罪,同理,依据《规则》第五项规定,只要查明"犯罪嫌疑人归案前或者归案后曾经自杀",即可认定其"企图自杀"。从证据法理上讲,这里的"多次作案、连续作案、流窜作案"以及"犯罪嫌疑人归案前或者归案后曾经自杀",作为一种相似行为,本身就是一种证据,证据法学上称之为"倾向证据"⑦。所谓"倾向证据",是以一种带有趋向性或相似性的行为方式表现出来的事实。证据法理论上又将倾向证据细分为两种:一是犯罪前科,即被告人以前曾经犯罪并受过刑罚处罚的事实;二是相似行为,指与本案待证事实相类似的其他案外事实。⑧ 显然,《规则》第139条规定的"犯罪嫌疑人多次作案、连续作案、流窜作案"以及"犯罪嫌疑人归案前或者归案后曾经自杀",就是一种"相似行为"即倾向证据。根据证据法理,倾向证据因其关联性较低且容易产生不公正的偏见,因而原则上应当排除,但在例外情况下,如证明动机、机会、意图、预备、计划等以及证明被告人所从事的其他犯罪手法,与被告人的行为方式在特征上相同或高度相似时,倾向证据仍然可以采纳为定案证据。⑨ 从《规则》的规定来看,

---

⑥ 龙宗智:"证据分类制度及其改革",载《法学研究》2005年第5期。

⑦ 从广义上讲,倾向证据也是一种品格证据,理论上有时也将两者合称为"品格、倾向证据"。

⑧ 张保生等:《证据法学》,高等教育出版社2013年版,第325—326页。

⑨ 同上书,第325—326页。倾向性证据的证明原理在于类比推理,即犯罪人的人格倾向性,决定了其行为的反复性;行为的相似性,表明主体的同一性。依据倾向性证据定罪的经典案例是"浴缸里的新娘"。案情如下:1914年12月,伦敦发生了一件奇特的案件。新娘玛格丽特·伊丽莎白·劳埃德溺死在浴缸里,那时她正和丈夫劳埃德在伦敦蜜月旅行。开始她感到身体不适,劳埃德陪她去看医生,后来就回到住处洗澡,却不料死在浴缸里,医生说她患感冒,加上洗热水澡,可能引起昏厥,以致溺死。管区巡官亚瑟·福勒·尼尔着手调查这个案件。房东告诉他,劳埃德在租下这套房子之前曾仔细看过洗澡间。尼尔测量结果,铁制的浴缸底部长50英寸,上距60英寸。他简直难以想象,一个成年人怎么会淹死在这么小的浴缸里! 他又仔细地询问了医生。答复是没有任何暴力行为的痕迹。医生唯一感到不对头的是,死者的丈夫劳埃德没有一点悲伤的表示,仅仅为死者买了一口最便宜的棺材。尼尔进一步了解到,新娘在死前不久曾留有遗嘱:遗产归劳埃德继承。而且死者有保险公司的赔偿费,也归劳埃德所有。于是他 (转下页)

采用上述倾向证据的目的是用以证明被告人的再犯可能性或自杀倾向，因而是可采的。但是，按照我国的法定证据分类体系，上述倾向证据因为无法归入法定的八种证据种类之列，而不能作为证据使用，《规则》也就无法将其纳入证据的概念范畴予以表述，而只能笼统、含糊地用"有迹象表明"来概括地予以指称。与此类似的还有情态证据、事实证据等，实务中运用较多，但却无法归入法定证据种类之列，最终《规则》只能以"有迹象表明"含糊称之。

再次，公安司法人员的证据意识和取证、查证能力不足，是当前我国司法实践不得不直面的一个现实。实务中对于很多可用作证据使用的材料，公安司法人员却无力将之转化为证据，而只能半遮半掩地称之为"迹象"。例如，前述案例中，对于嫌疑人拒不上交护照的行为事实，办案人员根本就没有意识到这个行为事实其实可以通过警察作证的方式转化为一个证据，而这正是办案人员证据意识和取证、查证能力薄弱的典型表现。根据笔者的经验，我国司法实践中的许多案件，每当侦查机关提出证据收集有困难时，往往并不是无证据可取，而是因为侦查人员找不到合适的方式、方法将一个事实、事件或事物转化为合法、有效的证据。

二、逮捕程序的证明对象

所谓证明对象，是证明活动中需要证明的事实，又称待证事实或者要证事实。逮捕环节的证明对象，即逮捕环节需要用证据加以证明的事实。

众所周知，逮捕的法定要件分为三项：一是事实要件。即有证据证明有犯罪事实。二是刑罚要件。即根据已经获得的证据所能认定的事实，依照刑法规定可能对犯罪嫌疑人或者被告人的行为判处有期徒刑以上的刑罚。三是社会危险性要件。即采取取保候审尚不足以防止发生下列社会危险性的，应当予以逮捕：(1)可能实施新的犯罪的；(2)有危害国家安

（接上页）
认定劳埃德有重大嫌疑，遂下令追捕劳埃德。在追捕劳埃德的过程中，尼尔又获得了情报：在1912和1913年，曾先后发生过两起新娘溺死在浴缸的事件。死者都是新婚不久的新娘，死在新婚的蜜月旅游地。开始都有些病去看医生，一个是心脏病，一个是癫痫病，看病后就溺死在浴缸里，医生诊断为疾病突然发作而导致溺水。不仅如此，死去的新娘都立有遗嘱，财产归丈夫继承。尼尔立即分析出这三名受惠的丈夫虽然名字不相同，很可能是一个人。劳埃德很快被捕。尼尔直截了当指出：发生在三年里三起新娘溺死于浴缸的丈夫是劳埃德一人。劳埃德开始还百般狡辩。但当尼尔要以化名进行登记的罪名对他起诉时，他只得承认了事实：他确实是三名新娘的先后丈夫。在该案中，被害人的死亡方式具有高度相似性，表明凶手的作案手段、作案手法具有相似性，这种高度相类似的作案手法，本身就是一种倾向证据，可用以指控被告。

全、公共安全或者社会秩序的现实危险的;(3)可能毁灭、伪造证据,干扰证人作证或者串供的;(4)可能对被害人、举报人、控告人实施打击报复的;(5)企图自杀或者逃跑的。在逮捕的上述三要件中,所谓刑罚要件,实际上就是对犯罪嫌疑人、被告人犯罪行为的法律评价问题,与事实和证据问题无关,不构成逮捕的证明对象。据此,逮捕环节的证明对象实际上主要是两项:一是是否有犯罪事实;二是是否有社会危险性。

当前司法实践中的主要问题在于部分实务部门尤其是提请逮捕的公安机关没有认识到社会危险性要件本身也是逮捕环节的证明对象之一,实践中部分公安机关在提请批准逮捕时,基本上不提供存在社会危险性的相关证据材料,在提捕书上只笼统表述"有社会危险性",而很少阐述具体理由,更没有针对"有社会危险性"提供证据予以证明。这表明,部分实务人员仍然没有认识到社会危险性要件本身也是证明对象之一,是需要举证证明的待证事实之一。基于此,笔者认为,在这里有必要特别提请注意:社会危险性要件本身亦是逮捕环节的证明对象之一,提请逮捕的公安机关必须另附提捕理由书对用以证明有社会危险性的证据予以列明,以供检察机关审查、判断。

在对社会危险性要件的证明方式和证明方法上,实务操作中要注意把握以下几点:

第一,对社会危险性的证明,是对社会危险性发生的具体的可能性的证明。关于社会危险性的证明问题,实践中还存在一种错误认识,如有的侦查人员和检察官认为,根据修改后刑诉法的规定,任何一个犯罪嫌疑人(被告人)都有逮捕的必要,因为根据日常生活经验和趋利避害的本能,任何一个犯罪嫌疑人(被告人)都有实施新的犯罪等五种行为的可能,尤其是毁灭、伪造证据、干扰证人作证或者串供、逃跑的可能,尽管可能性有大有小,因人因案而异,但谁也不能说一个犯罪嫌疑人(被告人)绝对没有实施这五种行为的可能。[10]但笔者不得不指出,这种观点是违背证据裁判原则同时亦是反法治的。因为,社会危险性要件中的"可能",是一种现实的、具体的、紧急的可能,而不是抽象的可能。对此,学者林钰雄先生曾经指出:"抽象而言,任何被告都有'可能'不当改变证据形态或影响共犯、证人,然而,单单抽象可能并不足以肯认此种危险存在,而是必须于具体个案中依照客观的事实或迹象认定。"[11]日本学者田口守一也曾经指出:"可

---

[10] 贺恒扬:"对逮捕必要性条件的理解和把握",载《河南社会科学》2009年第6期。
[11] 林钰雄:《刑事诉讼法(上)》,中国人民大学出版社2005年版,第344页。

能销毁罪证的含义。不单是销毁罪证的抽象的可能性,而且还必须有具体的可能性,即犯罪嫌疑人在客观上可能销毁罪证,并且他本人也承认有此意图。"[12]

第二,对社会危险性的证明,在结构上多数情况下呈现为"证明(基础事实)+推论(待证事实)"的模式,即社会危险性的存否,本身并非运用证据直接予以证明,而是基于基础事实进行推论的结果。因而,实务中我们的证明对象实际上并非社会危险性本身,而是与其在逻辑和经验上存在密切联系的基础事实,我们只需举证证明基础事实的存在,即可依据经验法则合理地推论出社会危险性的存在。例如,我们要证明犯罪嫌疑人企图逃跑,只需提供证据证明嫌疑人没有家庭关系、没有固定工作等事实即可,然后根据嫌疑人没有家庭关系、没有固定工作这一基础事实,推论出其可能外逃。基于此,实务中侦查机关提捕时对社会危险性的举证,应当围绕基础事实而进行,注意收集那些能够证明诸如嫌疑人没有家庭关系、没有固定工作等基础事实的证据,而检察机关在审查批捕时,对社会危险性存否的审查、判断,也应当将证据审查的重点放在基础事实是否已经得到证明上。

第三,作为推论社会危险性存在的基础事实,一定要与待证事实之间存在逻辑和经验上的密切。从联系我国司法实务中的作法来看,由于办案经验的长期积累,实践办案中对于推论社会危险性存在与否的基础事实,已经进行了有意识的经验总结和类型化的思考,具体考量因素包括:(1)是否为本地人,有无固定工作或住所;(2)是否有前科劣迹,是否累犯;(3)是否刑事和解;(4)案发后是否逃跑;(5)同案犯是否在逃;(6)是否多次作案;(7)是否为未成年人或在校学生;(8)是否共同犯罪;(9)是否自首;(10)被害人是否有过错;(11)其他因素。包括嫌疑人认罪态度、是否如实供述、有无悔罪表现、情节恶劣、被害人是否未成年人、是否要求追究刑事责任等。不得不指出的是,上述对基础事实的经验化总结和类型化思考,并非我国所独有,而是法治国家的普遍经验,例如,在德国,检察官和法官经常依据第二种标准来确定"逃避的危险"。他们假设,嫌疑人在一些情况下会有强烈的逃跑动机,例如,没有家庭关系,没有工作,并且,或者在社区里没有永久住所,与某外国国家有密切关系[13]……而对于可

---

[12] [日]田口守一:《刑事诉讼法》,刘迪等译,法律出版社2000年版,第54页。

[13] 这里所谓的"与某外国国家有密切关系"是指具有该国国籍(双重或多重国籍)、持有该国护照、在该国有房产或有重要投资,等等。

能毁灭或变造证据的危险,一般认为在下列情况中存在,例如,共同犯罪人仍然逍遥法外,或者嫌疑人已经毁灭了某些证据(并且将毁灭更多的证据),或者嫌疑人有可能威胁或者贿赂证人作伪证。⑭ 有的国家如日本更是直接将"住所不定"明确列为是否羁押的理由之一。⑮

值得注意的是,实务操作中对上述因素或标准的权衡、判断,不应当是僵化、呆板的,不能说只要嫌疑人具备某一情形,就必须作出某种判断,而应当结合个案情况对多种因素进行综合权衡。对此,德国学者罗科信教授曾经指出:"逃亡之虞不可古板地依抽象标准来加以判断,而应按法律明确的条文规定,并酌以个案的实际情况,才得为判断基础。因此不得仅因为被告涉案之轻重程度及可能被判处刑度之高低而径为判断其有无逃亡之嫌疑,而是也应就被告已知之不利证据之份量、其人格及其私人关系一并加以考量。另一方面,也不得仅因被告固定之住居所就得断定其无逃亡之虞……"⑯

当然,实践中有些因素和标准的设定亦是值得商榷的。例如,嫌疑人是否认罪以及是否如实供述,跟他的社会危险性之间并无必然联系,实践中不能因为嫌疑人保持沉默或拒不认罪,就简单地推论他可能妨碍诉讼进行。⑰ 德国学者罗科信教授在其著述中曾专门就此问题指出:"如果因案件的情况而认为有使调查工作难以进行之可能性时,不能据此即自动地推定其亦有使调查工作难以进行之虞;而是应用特定之事实来证实该项危险之成立。也不得用被告的缄默权或反驳来认定该使调查工作难以进行之虞之成立与否。"⑱此外,有的基础事实存在,可以推论嫌疑人不可能妨碍诉讼进行,但却不能据此作反向推论,即该基础事实一旦不存在,就推论该嫌疑人可能妨碍诉讼进行。例如,嫌疑人与被害人双方达成了

---

⑭ [德]托马斯·魏根特:《德国刑事诉讼法》,岳礼玲、温小洁译,中国政法大学出版社2004年版,第98页。

⑮ [日]田口守一:《刑事诉讼法》,刘迪等译,法律出版社2000年版,第54页。

⑯ [德]克劳思·罗科信:《刑事诉讼法》,吴丽琪译,法律出版社2003年版,第283—284页。

⑰ 但是,实务中应当注意,对于犯罪嫌疑人保持沉默的,能否羁押(逮捕),还必须区分不同情形分别予以处理:如果犯罪嫌疑人的沉默,导致其姓名、住所等不详,可视其为住所不定或可能逃跑,据此可决定羁押;但如果犯罪嫌疑人对其基本身份信息(姓名、住所)积极作答,而仅对案情保持沉默,或者虽然犯罪嫌疑人对基本身份信息保持沉默,但公安司法机关根据其他相关信息能够判明他的姓名、住所等时,都不能据此决定羁押。——参见[日]田口守一:《刑事诉讼法》,刘迪等译,法律出版社2000年版,第54页。

⑱ [德]克劳思·罗科信:《刑事诉讼法》,吴丽琪译,法律出版社2003年版,第284页。

刑事和解,固然可以推论嫌疑人不太可能妨碍诉讼进行,但却不能反过来讲,只要双方未达成刑事和解协议,即表明嫌疑人可能妨碍诉讼进行。

第四,我国司法解释明确规定了"无社会危险性"的基础事实,据此可以推论嫌疑人无社会危险性。如《规则》第144条,犯罪嫌疑人涉嫌的罪行较轻,且没有其他重大犯罪嫌疑,具有以下情形之一的,可以作出不批准逮捕的决定或者不予逮捕:(一)属于预备犯、中止犯,或者防卫过当、避险过当的;(二)主观恶性较小的初犯,共同犯罪中的从犯、胁从犯,犯罪后自首、有立功表现或者积极退赃、赔偿损失、确有悔罪表现的;(三)过失犯罪的犯罪嫌疑人,犯罪后有悔罪表现,有效控制损失或者积极赔偿损失的;(四)犯罪嫌疑人与被害人双方根据刑事诉讼法的有关规定达成和解协议,经审查,认为和解系自愿、合法且已经履行或者提供担保的;(五)犯罪嫌疑人系已满十四周岁未满十八周岁的未成年人或者在校学生,本人有悔罪表现,其家庭、学校或者所在社区、居民委员会、村民委员会具备监护、帮教条件的;(六)年满七十五周岁以上的老年人。如此一来,实践中就可能会出现一个提捕案件中若干有社会危险性的基础事实和若干无社会危险性的基础事实同时并存的情形,那么在这种情况下,检察机关如何判断社会危险性的有无? 为防止这一评判过程的随意性和恣意性,有学者提出建立社会危险性的评估机制,即将影响社会危险性的各种因素及其影响力进行量化,并建立起一定的权重指标体系,由检察机关工作人员严格打分计算,得出所谓的风险等级或指数,进而据此作出社会危险性的判定。[19] 这种风险评估机制的建立类似于量刑规范化建设,是试图以量化的方式规范社会危险性的评判过程。但问题在于,如前所述,社会危险性的判断,是一种事实认定活动,亦是一种证据审查、判断活动,与量刑作为一种法律适用活动,存在本质区别,事实认定活动或证据的审查、判断,涉及证明力判断问题,是无法用数字化的指标体系予以量化的,而只能遵从自由心证原则,由检察官综合全案证据根据内心确信作出认定。

三、逮捕程序的证明标准

关于审查逮捕环节的证明标准,我国理论界和实务中历来存在着"排除合理怀疑"和"优势证据"之争,对此,笔者认为:

首先,从法解释的角度讲,我国刑诉法第53条规定:"对一切案件的

---

[19] 杨秀莉、关振海:"逮捕条件中社会危险性评估模式之构建",载《中国刑事法杂志》2014年第1期。

判处都要重证据,重调查研究,不轻信口供。只有被告人供述,没有其他证据的,不能认定被告人有罪和处以刑罚;没有被告人供述,证据确实、充分的,可以认定被告人有罪和处以刑罚。证据确实、充分,应当符合以下条件:(一)定罪量刑的事实都有证据证明;(二)据以定案的证据均经法定程序查证属实;(三)综合全案证据,对所认定事实已排除合理怀疑。"该法条确立了我国"事实清楚,证据确实、充分"的证明标准。但因为该法条并未明确规定其适用的诉讼阶段和程序环节,部分学者据此认为,逮捕环节亦应当适用"事实清楚,证据确实、充分"的证明标准。但笔者认为,其一,刑诉法第53条的规定是非常明确的,"事实清楚,证据确实、充分"的证明标准,适用于对"被告人"(而非"犯罪嫌疑人")的定罪量刑活动("认定被告人和处以刑罚"),即狭义上的审判活动,因此,立法上的"事实清楚,证据确实、充分"这一证明标准,实际上是审判阶段定罪和量刑环节的证明标准,而非适用于所有诉讼阶段和程序环节包括审查逮捕。其二,刑诉法第79条明文规定,逮捕的证据要件是"有证据证明有犯罪事实",尽管立法上并未明确所谓"有证据证明"的具体内涵和要求,但是,立法上针对逮捕和定罪量刑采取了完全不同的表述方式,本身就表明这两项证明标准是存在证明程度上的差异的。按照司法解释的规定和主流理论的观点,这里所谓的"有证据证明有犯罪事实",一般是指同时具备下列情形:(1)有证据证明发生了犯罪事实;(2)有证据证明犯罪事实是犯罪嫌疑人实施的。据此,所谓"有证据证明",并不要求查清全部犯罪事实,也不要求侦查人员把犯罪的所有证据都必须先拿到手,对主要犯罪事实都查清,达到"事实清楚,证据确实、充分"的程度。[20] 换言之,审查逮捕环节的所谓"有证据证明有犯罪事实"这一证明标准,要低于定罪量刑环节"事实清楚,证据确实、充分"(即排除合理怀疑)的证明标准。

其次,从证据法理上讲,审查逮捕环节的证明标准,亦不可能适用"事实清楚,证据确实、充分"的证明标准,原因有二:一是提请逮捕的案件仍处于侦查阶段,侦查阶段的案件,属于"不完整的案件",因为这一阶段的案件,案情尚未完全查明,相关证据仍处于全面收集、调取过程之中(因此才需要侦查),在这一诉讼阶段即要求案件达到"事实清楚,证据确实、充分"的证明标准,不符合诉讼认识规律、不符合办案规律。二是逮捕的证明对象不限于案件事实(犯罪事实),还包括社会危险性,而如前所述,社

---

[20] 郎胜主编:《中华人民共和国刑事诉讼法释义》,法律出版社2012年版,第188页。

会危险性并非历史事实而系一未发生之事,其本身究竟是否发生尚具有不确定性,对此,我们只能举证证明其将来发生的可能性,而不可能证明其发生的确实性,因而,证明社会危险性的证明标准不可能达到"证据确实、充分"的程度。

再次,从比较法的角度讲,域外法治国家不论是英美法系国家还是大陆法系国家,逮捕(羁押)[21]环节的证明标准都低于定罪环节的证明标准。例如,在美国,逮捕的证明标准称为"合理根据"或"相当理由";在德国,羁押(逮捕)的证明标准则表述为"高度的可能性(具有很高的定罪可能性)";在日本,羁押的法定理由之一就是"有相当的理由足以怀疑犯罪"。[22] 虽然表述不同,具体要求上也存在一定的差异,但有一点是共同的:即逮捕的证明标准高于刑事侦查的启动标准,而低于定罪的证明标准,大致相当于民事诉讼中的优势证据标准,即超过50%的心证程度。例如,在美国,所谓"相当理由"的法律定义是:"在执法人员之知识与其合理可信之情报本身足以来证明一个合理小心之人相信违法行为已经完成或正在进行之中,则相当理由是存在的。"实务定义为:"当嫌犯已经违法或证物将可能在特定地点被找到之可能性高于50%时,相当理由是存在的。"[23]当然,所谓心证程度超过50%,毕竟是个主观定量,实务操作中往往难以精确把握,因而,美国联邦法院又在判决中将其表述为"可能性超过不可能性"。[24]

正基于上述分析,笔者认为,我国刑诉法上规定的"有证据证明"这一逮捕环节的证明标准,似乎解释为"相当理由"或"优势证据"在证据法理上更具合理性,即,就有犯罪事实以及存在社会危险性的证明而言,只要检察官的心证程度超过了50%,即可批准(决定)逮捕。但是,考虑到逮捕的适用毕竟会在较长时间内剥夺犯罪嫌疑人、被告人的人身自由,因而,在证明标准的设定上,似应较普通民事案件为高,基于此,笔者建议,司法实务中在具体解释和把握逮捕的证明标准时,采取"底线方法",即法

---

[21] 在域外法治国家,逮捕是羁押的前置程序,即为了羁押先要履行逮捕程序,先逮捕犯罪嫌疑人,才能请求羁押(上述观点请参见[日]田口守一:《刑事诉讼法》,刘迪等译,法律出版社2000年版,第54页)。笔者理解,域外的逮捕大致相当于我国的拘留,而羁押相当于我国的逮捕。

[22] [日]田口守一:《刑事诉讼法》,刘迪等译,法律出版社2000年版,第54页。

[23] Rolando V. del Carmen:《美国刑事侦查法制与实务》,李政峰等合译,五南图书出版股份有限公司2006年版,第85页。

[24] 转引自周洪波:"实质证据与辅助证据",载《法学研究》2011年第3期。

理上以"相当理由"要求的50％心证程度为底线,实践操作中则强调逮捕的证明标准应当适当高于"相当理由"（50％）而低于"排除合理怀疑"（95％）,即,逮捕的实际证明标准,不是简单地要求"可能性超过不可能性"（51％—49％）,而是要求具有"高度的可能性"（＞51％）。这种"高度可能性",从证明要求的程度上来说,仍然在"相当理由"和"排除合理怀疑"的幅度之内（51％—95％）,因而仍然属于"相当理由"的范畴。这种"底线方法"的运用,在我国司法实践中早有先例,如2010年"两高三部"联合发布的《办理死刑案件审查判断证据若干问题的规定》（以下简称"《死刑案件证据规定》"）中曾经规定："依据间接证据认定的案件事实,结论是唯一的,足以排除一切合理怀疑"。对此,理论上和实务中均认为,这是对死刑案件设置了最高的证明标准,即"唯一性"标准亦称为"排除一切合理怀疑"的证明标准。但2012年刑诉法修改时又明文规定,刑事案件的定罪量刑采用"排除合理怀疑"的证明标准,这就带来一个困惑实践的问题,死刑案件的"唯一性"标准与"排除合理怀疑"标准之间,究竟是什么关系？笔者认为,所谓"唯一性"标准,与"排除合理怀疑"标准之间,虽然表述不同,但实际上并没有本质区别,因为"排除合理怀疑"已经是刑事案件的最高证明标准,不可能存在一个比排除合理怀疑更高的证明标准,因而,所谓"唯一性"标准,实际上仍然在"排除合理怀疑"的证明幅度（95％—100％）之内,仍然属于"排除合理怀疑"的范畴。《死刑案件证据规定》之所以要另行提出所谓"唯一性"标准,实际上是强调死刑案件的证明标准与一般刑事案件的证明标准,虽然在法理上都可归入"排除合理怀疑"的范畴,但在实务把握上,死刑案件的证明标准要适当高于一般刑事案件的证明标准。换言之,对于死刑案件来说,"排除合理怀疑"的证明标准只是"底线"（95％）而非"上限"（100％）。如果说对于一般刑事案件而言,只要心证程度达到95％即可定罪,那么,对于死刑案件而言,心证程度则必须高于95％而无限接近于100％。

从比较法的角度讲,这种"底线方法"的运用也有其依据。例如,在日本,法律上逮捕的证明标准和羁押的证明标准是一致的,即"相当理由",但在实务操作中却要求羁押必须比普通逮捕具有更大的嫌疑性。[25] 在德国,羁押的证明标准是"高度的可能性",即犯罪嫌疑人事实上极有可能犯罪,虽然低于定罪的证明标准,但"这一标准高于启动刑事侦查的标准,甚

---

[25] ［日］田口守一:《刑事诉讼法》,刘迪等译,法律出版社2000年版,第54页。

至高于将某人交付审判的标准"㉖。之所以要求羁押必须"具有很高的定罪可能性旨在防止将审前羁押建立在薄弱的或不可靠的有罪证据基础上。"㉗

四、职权调查原则在逮捕程序中的运用

我国刑诉法第 88 条规定:"人民检察院对于公安机关提请批准逮捕的案件进行审查后,应当根据情况分别作出批准逮捕或者不批准逮捕的决定。对于批准逮捕的决定,公安机关应当立即执行,并且将执行情况及时通知人民检察院。对于不批准逮捕的,人民检察院应当说明理由,需要补充侦查的,应当同时通知公安机关。"据此,逮捕,在程序功能上可以视为一个"准"司法程序,而检察官在该程序中事实上担当着庭前法官的角色,对公安机关提捕的案件进行审查,进而作出是否批捕的决定。亦因此,逮捕程序实际上是一个"不告不理"的程序,是一个应提请而启动的程序,原则上,检察官在事实和证据方面应当保持被动性,只能针对公安机关提捕的证据材料进行审查、判断,即使检察官认为公安机关提交的证据不足,原则上也只能列出《补充侦查提纲》,退回公安机关补充侦查,而不能自行调查取证。这是学界的主流观点,也是司法实务中的常规作法。

但问题在于,笼统地说检察机关在审查逮捕环节不能依职权调查取证,在法解释和诉讼法理上能否成立?众所周知,我国的刑事诉讼程序虽然几经改革,不断"嵌入"了英美对抗制诉讼模式的因素,但在程序的基本类型上仍然属于大陆法系职权式诉讼模式。职权式诉讼模式较之对抗制诉讼模式,在程序构造上最大的一个区别和特点就在于,在职权式诉讼模式下,法官作为裁判者得依职权调查取证,是为职权调查原则。㉘ 对此,我国刑诉法第 191 条明确规定:"法庭审理过程中,合议庭对证据有疑问的,可以宣布休庭,对证据进行调查核实。人民法院调查核实证据,可以进行勘验、检查、查封、扣押、鉴定和查询、冻结"。据此,法庭审理过程中,作为裁判者的人民法院对证据有疑问的,可以依职权对证据进行调查核实。

问题在于,审查逮捕环节是否亦应当适用该职权调查原则?从诉讼

㉖ [德]托马斯·魏根特:《德国刑事诉讼法》,岳礼玲、温小洁译,中国政法大学出版社 2004 年版,第 98 页。

㉗ 同上书,第 96 页。

㉘ 林钰雄:《刑事诉讼法(上)》,中国人民大学出版社 2005 年版,第 62 页。

法理上讲,这一直是一个有争议的问题。在其他采行职权主义诉讼模式的国家和地区,羁押的适用贯彻法官保留原则和司法审查原则,羁押决定权往往由法官行使,但对于羁押程序究竟是否适用职权调查原则,理论上仍然存在争议。有学者认为:"被告是否犯罪嫌疑重大,则仅得依目前侦查状况所示的情形审查,法官无须依职权积极地调查被告涉嫌犯罪的证据。"[29]但也有学者强调:"法治国审理案件之法院,对于是否羁押被告,自亦应就被告有利、不利之证据,竭尽其调查之能事而妥为羁押与否之决定。"[30]

从我国的情况来看,审查、批准逮捕的决定权由检察官行使,检察官事实上担当着庭前法官的角色,那么,检察官在审查逮捕程序中尤其是在对逮捕条件有疑问时,能否依职权调查取证?从法解释的角度讲,我国刑诉法第86条规定:"人民检察院审查批准逮捕,可以讯问犯罪嫌疑人;有下列情形之一的,应当讯问犯罪嫌疑人:(一)对是否符合逮捕条件有疑问的;(二)犯罪嫌疑人要求向检察人员当面陈述的;(三)侦查活动可能有重大违法行为的。人民检察院审查批准逮捕,可以询问证人等诉讼参与人,听取辩护律师的意见;辩护律师提出要求的,应当听取辩护律师的意见。"对于该法条,理论上存在多种解读的可能性。但笔者认为,该法条就是我国刑诉法对检察机关在审查逮捕环节调查取证的授权性规定,即,对于公安机关提捕案件的证据和事实出现疑问("对是否符合逮捕条件有疑问的")时,检察机关有权对证据进行调查核实。只不过,法律对检察机关调查证据的方式、方法进行了严格的限定,即仅限于通过讯问犯罪嫌疑人、询问证人等诉讼参与人的方式调查核实人证。[31]

据此,笔者认为,在审查逮捕环节,检察机关对于公安机关提捕案件的证据有疑问的,依法可依职权调查核实,但只能采取讯问犯罪嫌疑人和询问证人等诉讼参与人的方式核实人证。这里要注意的是,虽说是基于调查核实的目的进行讯问和询问,但检察机关的讯问和询问,必定会形成新的证据(讯问笔录和询问笔录),因此,检察机关在这一程序环节事实上是在行使调查取证权,在这个意义上说刑诉法第86条赋予了检察机关在批捕环节的调查取证权,并不为过。

---

  [29] 许泽天:《刑事诉讼法论Ⅱ》,神州图书出版有限公司2002年版,第58页。
  [30] 林俊益:《刑事诉讼法概论(上)》,学林文化事业有限公司2001年版,第241页。
  [31] 有人或许会质疑:如果说检察官在审查逮捕环节仅限于调查核实人证,那么,一旦检察官发现物证有瑕疵的,该怎么办?难道不能调查核实吗?

值得注意的是,2012年刑诉法修正时规定了非法证据排除规则,新法第55条明文规定:"人民检察院接到报案、控告、举报或者发现侦查人员以非法方法收集证据的,应当进行调查核实。对于确有以非法方法收集证据情形的,应当提出纠正意见;构成犯罪的,依法追究刑事责任。"这里当然包括检察机关在审查逮捕环节接到报案、控告、举报或者发现侦查人员以非法方法收集证据的情形,㉜依照刑诉法的明文规定,此时检察机关有权且有义务对非法证据进行调查核实。基于此,我国刑诉法实际上已经明文肯定了检察官在审查逮捕环节的调查取证权。

但问题在于,刑诉法第55条并未明确规定检察机关调查核实非法证据的具体方式和手段。为弥补这一缺漏,2013年高检院侦查监督厅下发了《关于侦查监督部门调查核实侦查违法行为的意见(试行)》(以下简称"《意见》"),规定检察机关可以采用多种方式调查核实涉嫌侦查违法行为,包括分别讯问犯罪嫌疑人,询问证人、被害人或者其他诉讼参与人、询问办案人员,询问在场人员或者其他可能知情的人员,听取辩护律师意见以及查看、调取讯问笔录、讯问录音、录像,查询、调取犯罪嫌疑人出入看守所的身体检查记录及相关材料,查阅、调取或者复制相关法律文书或者案件材料,进行伤情、病情检查或者鉴定等方式进行调查核实,并作出是否排除证据的决定。然而,如前所述,刑诉法第86条仅授予检察机关在审查逮捕环节通过讯问犯罪嫌疑人、询问证人等诉讼参与人的方式调查核实人证的权力,而《意见》中规定的调查核实方式显然已经远远超出了这一范围,显得于法无据。对此,我们究竟应该如何认识?

笔者认为,首先,从法解释原理上讲,虽然从表面上看《意见》拓宽了非法证据的调查核实方式,扩张了检察机关的职权,属于扩张解释,但就该解释的实质而言,对非法证据的调查核实,是有利于对犯罪嫌疑人、被告人的基本人权保障的,扩张了检察机关调查核实非法证据的方式,等于是加强了对犯罪嫌疑人、被告人人权保障的力度,因此,这一扩张解释在本质上是有利于被追诉人的,是合法有效的。其次,从法政策的角度讲,非法证据的调查核实,本就是一项艰巨的任务,由于非法取证行为的隐蔽性和模糊性,即便按照《意见》规定的多种方式进行调查核实,亦未必能够查清真相;如果局限于刑诉法第86条规定的手段,所谓非法证据的调查

㉜ 实际上,2010年"两高三部"《关于办理刑事案件排除非法证据若干问题的规定》第3条已经明确作出规定:"人民检察院在审查批准逮捕、审查起诉中,对于非法言词证据应当依法予以排除,不能作为批准逮捕、提起公诉的根据。"

核实,就更是一个"不可能的任务"。再次,从刑诉法第55条和第86条的关系来看,两者实际上构成了"特别法"与"一般法"的关系,即刑诉法第86条是关于审查逮捕环节调查核实证据的一般性规定,即"一般法",而刑诉法第55条则是关于调查核实非法证据的特别规定,即"特别法"。当检察机关在审查逮捕环节需要对非法证据进行调查核实时,应当按照"特别法优于一般法"的法治原理进行处理,即允许检察机关超出刑诉法第86条规定的范围采取一切有利于查清真相的方法对非法证据进行调查核实。正基于上述分析,笔者认为,《意见》关于非法证据调查核实方式的规定,并不违法。在检察机关调查核实非法证据的问题上,检察机关应有依职权调查取证的权力,且应允许其采用较为宽泛的调查手段。

论检察机关对瑕疵证据的补正与合理解释

彭林泉

摘要：修改后的《刑事诉讼法》对瑕疵证据的补正和合理解释作了明确规定，据此将瑕疵证据作为一种证据，与合法证据、非法证据并列，形成了三分证据之说，具有理论意义、实践意义和规范意义。对瑕疵证据的认定标准应有限制。瑕疵证据是程序上轻微违法的证据，与非法证据不同，其没有影响重大利益，违法程度也不严重。可以依据《刑事诉讼法》规定的证据种类，对瑕疵证据进行分类。在司法实践中，对瑕疵证据的补正、合理解释时有发生，且有增多趋势。检察机关对瑕疵证据补正时，应遵循合法性、真实性、可靠性和关联性的原则，符合逻辑解释的标准，以防止滥用补正，冲击证据合法性审查体系，架空非法证据排除规则。在检察环节对瑕疵证据的补正，可以采取更正、证据补强、补充鉴定、当事人同意、转化等方式，但应注意把握补正的合理限度。

关键词：瑕疵证据　补正　合理解释

修改后的《刑事诉讼法》在"两个证据规定"的基础上，对瑕疵证据的补正和合理解释作了明确规定，初步在法典中确立了中国式的瑕疵证据的补正和合理解释规则。作为承担着追诉犯罪和客观公正性双重责任的检察机关，对于如何认知瑕疵证据补正、合理解释的意义，对瑕疵证据的认定标准是否有限制甚至严格的限制，瑕疵证据的补正、合理解释的实践状况怎样，对瑕疵证据补正、合理解释应遵循什么原则、标准，包括如何确定瑕疵证据的合理解释，在检察环节对瑕疵证据应采取哪些补正方式，并注意把握补正的合理限度等诸如此类的问题，需要进一步分析，以促进对证据规定的正确理解与适用。

一、检察机关对瑕疵证据补正、合理解释的意义

修改后的《刑事诉讼法》第 54 条规定："采用刑讯逼供等非法方法收集的犯罪嫌疑人、被告人供述和采用暴力、威胁等非法方法收集的证人证言、被害人陈述，应当予以排除。收集物证、书证不符合法定程序，可能严重影响司法公正的，应当予以补正或者作出合理解释；不能补正或者作出合理解释的，对该证据应当予以排除。在侦查、审查起诉、审判时发现有

应当排除的证据的,应当依法予以排除,不得作为起诉意见、起诉决定和判决的依据。"这里的"可能严重影响司法公正",是指收集物证、书证不符合法定程序的行为明显违法或者情节严重,如果允许办案人员以这种行为收集证据的话,可能会对司法机关办案的公正性、权威性以及司法公信力产生严重的损害。以非法方法收集的实物证据和书证是否排除应综合考虑案件性质及犯罪的严重程度、非法取证的严重程度、非法取证行为对社会造成的不良影响、对司法公正造成的危害程度和社会公共利益等几方面的因素,还要结合案件的其他证据是否能够补正或者侦查机关能否作出合理解释等情况,最终决定是否予以排除。所谓"补正",是指对取证程序上的非实质性的瑕疵进行补救,如在缺少侦查人员签名的勘验、检查笔录上签名等。"合理解释"是指对取证过程的瑕疵作出符合逻辑的解释。[①] 这明确了以非法方法取得的言词证据无条件排除和以非法方法取得的物证、书证有条件排除规则,确定了办案机关或部门排除非法证据的义务。2012年12月5日通过的《最高人民法院关于适用〈中华人民共和国刑事诉讼法〉的解释》第71条至第73条、第77—79条、第82条、第89条、第95—103条,及修改后的《人民检察院刑事诉讼规则(试行)》第65条至第75条对此作了补充规定,如后者完善了检察机关排除非法证据的条件、程序和调查核实权。这些规定,对检察机关补正、合理解释瑕疵证据,具有三重意义:

(一)理论意义。提出瑕疵证据的概念,并在《刑事诉讼法》和"两院"的司法解释中规定瑕疵证据的补正和合理解释,在理论尤其是证据学理论上是个突破。我国传统证据学理论将证据分为合法证据与非法证据,即两分法,在分类逻辑上存在问题,因为非法证据与合法证据并不在同一个逻辑层面上。在逻辑层面上,与合法证据相对应的概念应当是"无证据能力的证据",而非某种概念——"非法证据"。两分法只注意或观察到了证据能力的两种状况:有证据能力和无证据能力,而忽视了实践中证据能力可能存在的第三种状况,即证据能力待定状况。而将瑕疵证据作为一种证据,并与合法证据、非法证据并列,形成了三分证据之说,即证据可以分为合法证据、瑕疵证据和非法证据,这不仅增加了证据类型,丰富了对证据理论的认知,也有利于克服传统证据学理论两分法在逻辑上不周延的缺陷,在证据学理论上具有创新意义。

---

① 黄太云:"刑事诉讼法修改释义",载《人民检察》2012年第8期。

（二）实践意义。瑕疵证据在刑事诉讼中早已存在，侦查机关、检察机关、审判机关在实践中也对瑕疵证据进行补正和合理解释，如大量使用的情况说明，补充鉴定，重新制作等。而《两个证据规定》将"瑕疵证据"与"非法证据"作了区分，并对"瑕疵证据"作了明确的列举，对瑕疵证据补正、合理解释作了较为详细的规定，体现了司法实践的经验。这次《刑事诉讼法》的修改，吸收了这些经验，肯定了现实的做法，有利于检察机关在审查批捕和审查起诉中对瑕疵证据的补正和合理解释，对于检察机关执法办案具有指导意义。

（三）规范意义。从法理上讲，作为由国家制定的社会规范，法具有告示、指引、评价、预测、教育和强制等规范作用。上述《刑事诉讼法》和"两院"的司法解释，特别是《人民检察院刑事诉讼规则》对瑕疵证据的补正、合理解释的规定，确立了三种排除规则，即"强制性的排除规则"、"自由裁量的排除规则"和"可补正的排除规则"，体现了法的规范作用。这对于检察机关在审查批捕、审查起诉中，对瑕疵证据进行补正、合理解释，可以起到规范执法行为，正确适用刑事法律的作用，在惩治犯罪与保障人权之间保持平衡，从而具有规范意义。

二、检察机关对瑕疵证据的认定标准

检察机关对瑕疵证据的认定标准，大致包括瑕疵证据的概念、种类和认定标准等内容，问题在于对瑕疵证据的认定标准，是否应作限制甚至严格的限制，这在实务界中存在分歧。笔者对此持肯定的态度，因为对瑕疵证据认定的扩大化，会导致瑕疵证据补正和合理解释的滥用，进而冲击非法证据排除规则，甚至有侵犯人权之虞，给公正司法造成不应有的负面影响。

早在1998年，有论者就提出了瑕疵证据的概念，认为瑕疵证据是指侦查、检察、审判人员违反法律规定的权限、程序或用其他非正当的方法收集的证据。[②] 这一定义使瑕疵证据在概念上完全混同于非法证据。随着对瑕疵证据的进一步分析，研究范式的完善，一些研究者对瑕疵证据的特定性有了新的、更为准确的认知，注意到了侦查人员"违反法律程序"存在着程度上的区别，提出了对部分"瑕疵证据"予以补正或者补救的思

[②] 申夫、石英："刑事诉讼中'瑕疵证据'的法律效力探讨"，载《法学评论》1998年第5期。

路。③ 在此基础上,对瑕疵证据进行新的定义。瑕疵证据是指在法定证据要件上存在轻微违法情节的证据,也就是收集、固定证据过程中在程序上存在瑕疵或缺陷的证据,从根本上说属于程序上的违法,但情节轻微。瑕疵证据属于证据能力待定的证据,其是否具有证据能力,取决于其能否得到补正、合理解释,若其瑕疵能得到补正或合理解释,则该证据即具有证据能力,可继续在后续程序中使用,若无法补正或合理解释,该证据即不具有证据能力,不得在后续程序中继续使用。④ 有的学者甚至从实践出发,提出了瑕疵证据的概念,认为总体上看,"瑕疵证据"大都是侦查人员在制作相关证据笔录时存在技术性缺陷的证据,如笔录记录有错误、笔录遗漏了重要的内容、笔录缺乏相关人员的签名等。当然,对于那些在收集证据过程中存在程序步骤、方式、时间、地点等方面违规的情况,《办理死刑案件证据规定》也将其列入"程序瑕疵"之列。⑤ 可见,瑕疵证据是指在证据的收集程序上违法但情节不严重的证据,是技术上的瑕疵。

　　瑕疵证据与非法证据不同。非法证据有狭义和广义之分。狭义的非法证据是指以非法(侵权)手段获取的证据。而广义的非法证据包括以非法定方法获取的证据(如秘侦措施、诱惑侦查获取的证据)、非法定种类的证据、非法定主体获取的证据(如私人违法取证、纪委违法取证)和以非法(侵权)手段获取的证据。在检察机关的审查批捕和审查起诉中,通常采取的广义非法证据说,如取证主体不合法,取证手段不合法,以及不符合法律明文规定的证据材料等,以应对程序辩护。而瑕疵证据是没有影响重大利益,在程序上轻微违法的证据。那么,什么是"轻微的程序违法"?判断侦查人员违反法律程序是否严重的标准到底有哪些?特别是与一般意义上的"非法证据"相比,"瑕疵证据"具有哪些显著的特征呢?我国学者对此提出从四个方面来考虑瑕疵证据与非法证据的区分,即取证手段是否侵犯了重大的权益,取证手段是否违反了实质性程序规范,采用某一证据是否违背程序正义,采用某一证据是否影响证据的真实性。实际上,提出了瑕疵证据与非法证据的区分标准,这有利于进一步认知、把握瑕疵证据的内涵和实质,正确地适用可补正的瑕疵证据规则。在笔者看来,区

---

　　③ 龙国栋:"刑事诉讼中的瑕疵证据"与"证据的瑕疵",http://www.zjxb8.com/News_View.asp? NewsID=1469,访问时间2014年6月5日。
　　④ 万毅:"瑕疵证据的补正",载龙宗智、夏黎阳主编:《中国刑事证据规则研究》,中国检察出版社2011年8月版,第257页。
　　⑤ 陈瑞华:"论瑕疵证据补正规则",载《法学家》2012年第2期。

分一项证据是重大违法还是轻微违法,关键要看该证据是否因重大违法而侵犯当事人的基本权利。

应当看到,非法证据与瑕疵证据的区分,并非我国独创的孤案,而是证据法上的通例。在域外,如在美国和德国,基于证据资源稀缺的原理,证据立法与实务上同样强调对瑕疵证据的适度容忍和积极补救。德国证据法理论上认为,在刑事诉讼的整个过程之中都应当遵守关于使用证据的禁止性规定,不论是判例还是先前的决定或者裁定(如提出的指控),都不能建立在不可采纳的证据的基础上。但是,程序瑕疵与证据禁止,两者固然息息相关,但程序瑕疵,既非证据使用之充分条件,也不是其必要条件。详言之,并非所有的违法取得之证据,都不得为裁判之基础。[⑥] 在实践中,法庭会尽力纠正先前发生的程序错误,从而"挽回"有争议的证据。当然,在具体内容和司法解释中的"可补正的排除规则"上,与我国有所区别。

根据不同的标准,可以对瑕疵证据进行不同的分类。如依据刑事诉讼规定的证据种类,可以将瑕疵证据分为以下几类:有瑕疵的物证;有瑕疵的书证;有瑕疵的笔录,如搜查、扣押、提取笔录,勘验、检查笔录,辨认笔录,庭审笔录(对庭审笔录是否是一种证据,在理论上存在分歧,修改后的《刑事诉讼法》也没有把其列为证据种类,但一审的庭审笔录对于二审具有证据能力和证明价值),有瑕疵的鉴定意见等。

三、检察机关对瑕疵证据的补正、合理解释的实践状况分析

近年来,随着《两个证据规定》和修改后的《刑事诉讼法》以及"两院"的司法解释的实施,检察机关在司法实践中,对瑕疵证据的补正和合理解释有所增多。如在陆某某强奸、故意杀人案中,鉴定人资格证书复印错误,应当为梁某某,复印成了王某某,在审查起诉中发现后,要求补正,被采纳;在吉某某贩卖毒品案中,省公安厅含量鉴定未附鉴定机构及鉴定人资格证书,在审查起诉中被发现,要求补正,被采纳。在吉某贩卖毒品案中,户籍证明来源情况盖章不规范,应当使用户籍专用章而未用,在审查起诉中被发现后,要求补正,被采纳。

在司法实践中,瑕疵证据的主要类型有:1.证据笔录存在记录上的错误,如证人询问笔录反映出在同一时间段内"同一询问人员询问不同证

[⑥] [德]托马斯·魏根特:《德国刑事诉讼程序》,岳礼玲、温小洁译,中国政法大学出版社2004年版,第200页。

人",被告人讯问笔录"填写的讯问时间、讯问人、记录人、法定代理人等有误或者存在矛盾";2.证据笔录遗漏了重要内容,如勘验、检查笔录,搜查笔录,提取笔录,扣押清单没有载明物品的特征、数量、质量、名称,物证、书证的复制品没有记载制作人关于制作过程的说明,等等,侦查人员在询问证人过程中没有填写"询问人、记录人、法定代理人姓名"或者"询问的起止时间、地点",询问笔录"没有记录告知证人应当如实提供证言"等内容,侦查人员对被告人的首次讯问笔录"没有记录告知被讯问人诉讼权利内容",在组织辨认过程中,侦查人员没有对辨认过程和结果制作辨认笔录,或者辨认笔录"过于简单,只有结果没有过程",或者"案卷中只有辨认笔录,没有被辨认对象的照片、录像等资料";3.证据笔录缺少有关人员的签名或盖章,如在收集物证、书证过程中,侦查人员制作的勘验笔录、搜查笔录、提取笔录、扣押清单没有侦查人员、物品持有人、见证人签名;讯问被告人笔录上"讯问人没有签名";勘验、检查笔录没有勘验、检查人员和见证人签名;辨认笔录没有侦查人员、辨认人、见证人签名或者盖章;4.侦查活动存在"技术性手续上的违规",如询问证人的地点不符合规定,勘验、检查过程没有见证人到场参与,在组织辨认过程中,主持辨认的侦查人员少于二人,侦查人员没有向辨认人详细询问辨认对象的具体特征,等等。对这些瑕疵证据可以补正,如侦查人员对被告人的首次讯问笔录"没有记录告知被讯问人诉讼权利内容",可以补充说明,并提供相应的录音录像、先前的权利义务告知书等证据。对勘验笔录缺少见证人当事人签名、物证没有来源证明、鉴定结论没有委托书等,区分不同情况,分别处理,对可以重新取证的应当重新取证,可以补充完善的应当补充完善,对无法重新取证的,侦查人员应当说明此类证据形式上欠缺的原因,并提供相应的证据证实,如被搜查人、见证人的证言、案件其他证据的印证情况等。对侦查人员在讯(询)问过程中没有填写讯(询)问人、记录人、法定代理人姓名的,若形成笔录时确实是两人讯(询)问,只是遗忘签名的,可以作出说明,并提供相应的证据(如提押证,录音录像、当事人承认等);若当时确系一人讯问(询问)的,应重新进行取证,重新取证时若当事人翻供或做出不同陈述时,应问清其翻供(不同陈述)的原因等。对犯罪嫌疑人、证人、被害人没有签字(按指印)确认属实的笔录,应当重新进行取证或确认。对应注明制作情况和出处的复印件、照片、录像这类证据,应由制作人员作出解释,说明制作情况和原件存放地,并提供原件存放地单位的证明,必要时也可以由侦查人员重新取证,甚至调取原件等。当然,对那些以刑讯逼供或暴力威胁所取得的证据,应当坚决予以排除或通过重新取证等形式予以弥补。

对瑕疵证据补正、合理解释时,也会遇到一些问题。这通常与瑕疵证据的成因有关。我国学者认为,根据实践中瑕疵证据的表现形式,证据因性状改变、来源不明、形式不符、处于未完成状态和取证程序轻微违法而产生瑕疵。如在杜某某等人制造毒品一案中,侦查机关在制毒现场,共查获了5 403.6克毒品液体,按照四川华西法医学鉴定中心2010年4月7日出具的毒物分析鉴定报告和7月5日出具的补充鉴定报告,其含量分别为1 A(240 mg/g)、1 B(82.7 mg/g)、1 C(241.9 mg/g)、10(67.8 mg/g)。经计算,共计甲基苯丙胺含量为1 886.9克×240mg/g+1 620.4克×82.7+114.9mg/g×241.9克+1 781.4克×67.8=735.4克。但此含量为发案(当时扣押液体毒品)半年之久才作出的鉴定,承办人要求侦查机关出具对该液体毒品的保管说明,证明其有无挥发现象,以确定其含量鉴定是否准确,但侦查机关出具的情况说明证实送检的物品为本案案发时所扣押的物品,但无法保证所送检的样品与本案所扣押的物品在质量、体积、形态等物理状态和化学状态的同一性,故此含量鉴定存在瑕疵,不能作为定案的依据,只能作为量刑的参考。虽然毒品犯罪不以纯度数量作为定罪标准,但因本案数量巨大,且主犯有过两次判刑前科,又是累犯,毒品纯含量对其量刑有重大影响,所以本案存在重大瑕疵。

四、检察机关对瑕疵证据补正、合理解释应遵循的原则、标准

对瑕疵证据,不能一概排除或者采用,毕竟是程序上有轻微违法的证据。检察机关在对瑕疵证据补正时,应遵循合法、真实、可靠和关联的原则。对欠缺形式要件的刑事证据,能予以补救的,如果经补救可转化为合法证据的,原则上具有可采性。如对无人签名或一人签名笔录的补正,有人认为若形成笔录时确实是两人讯问(询问)的,只是遗忘签名,可直接补签姓名(移送起诉前),或向公诉、法院部门做出说明,并提供相应的证据。笔者认为,直接补签姓名改变了原貌,在真实性上存在疑问,犯罪嫌疑人和辩护人可能会提出异议,是不可取的。可以通过情况说明的方式或补强证据的方式对该项瑕疵证据予以补正。

合法性是证据的准入资格,是证据的证明能力,而真实性、可靠性与关联性是证据的证明力。合法性是指证据的形式、收集、出示和查证,都由法律予以规范和调整,作为定案根据的证据,必须由法律所容许。在我国《刑事诉讼法》中,规范和调整证据的法律规范,主要包括以下内容:1.证据应当依法定程序收集;2.证据必须具有法定形式、具有合法的来

源;3.证据必须经法定程序查证属实。⑦ 修改后的《刑事诉讼法》第 57 条第 1 款规定:"在对证据收集的合法性进行法庭调查的过程中,人民检察院应当对证据收集的合法性加以证明。"这规定了检察机关对证据收集合法性的证明责任。在当事人提供证据比较困难以及检察机关在庭审前的程序中处于主导地位的情形下,由检察机关对证据收集的合法性承担证明责任是必要的。对瑕疵证据的补正,也不例外。

　　对瑕疵证据的合理解释,检察机关应遵循合理性和逻辑性的标准。对"合理解释"中的"合理性"判断是个问题。有论者认为,解释是对存在程序违法或取证瑕疵的原因所作的说明。合理解释应当被看作是侦控方为使其违法取证行为得以谅解、宽恕所需达到的一项证明标准。侦控方为完成合理解释的证明责任,需要做到以下几点:第一,解释的根据应当真实可靠,即有一定的事实根据,不能凭空捏造;第二,解释的理由应当可信,即给出的理由比较充分且令人满意;第三,此种解释与案内的其他证据能够相互印证;最后,对来源不明的物证、书证,应当禁止作出解释。因其事关证据的相关性、真实性等有关证据能力的基本问题,所以应当通过举证、质证来解决。如此重要的待证事项,如果允许以一纸书面解释代替举证、质证等法庭调查活动,不但有违程序正当性原则,而且有可能"将错就错"、"一错到底",不利于事实真相的发现。对于来源不明的物证、书证,即使侦控机关作出了相应的解释,其来源也未必能得到确证。因此,为了防止误判,此种情形下纵然侦控机关给出了"解释",也不能使物证、书证成为定案的根据。⑧ 只有对可补正的瑕疵证据才能以合理解释方式进行证据能力的修复,无证据能力的证据不得进行补正或合理解释。对瑕疵证据进行合理解释主要是要解释瑕疵形成及瑕疵并未导致虚假证据的原因。从根本上看,合理解释的过程实际上是一个证明采纳瑕疵证据的正当性的过程,因此,"合理"的标准问题也即这个证明过程的证明标准问题。对于不影响证据真实性的瑕疵,控方的解释及证明达到优势证据标准即可;而对于可能影响证据真实性的瑕疵,则应当达到更高档次的证明标准,但无需达到排除合理怀疑的程度。⑨ 在杜某某等人制造毒品一案中,市公安局物证鉴定所《(眉)公(物)鉴(理化)字[2009]78 号鉴定文

---

⑦ 张军、陈卫东主编:《新刑事诉讼法教程》,人民法院出版社 2012 年 5 月版,第 104 页。
⑧ 韩旭:"物证、书证和笔录类证据的审查判断规则",载龙宗智、夏黎阳主编:《中国刑事证据规则研究》,中国检察出版社 2011 年 8 月版,第 350 页。
⑨ 纵博、郝爱军:"对瑕疵证据'合理解释'的解释",载《中国刑事法杂志》2012 年第 9 期。

书》，受理时间为 2009 年 11 月 4 日，而鉴定时间为 2009 年 10 月 5 日。鉴定时间早于受理时间，或者结论早于送检时间，这在时序上存在逻辑问题或矛盾，导致证据存在瑕疵，经补正，市公安局物证鉴定所出具情况说明，并提供鉴定委托书、鉴定事项确认书、鉴定文书审批表证实报告书出具日期打印错误，具体日期应为 2009 年 11 月 5 日，这是符合逻辑的解释，且有相关证据材料支持。此案于 2010 年 11 月 29 日复庭时，对公诉人补充的上述证据几份证据进行了质证，四被告人及辩护人也无异议，被法庭采信，解决了证据的瑕疵问题，是对瑕疵证据的补正的典型案例。从理论上讲，对瑕疵证据的合理解释，其内容符合逻辑法则和经验常识，足以证明原有的程序瑕疵属于一种无害的错误，即不会导致错误认定事实的技术性违规。

对检察机关来说，明确对瑕疵证据补正、合理解释应遵循的原则、标准，可以防止滥行补正，冲击证据合法性审查体系、架空非法证据排除规则。

五、人民检察院对瑕疵证据补正的方式和合理限度

对物证、书证的瑕疵证据，对各种瑕疵笔录（如搜查、扣押、提取笔录，勘验、检查笔录，辨认笔录和庭审笔录）和鉴定意见的瑕疵等可以补正。

根据修改后的《刑事诉讼法》和两院的司法解释的规定，结合实践经验，对瑕疵证据的补正，检察机关可以采取以下方式：

（1）更正。对因案情紧急、案件工作量大、取证主体粗心大意等原因，导致讯问、询问笔录中出现被讯问人的性别、赃款数额等记载错误的，可以允许、要求侦查机关以更正的方式，对这些瑕疵，进行补正。对于路径不清的物证，或鉴定结论中送检的物证与扣押物品清单、移送清单或现场勘查笔录中扣押的物证不太一致的，由侦查机关予以补充说明。补充说明与被告人供述物证被扣押的过程和情况能够相互吻合的，可以确认物证的效力。如果补充说明仍然无法解决矛盾的，则不能确认物证的效力。

（2）证据补强。证据因遗漏而产生瑕疵，侦查机关自另行提供相关证据对其予以补强，从而对其予以补正。如，讯问犯罪嫌疑人的笔录中漏记讯问时间或侦查人员漏记签名，造成口供瑕疵的，可以要求侦查机关提供同步录音录像对其内容予以补强，从同步录音录像显示的时间和画面，可印证该讯问的时间及参与讯问的侦查人员，据此，对该份讯问笔录的瑕疵进行补正；辨认记录过于简单，只有结果而没有过程的，可以通过传唤

有关办案人员出庭就辨认过程作证的方式,补强该证据。没有组织对被害人的尸体进行辨认的,在被害人尸检火化后,检察机关可以要求侦查机关组织犯罪嫌疑人对被害人的尸检照片进行辨认,并通过侦查人员出庭作证,对瑕疵证据予以补强。

（3）补充鉴定。在死刑案件的证据审查过程中,经常遇到现场的痕迹物证没有鉴定,提取的毒品没有进行定性、定量分析,身份不明的被害人没有进行DNA检验等情形,导致证据存在瑕疵。这些问题可能直接影响到案件事实的认定和对被告人的量刑,有必要补充鉴定。

（4）当事人同意。对违法收集的证据,可以因犯罪嫌疑人、被告人、证人同意、认可使用而肯定其证据能力。如侦查机关询问证人的地点不符合法律规定的要求,造成证人证言的瑕疵,若系证人要求,如称因为在法定地点询问,证人感觉不方便,所以要求另行选择地点(如某商务酒店)询问,那么该证人证言的瑕疵就得到补正,具有证据能力。前提是犯罪嫌疑人、被告人、证人同意或认可。证据存在瑕疵,往往即意味着在取证过程中当事人权利一定程度上受损,但若当事人对自身权利受损状态并不介意,反而通过事后追认等方式认可证据的有效性,则该瑕疵证据即可据此而"再生"。

（5）转化。修改后的《刑事诉讼法》规定行政机关(海关、工商、公安机关治安部门等)在行政执法过程中收集的物证、书证、视频资料、电子证据可以直接作为指控犯罪的证据使用,不再经过复杂的证据转化,这对于检察机关的侦查和起诉来说是一个福音。但对在纪检环节收集的证据材料,特别是言词证据材料,应按照《刑事诉讼法》和"两院"的司法解释的要求,进行转化,即由司法机关重新调查或调取程序予以转化,从而合法进入司法程序。

（6）重新实施侦查行为并重新制作笔录。这主要适用于证据笔录存在较大错误或者侦查活动存在明显瑕疵的情形。证据笔录存在较大错误,主要是指笔录存在的错误无法通过修改等形式上的方式来进行弥补,如侦查人员没有在讯问笔录中记录被讯问人的权利义务,这种程序瑕疵可能影响到被讯问人供述的自愿性和真实性,在未能补充说明,且未能提供相应的录音录像、先前的权利义务告知书等证据的情形下,不能通过侦查人员对笔录进行修改来进行补正,而应该重新进行讯问并重新制作笔录。侦查活动存在明显瑕疵的情形也无法通过笔录的形式修正来弥补,如组织辨认的侦查人员少于两人的,应当通过重新组织辨认来补正瑕疵。

需要指出的是,检察机关对瑕疵证据的补正不是无限的,不是所有的瑕疵证据都可以、都能补正的，应有合理限度。有些证据，在取证过程中，因错失了恰当的取证时机而形成瑕疵，是无法通过补充证据的方式补正的，甚至会导致证据特别是重要、关键证据（如作案工具等物证）的灭失。如在袁某某故意杀人一案，被告人袁某某供述自己一共买了4包粉末状和3瓶液体状的老鼠药，案发当天她将其全部倒进番茄汤里面用于毒杀被害人周某，装液体的老鼠药瓶子丢在垃圾桶，装粉末状老鼠药瓶子放在窗台上，侦查机关仅提取垃圾桶内装液体的老鼠药瓶子未提取窗台上装粉末的状老鼠药瓶子，审查起诉阶段承办人要求其补充提取时，该瓶子已经无法找到，造成关键证据缺失。因此，实践中，切记并非任何瑕疵证据都可补正和作出合理解释。

论附条件不起诉中的条件

彭林泉

摘要：修订后的刑事诉讼法规定了附条件不起诉制度，对于关爱和诊疗涉案的未成年人具有重要的意义。虽然它总结和吸收了实践经验，但对适用条件作了严格限制，减少了适用案件的范围。对附条件不起诉中条件的种类、属性和内容，在学界和实务部门有不同的理解。附条件不起诉中的条件可以分为前提条件和附加条件两个条件。前者是适用条件，后者是义务条件，两者在属性、效力方面不同，但也有所关联。附条件不起诉中的条件体现了程序的诊疗性价值。实践中对可能判处在一年以下有期徒刑刑罚、悔罪表现、考验期的确定、选择性附加条件的设定和帮教条件存在不同的理解，应正确把握适用条件和附加条件的内涵与本质，提高适用附条件不起诉的针对性，正确适用附条件不起诉制度。

关键词：附条件　不起诉　理解　适用

附条件不起诉，是指对一些犯轻罪的未成年人，有悔罪表现的，人民检察院决定暂不起诉，对其进行监督考察，根据其表现，再决定是否起诉的制度。[①] 修改后的《刑事诉讼法》第271条至第273条，规定了附条件不起诉制度。对于未成年人涉嫌侵犯人身权利、民主权利、侵犯财产、妨害社会管理秩序犯罪，可能判处一年有期徒刑以下的刑罚，符合起诉条件，但有悔罪表现的，人民检察院可以作出附条件不起诉的决定，并规定了考验期和考验期间的监督考察主体，以及被附条件不起诉的未成年犯罪嫌疑人应当遵守的规定。也就是说，"这种制度，并不是绝对不起诉，而对于不起诉决定设置一定的考验期。如果犯罪嫌疑人在该考验期内没有出现特定的违法犯罪情形，则检察机关将作出不起诉决定；如果犯罪嫌疑人在该考验期内出现了法律规定的违法犯罪行为，则检察机关将撤销不起诉决定，提起公诉。"[②] 附条件不起诉制度是一种制度创新，是司法实践的产物，对于关爱和诊疗涉案的未成年人具有重要的现实意义。

[①] 全国人大常委会法制工作委员会刑法室编：〈关于修改中华人民共和国刑事诉讼法的决定〉条文说明、立法理由及相关规定，北京大学出版社2012年3月版，第331页。

[②] 陈瑞华、黄永、褚福民：《法律程序改革的突破与限度》，中国法制出版社2013年版，第3页。

如何理解与适用附条件不起诉制度中的条件,这是一个关键问题。到目前为止,学界和实务界对附条件不起诉中的条件的种类、属性和内容等,有不同的理解。且大多注重对未成年人刑事案件的附条件不起诉的适用条件,而对附条件不起诉中的附加条件关注不够,甚至忽视了这一条件。本文将对附条件不起诉中的条件进行详细分析,包括将条件分为前提条件和附加条件,两种条件的差异与关联,以及这些条件体现程序的诊疗性价值。在实践中遇到的问题和原因,解决这些问题的措施,也许对理解和适用未成年人刑事案件附条件不起诉有所帮助。

一、附条件不起诉的前提条件

附条件不起诉中的条件,从大的方面讲,可以分为两个条件:一个是前提条件,一个是附加条件。前者包括适用条件,公安机关、被害人和未成年犯罪嫌疑人及其法定代理人对检察机关附条件不起诉的决定有异议的救济,以及对被附条件不起诉的未成年犯罪嫌疑人的监督考察。还包括人民检察院在作出附条件不起诉的决定以前,应当听取公安机关、被害人的意见。

这符合立法意图。根据《刑事诉讼法》第271条第1款的规定,对涉嫌犯罪的未成年人适用附条件不起诉,应当同时符合以下条件:第一,未成年人所犯罪名为刑法分则第四章侵犯人身权利、民主权利罪、第五章侵犯财产、第六章妨害社会管理秩序规定的罪名,在此范围之外的其他罪名,不得适用附条件不起诉。第二,根据法律规定,该未成年人的罪行可能会判处一年有期徒刑以下刑罚,可能会被判处的刑罚超过一年有期徒刑的不得适用附条件不起诉。这里所说的"可能会判处一年有期徒刑以下刑罚"是指对该未成年被告可能运用的刑罚,而不是指其所犯罪的法定刑。第三,犯罪事实已经查清,证据确实、充分,符合起诉条件的,如果其犯罪情节轻微,依照《刑法》规定不需要判处刑罚或者免除刑罚的,人民检察院则可以直接作出不起诉决定。对于事实不清、证据不确实充分的,应当通过补充侦查,查明犯罪事实,而不得适用附条件不起诉。第四,未成年人具有悔罪表现。表现为认罪态度好;向被害人赔礼道歉,积极赔偿,取得被害人谅解等。人民检察院只有在上述条件都具备时,才能对涉案未成年人作出附条件不起诉的决定。同时,根据本款规定,人民检察院作出附条件不起诉的决定以前,应当听取公安机关、被害人的意见,充分了解案件情况和未成年人的个人情况,在此基础上判断对其适用附条件不起诉是否合适。可以看出,适用条件由一些具体条件组成,包括适用的主体、罪名、刑罚,起诉和悔罪条件等。需要指出的是,前提条件包括这些条件,而不局限于这些条件。

有论者认为,附条件不起诉的适用条件,包括罪名条件、刑罚条件、起诉条件和悔罪条件。与此相关的是诉讼各方的参与和救济,对犯罪嫌疑人的考验。人民检察院作出附条件不起诉的决定以前,不听取公安机关、被害人的意见,是不合适的。

从立法规定来看,它总结和吸收了检察机关在实践中创造的经验,但囿于立法推动主义和对侵犯刑事审判权的担忧,没有充分吸收司法经验,特别在适用条件上作了严格限制,如"对可能判处一年以下有期徒刑刑罚"的规定,不便于把握,导致一些地方适用附条件不起诉的案件大幅下降。如四川省资阳市人民检察院2009年以来共对33名未成年人犯罪嫌疑人实行附条件不起诉,而2013年1至6月,对涉案的3名未成年人作附条件不起诉。

二、附条件不起诉的附加条件

《刑事诉讼法》第272条第3款规定:"被附条件不起诉的未成年犯罪嫌疑人,应当遵守下列规定:遵守法律法规,服从监督;按照考察机关的规定报告自己的活动情况;离开所居住的市、县或者迁居,应当报经考察机关批准;按照考察机关的要求接受矫治和教育。"其具体内容是:遵守法律法规,服从监督是对被附条件不起诉未成年犯罪嫌疑人最基本的行为要求,如果发现其在考验期内重新违法、犯罪的,则应当承担被公诉等相应的法律后果。考验期内,检察机关应掌握被决定附条件不起诉人的活动情况,以及时掌握其思想、行为动向,防止重新犯罪;被监管的未成年人应按照考察机关的要求报告自己的活动情况,为评估考验效果提供参考依据。由于被监管的未成年人离开所居住的市、县或者迁居,可能会脱离检察机关的监督考察,并且,附条件不起诉处于刑事诉讼尚未完结的状态,被决定附条件不起诉人可能会被提起公诉,检察机关必须掌握其行踪,因此,被决定附条件不起诉人如需离开所居住的市、县或者迁居,必须报考察机关批准。考察机关在决定附条件不起诉后,会针对被决定附条件不起诉人的特点和情况,决定采取一定的矫治和教育措施,以利于其认识错误,悔过自新。被决定附条件不起诉人必须按照考察机关的要求,参加考察机关安排的矫治、教育活动。这对附条件的不起诉的监督考察机关、考验期限以及监督考察内容作了规定,增加了附条件不起诉制度在实践中的可操作性。

修改后的《人民检察院刑事诉讼规则（试行）》（以下简称《规则》）第497条、第498条对此作了确认，并作了补充规定，人民检察院可以要求被附条件不起诉的未成年犯罪嫌疑人接受下列矫治和教育：（一）完成戒瘾治疗、心理辅导或者其他适当的处遇措施；（二）向社区或者公益团体提供公益劳动；（三）不得进入特定场所，与特定的人员会见或者通信，从事特定的活动；（四）向被害人赔偿损失、赔礼道歉等；（五）接受相关教育；（六）遵守其他保护被害人安全以及预防再犯的禁止性规定。有论者认为，《刑事诉讼法》第272条第3款和修改后的《人民检察院刑事诉讼规则（试行）》第497条规定的前三点比较刚性，可以理解为必备附加条件；第四点需要检察机关根据案情和矫治需要设定具体内容，从而形成了另一类的选择性附加条件。这有助于对附加条件的深入理解和运用。

有的地方检察院对被附条件不起诉人规定做义工，作为附加条件。如北京门头沟检察院出台的《义工惩教制度实施办法》规定，已满16周岁不满18周岁的未成年犯罪嫌疑人，符合附条件不起诉规定的，可以适用义工惩教的规定，经检察院指定有关社会公益、志愿服务机构或组织执行。在义工服务内容的选择上注重教育性，如到图书馆、博物馆担任管理员或者解说员，参与送温暖、献爱心志愿服务活动，参与居家养老、扶残助残志愿服务活动，以及社区志愿活动等。考察期间为六个月以上一年以下，义工累计时间为30小时以上100小时以下。对于做义工期间表现良好的未成年犯罪嫌疑人，依法作出不起诉决定；做义工期间表现不好的未成年犯罪嫌疑人，依法提起公诉。凡是量刑在3年以下的未成年犯罪嫌疑人，如果同意参加无薪社会服务，则检方不再向法院指控其犯罪。[③] 这是一种尝试，是符合立法精神的，不过，规定做义工，需要视具体案情和未成年犯罪嫌疑人的特点等因素而定。

三、附条件不起诉的前提条件与附加条件的差异与关联

在以上的分析中，已经涉及到附条件不起诉中条件的差异。附条件不起诉的前提条件与附加条件，在属性上不同，在效力上也不同。前者是适用条件，准确地说主要是适用条件，或以适用条件为中心的必须条件，是附条件不起诉的基础，是满足附条件不起诉的必备条件，由此产生或作出的附条件不起诉决定，在效力上类似于法院的缓刑。

---

③ 参见 http://news.hexun.com/2013-05-18/154250754.html，访问时2013年5月20日。

而后者是义务条件,是被附条件不起诉人必须履行的义务。满足义务条件,被检察机关作出不起诉决定,对涉案的未成年人来说,意味着在检察环节结案,刑事诉讼程序的终结,获得除罪化的处理。如果不履行义务,或在考验期内,违背了法定的情形,如实施新的犯罪或者发现决定附条件不起诉以前还有其他犯罪需要追诉的,违反治安管理规定或者考察机关有关附条件不起诉的监督管理规定,情节严重的,检察机关将撤销附条件不起诉的决定,向法院提起公诉。这里的"情节严重"主要包括违反治安管理规定,情节严重,或者多次违反治安管理规定,屡教不改等情形。违反治安管理的规定属于违法行为,附条件不起诉的未成年犯罪嫌疑人,只有在其违法行为较为严重时,才应被提起公诉。也就是说,义务条件决定是否起诉。当然,在特殊情形下,即未成年犯罪嫌疑人及其法定代理人对人民检察院决定附条件不起诉有异议的,人民检察院将作出起诉的决定。

附条件不起诉的前提条件和附加条件具有关联性,是附条件不起诉制度的不可或缺的组成部分。从逻辑上讲,不仅是时序的先后,而且是内容的关联,具有前后贯通性,直接关系涉案的未成年人在程序上的处理,关系到涉案的未成年人的自由与命运,即关系涉案的未成年人的人权保障,可以说,附条件不起诉的前提条件和义务条件,统一于附条件不起诉制度之中。

四、附条件不起诉中的条件体现了程序的诊疗性价值

法律程序的构建,除了需要程序的内在价值(程序的正义性)、外在价值(程序的工具性)、经济效益价值(程序的经济性)以外,还需要两种特定的诉讼价值:程序的和谐性和程序的诊疗性。程序的诊疗性主要体现在未成年人司法程序之中。在这一程序中,司法机关根据"教育、挽救、改造相结合"的原则,将未成年被告人视为需要特殊监护的限制行为能力人,在成长中行为越轨的学生以及犯有疾病的患者,使未成年人在诉讼过程中受到有效的关爱、教育和矫治,从而尽可能地重新回归社会,成为一种摒弃越轨行为习性、遵守社会规范的公民。因此,那种以关爱和治疗为中心的理念,逐渐成为一种特殊的诉讼价值。[④] 未成年人刑事案件诉讼程序在中国刑事诉讼制度中的确立显示了一种以关爱和治疗为核心的诊疗

---

④ 陈瑞华、黄永、褚福民:《法律程序改革的突破与限度》,中国法制出版社2013年版,第3页。

性价值得到法律承认。对于那些身心发育并不成熟的未成年被告人而言,过分强调不枉不纵、严刑峻法是没有太大意义的,而仅仅重视对其辩护者的保障以及程序公正性的维护也是远远不够的。而只有将教育、感化和治疗的因素贯穿于未成年人刑事案件诉讼程序之中,使得那些未成年被告人的利益受到更为周到的关注,也使得他们顺利地得到行为上的矫治,回归社会,这才是未成年人刑事司法所要实现的主要目标。这揭示了程序的诊疗性的内涵和作为一种新的诉讼价值在未成年人刑事案件或司法程序中的作用,以及实现目标,对于我们认知附条件不起诉制度新的程序价值具有启示作用。

在笔者看来,附条件不起诉及其设置的条件体现了程序的诊疗性价值。因为附条件不起诉,集中体现了修改后的《刑事诉讼法》第266条规定的精神,即对犯罪的未成年人实行教育、挽救、改造相结合的方针,坚持教育为主、惩罚为辅的原则。附条件不起诉制度缩短了诉讼程序,使一些未成年人刑事案件在审查起诉阶段就终止了刑事诉讼程序,有利于对犯罪嫌疑人的教育、矫治和诊疗,避免其因判处刑罚而被贴上犯罪的标签,还可以避免在监狱中的交叉感染,有利于其改过自新,回归社会。

在附条件不起诉中,设置的前提条件和附加条件,充分体现了对涉案未成年人的关爱和诊疗,因为附条件不起诉的前提条件特别是适用条件,并不否定对未成年人犯罪的惩治,并不意味着对其犯罪行为的纵容和不处罚,实际上也体现了对未成年人犯罪的打击。而附条件不起诉的义务条件,无疑将未成年犯罪与成年人犯罪作了区别对待,给未成年犯罪人一个机会,一个改过自新重新融入社会的机会,毕竟未成年人生理和心理尚不成熟,正处于成长过程中,需要得到关爱,毕竟惩罚不是目的,教育、关爱和诊疗才是主要目的,从某种程度上说,刑罚也是对涉案的未成年人教育的一种手段。当其"患病"时,需要诊疗。只要其满足了义务条件,就会得到不起诉的结果,这在客观上有利于对未成年人的人权保障。诚如有论者所说,附条件不起诉制度在立法上的确立,为检察机关贯彻对犯罪未成年人"教育、挽救、改造"方针,"教育为主、惩罚为辅"原则提供重要手段和途径,对于依法降低未成年人的批捕率、起诉率、监禁率,促使犯罪未成年人重新做人、顺利回归正常生活具有重要意义。[⑤]

---

⑤ 张寒玉、吕卫华:"附条件不起诉制度若干问题研究",载《人民检察》2013年第9期。

五、附条件不起诉的条件在适用时遇到的问题

在实践中,附条件不起诉的条件在适用时,也遇到了一些不容忽视的问题,主要有五:

(一)对"可能判处一年有期徒刑以下刑罚"的理解与适用问题。对于如何把握"可能判处一年有期徒刑以下刑罚"的这一刑罚条件,在实践中存在一定的争议。有论者认为,《刑法》规定的法定档期一般是三年、五年、七年和十年,《刑法》分则第四、五、六章规定的犯罪中,法定刑在一年以下的只有第252条的侵犯自由通讯罪和第322条的偷越国(边)境罪,因此对"可能判处一年有期徒刑以下刑罚"如何适用感到困惑。也有人指出,一年有期徒刑以下刑罚的案件在实践中可以通过相对不起诉处理,因此将附条件不起诉的范围限制在一年有期徒刑以下刑罚的案件,新设制度的意义难以体现。[6] 还有的认为"可能判处一年有期徒刑以下刑罚",首先应当理解为是根据未成年人犯罪案件的具体犯罪事实、情节可能判处的刑罚;其次,由于《刑法》分则规定的刑罚幅度是以成年人犯罪为基准而设立的,因此,根据《刑法》总则第17条对未成年人犯罪"从轻或者减轻处罚"的规定,对于"可能判处一年有期徒刑以下的刑罚",可以具体把握其法定量刑档次,原则上为"三年有期徒刑以下刑罚",特殊情况下"三年以上五年以下刑罚",也可以考虑适用。据统计,2013年,四川省检察机关共对248名涉罪的未成年人适用附条件不起诉。从犯罪性质来看,盗窃81人,抢劫72人,故意伤害37人,寻衅滋事20人,聚众斗殴10人,抢夺9人,掩饰隐瞒犯罪所得9人,强奸3人,妨害公务2人,强制猥亵妇女1人,非法拘禁1人,故意毁坏公共财物1人,协助组织卖淫1人,运输毒品1人,其中4人不起诉后起诉。从性别来看,男性238人,女性10人,从年龄来看,不满16周岁的60人,16至18周岁的188人,已经作出附条件不起诉3人。2014年1—6月,全省检察机关附条件不起诉76人。在2014年5月,有的地方如眉山市检察机关还对涉嫌寻衅滋事、抢夺案的未成年人适用附条件不起诉。从上可以看出,所涉及的罪名主要有抢劫,盗窃,掩饰、隐瞒犯罪所得,故意伤害,聚众斗殴,故意毁坏公共财物。在这些案件中,大部分案件所对应的法定刑都是"三年以下有期徒刑的刑罚",少数也有"三年以上十年以下有期徒刑的",如抢劫、故意伤害罪(重

---

[6] 童建明主编:《新刑事诉讼法理解与适用》,中国检察出版社2012年版,第25页。

伤），也有"五年以下有期徒刑、拘役或者管制的"，如寻衅滋事罪。需要依法正确把握。

（二）对"悔罪表现"的理解与适用问题。有悔罪表现是适用附条件不起诉的重要条件，修改后的《刑事诉讼法》第271条第1款没有对"有悔罪表现的"作出明确规定，一些地方检察院，如上海、北京等地的检察院，对此作了规定。北京市朝阳区人民检察院对"有悔罪表现的"界定为是"有认罪、悔罪表现，且已如实供述其本人及其所知晓的同案的全部犯罪事实"以及"有被害人的案件，犯罪嫌疑人积极主动对被害人物质损失作出赔偿，或者消除犯罪造成的危害和影响，并通过书面悔过、向被害人道歉，取得被害人谅解。"有的检察院对"有悔罪表现的"界定为："（一）具有自首或立功情节的；（二）虽不具有自首情节，但能够如实供述主要犯罪事实的；（三）积极向被害人赔偿损失、退赔退赃的；（四）取保候审期间遵守相关规定，配合办案和帮教的；（五）其他有悔罪表现的。"有论者认为，犯罪后，如实交代罪行是有悔罪表现的基础，但仅仅认罪还不够，还要有悔悟的实际表现，如深刻反省犯罪原因、向被害人道歉或赔偿等。一般来讲，犯罪后如实交代罪行并认为具有下列情形之一的，可以认为具有悔罪表现：（一）犯罪后积极配合司法机关办案；（二）向被害人赔礼道歉、积极退赃、尽力减少或赔偿损失；（三）取得被害人的谅解；（四）具有自首或立功表现；（五）犯罪中止。从立法意图来看，有悔罪表现的，表现为认罪态度较好，向被害人赔礼道歉、积极赔偿，取得被害人谅解等，还应当结合犯罪嫌疑人实施犯罪过程中的表现，包括犯罪事实、情节、后果等，认定是否具有悔罪表现。有的检察院对犯罪嫌疑人到案后如实供述了自己的罪行，认定为有悔罪表现。如在彭某某涉嫌寻衅滋事一案中，经检察机关查明，2012年6月3日下午，彭某某接到马某（另案处理）的电话，要求其帮忙殴打王某。马某、周某（另案处理）与王某在茶馆打牌过程中，输完了随身携带的钱，对王某心怀不满。彭某某接到电话后，与马某、周某一起来到茶馆，将正在打牌的王某叫出茶馆，并对王某拳打脚踢。在殴打过程中，马某将随身携带的一把折叠刀拿出，准备刺向王某，被王某将刀夺去，并持刀将正殴打他的周某刺伤。经鉴定：王某的损伤鉴定为轻微伤。周某的损伤鉴定为轻伤，致残等级鉴定为×级。彭某某案发时刚满十六周岁，系初犯，被动归案后，如实供述了自己的犯罪事实，配合公安、司法机关办案。受案后的检察院认为犯罪嫌疑人彭某某实施了我国《刑法》第293条第1款规定的行为，可能判处一年有期徒刑以下刑罚，符合起诉条件，但有悔罪表现，依据我国《刑事诉讼法》第271条第1款的规定，决定对彭某某附条件不起诉。

（三）考验期限的确定问题。这涉及考验期的确定依据和标准。修订后的《刑事诉讼法》第272条第2款规定了附条件不起诉的考验期和计算方式：附条件不起诉的考验期为六个月以上一年以下，从人民检察院作出附条件不起诉的决定之日起计算。也就是说，人民检察院作出附条件不起诉决定的，应当确定考验期。考验期为六个月以上一年以下，这是一个幅度，最短的考验期为六个月，最长的考验期为一年，时间差最大为6个月。在实践中，多数的考验期为六个月，也有考验期为一年的。确定考验期为6至12个月是适当的。过去有的地方确定的考验期为三个月，时间过短，无法有效确定犯罪嫌疑人的悔改程度。问题是对附条件不起诉人确定具体考验期的依据和标准是什么，修改后的《刑事诉讼法》和《规则》，均没有明确规定和解释，导致各地的操作有较大的差异。在彭某某涉嫌寻衅滋事一案中，检察机关对彭某某附条件不起诉设定的考验期为六个月，这是基于彭某某在共同犯罪中的地位和作用，对法益侵害的程度和主观恶性，以及年龄等因素而综合考虑的。在司法实践中，应根据未成年犯罪嫌疑人罪行的轻重、主观恶性的大小等因素，综合考虑后，确定具体的考验期限。

（四）选择性附加条件的设定问题。如何设定选择性的附加条件，这是在实践中碰到的问题，各地在这方面的差异较大。如有的地方规定，对在校生要求学习进步到多少名以前，毕业班的学生要求考上大学甚至重点大学，这对于个别涉案的未成年人是必要的，也能够做到，但不能把它普适化，作为普遍适用的选择性附加条件，如果这样做，会偏离对未成年犯罪嫌疑人的关爱和诊疗价值，难以达到预期的目的。实践中，可以参照《规则》第498条的选择性条件，结合案情和当事人特点，设定选择性的附加条件，如对被害人进行赔礼道歉、赔偿损失或者提供劳务；参加社会公益劳动；服从检察机关和监护人的监督、考察和帮教，接受相关治疗、心理辅导；设置禁止令；接受相关教育，学习相关内容、拟写心得笔记等。[7]

（五）帮教问题。按照修改后的《刑事诉讼法》第272条的规定，在附条件不起诉的考验期内，由人民检察院对被附条件不起诉的未成年犯罪嫌疑人进行监督考察。未成年犯罪嫌疑人的监护人，应当对未成年犯罪嫌疑人加强管教，配合人民检察院做好监督考察工作。也就是说，在考验

---

[7] 钟图、雷红英、陈珍建："附条件不起诉制度的实证考察、适用及规范"，载《中国检察官》2013年第4期。

期内,检察机关应当承担开展监督、考察、帮教工作的法定责任,不得推诿和转移。有些地方将附条件不起诉对象交由社区矫正机构或学校、单位帮教、考察是不妥当的。人民检察院可以会同未成年犯罪嫌疑人的监护人、所在学校、单位、居住地的村民委员会、居民委员会、未成年人保护组织等有关人员,定期对未成年犯罪嫌疑人进行考察、教育,实施跟踪帮教。可以由案件承办人与被附条件不起诉人所在学校的德育主任组成监督考察小组,负责被附条件不起诉人在考验期内的监督考察、考核评价,案件承办人每月对被附条件不起诉人进行至少两次行为调查,考验期满后制作监督考察报告,提交检委会作出起诉或不起诉决定。这是基于未成年人在生理和心理上特殊性的考量而作出的制度安排。在刑事诉讼过程中,未成年人权益更容易受到侵犯,在对其监督、考察和帮教时,注意方法是必要的。

六、准确把握附条件不起诉的条件,正确适用附条件不起诉

对以上问题及成因,应从准确理解和把握附条件不起诉中的前提条件和附加条件等方面入手,采取以下措施,正确适用附条件不起诉。

(一)正确理解和把握附条件不起诉的前提条件,提高适用附条件不起诉的针对性。应准确全面地理解附条件不起诉的前提条件特别是适用条件的内涵和本质,依法办案。严格把握附条件不起诉适用的案件范围,只限于未成年人涉嫌《刑法》分则第四章、第五章、第六章规定的犯罪,不能扩大到成年刑事案件和单位犯罪。对"可能判处一年有期徒刑以下刑罚的",指的是宣告刑,而不是法定刑,两者有质的区别,对此的把握将影响附条件不起诉的适用。对有被害人的案件,是否应当将和解作为附条件不起诉的前提条件,这存在争议。按照修改后的《刑事诉讼法》第271条的规定,人民检察院在作出附条件不起诉的决定以前,应当听取公安机关、被害人的意见。对附条件不起诉的决定,被害人申诉的,由公诉部门或者未成年人犯罪检察工作机构负责审查。此条款并没有将和解作为附条件不起诉的前提条件,但是,考虑到被害人的意见对达成和解有重大的影响,考虑到信访因素和办案的社会效果,听取并采纳被害人意见是必要的,应在自愿和依法的基础上,促成被害人谅解或达成和解。

(二)正确理解和把握附条件不起诉的附加条件,提高附条件不起诉的实效性。根据修改后的《刑事诉讼法》第272条和《规则》第497条、第498条的规定,应根据被附条件不起诉人的特点、主观恶性、法益侵害程度等因素,以及监管条件,设定选择性的附加条件,做到可行有效。缺失

监管条件的未成年犯罪嫌疑人,一般不能作为附条件不起诉的适用对象。因为附条件不起诉要设定一定的考验期限,根据犯罪嫌疑人的表现情况作最后决定。如监管条件不具备,则最后决定缺乏考察依据,附条件不起诉制度中刑罚应有的威慑作用也无从存在。⑧

(三)正确处理检察官的自由裁量权与刑事审判权的关系,提高适用附条件不起诉的平衡性。附条件不起诉的理论基础是起诉便宜主义、诉讼经济理念、公共利益原则等的体现,都是赋予检察机关对于已经构成犯罪的嫌疑人以一定的起诉与否的裁量权。设定可能判处一年而不是三年有期徒刑以下刑罚的刑罚条件,这涉及到检察官的起诉裁量权及其边界,事关法官的刑事审判权的专有和行使,因为是否有罪,按照法律的规定,由法院来决定。放宽到三年以下,同样不好把握,容易出现扩大适用案件范围的问题,对审判权有侵犯之虞,会引发争议,因为不起诉决定具有实际终止诉讼的效力。按照《规则》第502条规定,人民检察院办理未成年人刑事案件过程中,应当对涉案未成年人的资料予以保密,不得公开或者传播涉案未成年人的姓名、住所、照片、图像及可能推断出该未成年人的其他资料。这涉及对涉案的未成年人不起诉的证据问题,意味着对其除罪化的处理。这需要权衡,认真对待检察官的自由裁量权和法官的刑事审判权的关系。

(四)要规范附条件不起诉的程序,提高附条件不起诉程序的诊疗性价值。要树立程序的诊疗性的价值理念,通过附条件不起诉及其条件的适用,对被附条件不起诉人显现程序的诊疗性。尽管存在适用案件范围过窄、适用程序条件不明确、考察机制不合理的缺陷,需要完善。但当前更为重要的,是要严格执法,规范附条件不起诉的具体程序,包括建立承办检察官、部门负责人和分管检察长审查评估的三线评估审查机制,防止随意执法。在司法实践中,社会调查报告制度、考察帮教机制、刑事和解制度、监督制约机制对于充分发挥未成年人附条件不起诉制度的功能具有重要作用。要进一步完善程序,充分发挥这些机制的功能和作用。

---

⑧ 张华:"刑诉法修正案中'附条件不起诉'的解读与应对",参见 http://www.shezfy.com/view.html? id=76290。访问时间2013年6月3日。

新刑诉法下简易程序实施情况调研报告
——以四川省眉山市人民检察院为样本

黄 曼[*]

摘要：简易程序制度灵活、程序精简、结案快速。在2012年我国刑事诉讼法的修改中，关于刑事简易程序的修订颇具亮点。本文围绕刑事简易程序制度，梳理归纳我国学界与实务界对该项制度的见解，再立足四川省眉山地区检察院的刑事简易程序实施现状，分析总结当地实行该项制度的特点、优势与不足，并提出建议，希望能在简易程序中达到司法公正与司法效率的平衡。

关键词：刑事诉讼 简易程序 效率 公正

一、调研背景

根据《诉讼法大辞典》的解释，简易程序是指法院审判简单的或某些特殊类型的民事案件及特定轻微的刑事案件所适用的程序。在刑事诉讼视野下，则专指审理刑事案件所适用的相较普通程序简略的程序。由于犯罪数量的增多为各个国家带来累讼的压力，再加上司法资源投入的有限性，许多英美法系国家与大陆法系国家及地区都相继采用了程序灵活、精简、快速的简易程序以应对轻微刑事案件的处决。刑事简易程序的价值具有多层次与多样性的特点，正是这些在制度机理层面与司法实践层面所体现出来的综合价值，为设置与适用简易程序的必要性奠定了法理基础。副研究员李新建在其论文《简易程序的选择和设计及问题》中指出，在普通程序相对"复杂"起来的前提下，简易程序的必要性就显而易见了。因为，我国现有的综合司法条件，不可能要求所有的轻微刑事案件也像普通案件那样，必须严格地经受以直接、言词原则为基本诉讼方式的普通程序的考验。而更重要的是，没有必要使涉嫌轻微犯罪的被告人长时间地陷在复杂的诉讼之中。[①] 樊崇义教授与吴宏耀教授在其论文《中国刑事庭审制度的改革与特色》中指出，被告人通过放弃正式审判或一些诉

---

[*] 黄曼，四川大学2013级诉讼法硕士研究生。
[①] 李新建："简易程序的选择和设计及问题"，载《中国政法大学学报》1994年第4期。

讼权利,可以获得减轻刑罚的"好处",国家通过这一诉讼程序,也获得节省司法资源的益处。② 谢佑平教授与万毅教授在其论文《法理视野中的刑事诉讼效率和期间——及时性原则研究》中指出,及时性原则已成为各国指导诉讼效率和期间的基本准则,它要求控制诉讼时间、提升诉讼节奏、简化诉讼程序。程序繁琐必将导致程序运转的低效率,因此,必须谋求程序的简化。根据台湾学者陈朴生教授的观点,简化程序有两条途径:一为不重复;二为不过剩。所谓不过剩,指减少不必要的程序,如调查证据、询问、传唤等如属于不必要的,则不得为之。在这方面,最典型的是简易程序的设立。③ 龙宗智教授在其论文《论刑事案件普通程序简易审》中指出,在不违背程序正当化要求的情况下实现程序的简易性,是现代刑事诉讼重要的价值追求,也是我国刑事诉讼程序设计与操作的功能目标。为此,应当进行合理的司法资源配置,即对刑事案件审理作繁简分流,对大量事实清楚,不需要采用复杂的审判程序来探知和核实事实的案件,通过不同的渠道与方式作简易化审理。④ 左卫民教授在其《论刑事程序中的效率观》一文中指出,取消特定诉讼程序的某些内部环节或使其简单化也可以提高效率,有助于解决诉讼程序繁琐冗长而导致案件大量积压的顽症。⑤ 陈卫东教授在其论文《从建立被告人有罪答辩制度到引入辩诉交易——论美国辩诉交易制度的借鉴意义》中指出,现代刑事诉讼在追求程序公正这一永恒价值目标的同时,越来越重视效率价值。公正与效率互相依存,相辅相成,已成为现代刑事审判程序设计的两个基本价值目标。匡而保障二者同时实现的途径,在于通过案件的繁简分流,实现程序的适当简化,以有限的司法资源处理尽可能多的刑事案件。目前,世界上有不少国家广泛采用简易程序,以求得高效率的审判。⑥ 总体来说,简易程序的价值在理论层面主要表现为契合了诉讼及时性原则的需要,可以有效调节公正与效率的矛盾;而在实践层面则主要体现了缩短诉讼周期,提高司法效率,节约司法资源,优化资源配置,尊重被告人主体地位,保障被告人权益等价值。

---

② 樊崇义、吴宏耀:"中国刑事庭审制度的改革与特色",载《中国刑事法杂志》总第43期。
③ 谢佑平、万毅:"法理视野中的刑事诉讼效率和期间:及时性原则研究",载《西北政法学院学报》2003年第2期。
④ 龙宗智:"论刑事案件普通程序简易审",载《人民检察》2001年第11期。
⑤ 左卫民:"论刑事程序中的效率观",载《四川大学学报》,1995年第4期。
⑥ 陈卫东:"从建立被告人有罪答辩制度到引入辩诉交易——论美国辩诉交易制度的借鉴意义",载《政治与法律》2002年第6期。

事实上,简易程序滥觞于英国,经过漫长的实践与修订,英国、美国、德国、意大利、法国、日本、港澳台地区的刑事简易程序已日渐趋于完善。而我国在1996年通过的刑事诉讼法修正案中才首次规定了简易程序,后来在2003年由最高人民法院、最高人民检察院以及司法部联合颁布了《关于适用普通程序审理"被告人认罪案件"若干意见(试行)》和《关于适用简易程序审理公诉案件的若干意见》两个文件,不仅对简易程序的适用进行了一定的细化,还规定了普通程序简易审这种具有中国特色的审判程序。2012年刑事诉讼法再次修改,进一步完善了简易程序。相较于以前的刑事诉讼法,新刑事诉讼法对简易程序的修改主要有以下几处:第一,将适用简易程序的案件范围扩大为:案件事实清楚,证据充分;被告人承认自己所犯罪行,对指控的犯罪事实没有异议;被告人对适用简易程序没有异议。第二,将不能适用简易程序的情形修改为:被告人是盲、聋、哑人,或者是尚未完全丧失辨认或者控制自己行为能力的精神病人的;有重大社会影响的;共同犯罪案件中部分被告人不认罪或者对适用简易程序有异议的;以及其他不适宜适用简易程序审理的情形。第三,对简易程序的审判组织形式进行了完善,规定适用简易程序审理案件,对可能判处三年有期徒刑以下刑罚的,可以组成合议庭进行审判,也可以由审判员一人独任审判;对可能判处的有期徒刑超过三年的,应当组成合议庭进行审判。第四,修正了以前简易审判公诉人可以不出庭的条款,规定适用简易程序审理公诉案件,人民检察院应当派员出席法庭。为进一步确保被告人在自愿的前提下适用简易程序,规定适用简易程序审理案件,审判人员应当询问被告人对指控的犯罪事实的意见,告知被告人适用简易程序审理的法律规定,确认被告人是否同意适用简易程序审理。针对简易程序案件范围的扩大,樊崇义教授与博士研究生艾静认为,尽管简易程序的范围确实大大扩容,但其在吸收现行的"普通程序简化审"的基础上排除了原本适用于简化审的无期徒刑的案件,并实际上把适用简易程序的范围集中在基层法院,不再包括中级人民法院审理的无期徒刑案件,实现了审理层级的统一,再综合其适用条件、审判组织、诉讼构造等其他规定,仅在适用范围上对于现状的冲击并不是很大,反而是更加规范、更加精确了。[⑦] 张乐芸检察官认为,此次刑诉法修改扩大了简易程序的适用范围,对于那些可能被判处三年以上有期徒刑的案件,如果符合简易程序的适

---

⑦ 樊崇义、艾静:"简易程序新规定的理解与运用",载《国家检察官学院学报》2012年第3期。

用条件,则可不再进行相对繁琐的普通程序,就基层检察院而言,这类案件占刑事案件中的大多数,这部分案件适用简易程序快速及时处理,无疑减少办案耗时,提升司法效率。⑧针对丰富了简易程序审判组织形式这一修改,新疆生产建设兵团人民检察院农五师分院检察长周平指出,根据可能判处有期徒刑刑期规定可以或应当采取合议制审判形式或独任制审判形式的规定,是"双取向"模式的有机结合。⑨针对简易程序公诉人必须出庭的问题,卞建林教授认为,公诉人出庭支持公诉是履行控诉职能的重要诉讼行为,即使在简易程序中,公诉人仍应出席法庭,以实现法庭审理的实体公正与程序公正。⑩王鑫检察官认为,公诉机关应当派员出庭是为了实现我国刑事诉讼人权保障的理念的需要,符合我国构建以人为本的和谐社会的需要,同时也更加实现了刑事诉讼的程序公正价值的需要,同时能够更好的实现其诉讼和审判监督职能,能够更好地打击犯罪,使犯罪嫌疑人得到应有的惩罚。⑪针对适用简易程序需要得到被告人同意的问题,万毅教授认为,尽管加快审判进程、提高诉讼效率对被告人也有利,这可以帮助他尽快摆脱讼累,特别是在被告人自己认罪的情况下,多数人希望以简易迅速的程序结束案件。但是,毕竟简易审判程序的适用会在一定程度上牺牲法律对被告人的程序保障,因此其适用最好事先征得被告人的同意,从而使简易审判成为被告人行使程序选择权的结果,这样可以最大限度寻求被告人在庭审中的合作,减少当庭翻供导致简易审判程序转为普通程序的可能。⑫

虽然此次刑诉法修改对简易程序的规定做出了一定的完善,但距离学界对于简易程序制度设计的期望还有一定的差距。李本森教授认为,保证认罪的被告人在简化程序中获得律师辩护权是该项程序获得正当性的关键所在,但被告人获得律师辩护的权利并没有得到充分的保障。⑬樊崇义教授与吴光升教授认为,我国有关被告人认罪案件诉讼程序的规范性文件规定,对被告人认罪的,应当从轻处罚,这是很合理的,问题在于

---

⑧ 张乐芸:"新刑诉法简易程序公诉办案模式的探索",载《法制与社会》2013年第11期。
⑨ 周平:"刑事简易程序公诉实务若干问题规则之治",载《中国检察官》2012年第11期。
⑩ 卞建林:"刑事诉讼法律监督制度的健全与完善",载《国家检察官学院学报》2012年第3期。
⑪ 王鑫:"简易程序新规定对公诉工作的影响及解决方式",载《法制与经济》2012年第5期。
⑫ 万毅:"刑事程序简易化改革之我见",载《四川师范大学学报》第34卷第4期。
⑬ 李本森:"法律中的二八定理——基于被告人认罪案件审理的定量分析",载《中国社会科学》2013年第3期。

这一规定比较模糊，不但不能刺激被告人认罪，相反会给司法腐败创造机会。⑭ 同时，樊崇义教授与吴宏耀教授认为被害人作为深受程序结果影响的当事人，却只能作为一个旁观者看着国家与被告人从诉讼程序的选择中获得利益，这对被害人来说，在公平正义上是有缺陷的。⑮ 万毅教授认为，简易程序的类型过于单一，限制了其处理案件的能力。从国外的作法来看，对于简易程序的设置已经形成了多种简易程序调配套的格局，从而极大地提升了简易程序处理案件的能力。而我国的简易程序仅有简易审判程序一种，这就极大地限制了简易程序分流案件、提高诉讼效率的功能。⑯ 马康在其论文中指出，被告人无实质的简易程序选择权，即被告人仅有是否同意适用简易程序的权利，而无简易程序启动建议权与变更建议权。⑰ 总体来说，此次刑诉法对简易程序的修改主要有以下不足之处：第一，在被告人权利保障方面，被告人缺少完全的程序选择权，其辩护权也不能得到有效的保障，在认罪并同意适用简易程序以后，被告人不能明确地预知自己的刑罚被减轻的幅度；第二，在被害人权利保障方面，未赋予被害人合理的程序建议或异议权；第三，就简易程序自身的设计来说仅仅存在于简易审判，类型过于单一，难以有效地繁简分流。

围绕如何完善我国的刑事诉讼简易程序这一问题，专业人士各抒己见。从理论界来看，李本森教授认为，保证认罪的被告人在简化程序中获得律师辩护权是该项程序获得正当性的关键所在。⑱ 与此同时，陈光中教授与博士研究生肖沛权、王迎龙认为，应当扩大律师法律援助的范围。⑲ 万毅教授认为，可以考虑在保留现行简易审判程序的同时，借鉴德国的处罚令程序，设立一种最简易审判程序对于依法可能判处一年以下有期徒刑、拘役、管制以及单处罚金的公诉案件，人民检察院可以向法院申请适用最简易审判程序迳行判决，人民法院经审查认为根据案件本身的情况适宜以最简易审判程序径行判决的，可以根据检察院移送的案卷

---

⑭ 樊崇义、吴光升："论中国特色被告人认罪案件诉讼程序的构建"，载《人民检察》2008年第14期。
⑮ 樊崇义、吴宏耀："中国刑事庭审制度的改革与特色"，载《中国刑事法杂志》总第43期。
⑯ 万毅："刑事程序简易化改革之我见"，载《四川师范大学学报》第34卷第4期。
⑰ 马康："论刑事简易程序中的被告人权利保障——基于被告人自愿性视角"，载《山西警官高等专科学校学报》2013年第2期。
⑱ 李本森："法律中的二八定理——基于被告人认罪案件审理的定量分析"，载《中国社会科学》2013年第3期。
⑲ 陈光中、肖沛权、王迎龙："我国刑事审判制度改革若干问题之探讨——以〈刑事诉讼法〉再修改为视角"，载《法学杂志》2011年第9期。

材料径行作出判决,而不再举行开庭审理。[20] 林强也认为,书面审理程序大大节约了时间和人力,提高了办案速度。在我国刑事诉讼中也可借鉴设立这种更为简易的书面审理程序,以进一步提高司法效率,使审判力量集中到疑难复杂案件上来,从整体上保证审判质量。[21] 陈卫东教授与刘计划教授认为,辩诉交易所具有的辩诉协商机制值得我们借鉴,将辩诉交易机制引入我国具有现实的必要性。当然,辩诉交易制度在我国只能作为一种补助措施,不可能像美国那样占据司法体制中的重要位置。同时可以建立庭前预审法官制度,有选择性地适用庭前预审,通过中立的、不承担追诉任务的预审法官进行的庭前审查,就可以对检察官提起公诉的案件,进行一定程度的过滤,把那些不符和起诉条件的案件,排除在法庭审判之外,使这些案件得到迅速、及时的处理。[22] 樊崇义教授与吴光升教授的观点则是,刑事诉讼的现代化应当考虑我国公众的法律观念及在此观念引导下的行为倾向,同时重视公众法律观念与价值的教育与培养,尤其反对盲目地、不加批判地引进国外刑事诉讼制度。[23] 并建议我国可以规定,只要被告人认罪的,应当减轻刑罚的幅度为1/3,对认罪案件被告人上诉理由的范围作必要的限制。在引入辩诉交易程序方面,樊崇义教授认为由于被告人认罪也暗含了一种被告人代人受过而产生实体结果不公正的风险,判决结果也不能完全建立在被告人的供述之上,庭审程序并不能完全取消,即照搬英美法系国家的辩诉交易制度并不恰当。认为宜赋予被害人在是否适用被告人认罪案件诉讼程序上的选择权或同意权。[24] 左卫民教授通过实证研究的方式认为,一方面,简易审判应是非对抗化(对席)审判,无需正式开庭,也无需检察官出庭,更无需出示相关证据、质证和展开辩论,另一方面,建议审判还应是书面审判。[25] 另外,一些

---

[20] 陈光中,肖沛权,王迎龙:"我国刑事审判制度改革若干问题之探讨——以〈刑事诉讼法〉再修改为视角",载《法学杂志》2011年第9期。

[21] 林强:"增加简易程序类型——论刑诉法中的简易程序",载《黄山高等专科学校学报》2002年第1期。

[22] 陈卫东、刘计划:"从建立被告人有罪答辩制度到引入辩诉交易——论美国辩诉交易制度的借鉴意义",载《政治与法律》2002年第6期。

[23] 樊崇义、吴光升:"论中国特色被告人认罪案件诉讼程序的构建",载《人民检察》2008年第14期。

[24] 樊崇义、吴光升:"论中国特色被告人认罪案件诉讼程序的构建",载《人民检察》2008年第14期。

[25] 左卫民:"简易程序中的公诉人出庭:基于实证研究的反思",载《法学评论(双月刊)》2013年第4期。

司法官员也通过对司法实践工作的总结对我国简易程序制度的完善提出了自己的意见。重庆市南岸区人民检察院课题组在对刑事简易程序出庭应对机制的研究中指出,基层检察院应增设二至三名简易程序专职公诉人专司简易程序公诉案件出庭工作,但专职公诉人只出席可能判处三年以下有期徒刑的简易程序案件,可能判处三年以上有期徒刑的简易程序案件仍由承办人亲自出庭。[26] 孙刚检察官与乔萍萍检察官认为,司法工作人员应当树立积极正确的应对观念;采取相应措施加强人员配备和后勤保障;探索相对集中的办案模式;研究制定办理简易程序案件工作细则,规范简易程序案件办理程序;检察院与法院联合探索制定简易程序案件审理流程。[27] 张静检察官认为应当积极完善刑事简易程序的工作模式,提高公诉人的业务素质和办案水平;简化简易程序的办案流程,兼顾公平效率。[28]

实际上,简易程序价值的实现不仅与其制度完善程度息息相关,更与司法环境、操作方式以及司法者的素质水平环环相扣。为了更好地落实简易程序的实施,最高人民检察院颁布了《关于加强简易程序公诉案件诉讼监督工作的通知》和《关于进一步加强适用简易程序审理的公诉案件出庭工作的通知》,对我国简易程序的运行与监督提供指导。从理论上来说,这一系列新修改的规定相较以前有着举足轻重的进步意义,特别是赋予被告人同意适用简易程序与否的权利以及规定公诉人必须出庭简易程序庭审的义务,不仅彰显了对被告人主体地位的尊重与诉讼权利的维护,而且摒弃了长久以来我国简易审判程序中公诉人不出庭、审判人员双肩控诉与裁判职能的陈规陋习。但如果仅依据埋论经验对这些制度的价值妄加评论,不免有舐皮论骨之嫌。正如樊崇义教授所言,法律制度是情境性的,不可能有永远不变、放之四海而皆准的法律制度。[29] 美国学者霍贝尔亦曾言:无需赘言,法一旦与其文化的母体相分离便会毫无意义。即相对于空谈阔论而言,从一个地区的司法实践出发,评价现行简易程序制度在当地法治土壤中所发挥的价值作用,才是更实事求是与精益求精的研

---

[26] 高蕴嶙:"刑事简易程序出庭应对机制研究",载《辽宁公安司法管理干部学院学报》2013年第4期。

[27] 孙刚、乔萍萍:"简易程序出庭应对",载《中国检察官》2012年第12期。

[28] 张静:"对我国刑事简易程序的思考——以新刑事诉讼法实施为视角",载《湖北警官学院学报》2013年第7期。

[29] 樊崇义、吴光升:"论中国特色被告人认罪案件诉讼程序的构建",载《人民检察》2008年第14期。

究方式。[30]

新刑事诉讼法自2013年1月1日正式实施以来,至今已有一年多的时间。事实上,早在2012年3月新刑事诉讼法草案通过以后,最高人民检察院相继在2012年3月29日和9月26日下发《最高人民检察院关于进一步加强适用简易程序审理的公诉案件出庭工作的通知》(以下简称《通知》)和《最高人民检察院公诉厅关于办理适用简易程序审理的公诉案件座谈会纪要》(以下简称座谈会纪要),要求各省级人民检察院和基层人民检察院做好应对刑诉法简易程序新规定的准备工作,指出"在修正后《刑事诉讼法》正式实施前,要积极协调法院,尽可能扩大简易程序公诉案件的出庭范围,今年10月1日前,对简易程序公诉案件出庭率应尽量达到50%;今年年底前,出庭率原则上应达到100%","虽然现行刑事诉讼法没有规定适用简易程序的上述条件,但目前对于上述条件可以参照适用"。即时至今日,眉山地区各人民检察院对刑事诉讼简易程序新规定的理解、把握、运用已有近两年的时间,积累了一定数目的案件样本与一定量度的操作经验。当地的检察官以及其他司法工作人员也逐渐对简易程序新规定建立了较为全面的认识,对如何通过更好的工作制度来履行简易程序制度所规定的职责义务,保障公诉工作的有序运转,实现公平与效率的平衡产生了自己的见解。在这样的背景下,我们调研小组在眉山市人民检察院以及其辖区内的东坡区人民检察院、彭山县人民检察院、丹棱县人民检察院、洪雅县人民检察院、青神县人民检察院以及仁寿县人民检察院通过走访、座谈等实地听取意见的形式,结合电话采访、文件分析等远程数据采集方式,进行了一系列的调研活动,以新刑诉法简易程序的规定在以上检察院的实际运行状况以及检察官的切身感受为基础,摘瑕指瑜,总结归纳新刑事简易程序在当地的实施特点与不足之处。正所谓他山之石可以攻玉,通过以小见大、以微知著的方式,最后我们将提出适用于全国的刑事简易程序制度的完善对策。

二、现行刑事简易程序制度在眉山地区检察院的具体实施流程

适用简易程序的案件在人民检察院涉及的流程是从分案、决定适用简易程序审查起诉到出庭支持公诉,以及事后监督等一系列程序。新刑诉法修正案出台以来,眉山地区各人民检察院已就适用简易程序支持公

---

[30] 陈卫东、刘计划:"从建立被告人有罪答辩制度到引入辩诉交易——论美国辩诉交易制度的借鉴意义",载《政治与法律》2002年第6期。

诉形成了一套具有当地特色的操作制度。

分案程序是在人民检察院的案件管理科进行的,在该程序中,不对简易程序案件与普通程序案件作区分。侦查部门在案件侦查终结,决定移送审查起诉以后,直接将相关案卷材料以及审查起诉建议书移送到相应人民检察院的案管部门,由案管部门审查满足收案条件以后,再通过内部工作系统分配案件。眉山地区检察院的案管科对案件的分配主要有两种形式,一种是直接将案件分配到相应科室,再由科室内部对案件进行具体的分配,如仁寿县人民检察院的做法;而另一种则是由案管科直接按照公诉人员的编号,依次分配案件,将案件落实到人头,如彭山县人民检察院的做法。确定好主诉检察官以后,案管科还会通过内部工作系统提请主诉检察官注意该案的相关事项,如案件办理期限。无论采取哪种分案制度,案管部门均不对该案件应当适用简易程序或是普通程序做审查与区分。除分案外,案管部门还会将案卷材料扫描存档,并供律师阅卷。在洪雅县人民检察院,我们参观了该院的案管科,其先进的扫描、打印、装订设备为案件的分配与管理提供了科学可靠的硬件条件。

在决定是否适用简易程序这一环节,首先由主诉检察官对案件的事实、证据、以及犯罪嫌疑人认罪情况进行审查。对于犯罪嫌疑人认罪情况的认定,刑诉法对适用简易程序的规定是,被告人承认自己所犯罪行,对指控的犯罪事实没有异议。眉山地区人民检察院的普遍做法是,只要犯罪嫌疑人承认自己犯罪,对指控的主要犯罪事实没有异议便认定其承认自己所犯罪行,对指控的犯罪事实没有异议,对于犯罪嫌疑人对被指控的犯罪名称、非主要犯罪事实、共同犯罪中承担责任的大小以及一些量刑情节持不同意见的,则不影响认罪的认定。当案件的事实、证据以及犯罪嫌疑人的认罪情况都符合适用简易程序条件时,检察官会在讯问犯罪嫌疑人时询问其是否同意适用简易程序的意见。通常在这个环节,检察官会向犯罪嫌疑人说明适用简易程序的法律后果,包括程序的简化以及刑罚处罚的轻缓等关系到犯罪嫌疑人切身利益的事项。

在征得犯罪嫌疑人同意后,主诉检察官会就该案适用简易程序的决定向特定的主管领导请示,眉山有的基层检察院采用的是由主诉检察官向公诉科科长请示,出现有争议的情况再向分管副检察长请示的方式,如仁寿县人民检察院的做法;也有一些基层检察院采用直接由主诉检察官向具体的分管副检察长请示的做法,如彭山县人民检察院。内部做出建议适用简易程序的决定以后,检察院会向相应的法院提出适用简易程序的建议,由法院结合案件事实、证据与被告人认罪情况来最终决定是否适用简易程序。根据当地的司法实践，检察院对适用简易程序的建议几乎百分之九十以上都得到了法院的采纳。而法院不同意适用简易程序的情形主要包括了以下几种：第一，犯罪嫌疑人在检察官讯问时认罪，在法官讯问时翻供，导致适用条件的不符；第二，部分案件，如交通肇事类，由于双方的刑事和解，导致刑事诉讼的终结，最终转为民事诉讼程序。

关于简易程序案件的庭前准备工作，眉山地区的人民检察院都根据《通知》与《座谈会纪要》的指示，做了一定的简化。但必须认真熟悉案情，掌握证据情况，仔细研究与本案有关的法律政策问题。在讯问犯罪嫌疑人环节，虽然并没有制定专门的集中讯问的相关规则，但是在有条件的情况下采取对同期办理的可能适用简易程序审理的案件（非）羁押犯罪嫌疑人集中一个时段分别讯问的方法，以节约时间、提高效率；在听取意见环节，结合案件的具体情况重点听取对指控犯罪事实、证据合法性、定罪量刑等问题的意见，特别是就定罪量刑等问题积极与嫌疑人、被害人及其委托人、辩护人沟通交流；关于案件审查报告的制作，均以全国统一的公诉案件审查报告格式样本为基础，在内网中归档，多数情况下不再单独制作阅卷笔录；关于出庭预案的制作，都根据案件的实际情况对举证提纲、质证提纲、答辩提纲和出庭公诉意见书进行了简化，主要针对重要的、有争议的案件事实与证据。

在简易程序出庭方面，眉山地区的基层人民检察院已经开始探索和适用简易程序相对集中出庭的模式，其做法主要是通过与同级法院的沟通协商，将同期办理的适用简易程序审理的案件相对集中在一天或者半天开庭，以节省时间、提高效率，也取得了较好的效果。在出庭人数方面，有只由主诉检察官单独出庭，自己记录的做法，如东坡区人民检察院；也有由一名主诉检察官与一名书记员两人一同出庭的做法，如洪雅县人民检察院。但基于当地实际情况的考虑，这些检察院目前都尚未形成派专人出庭支持简易程序公诉的制度。在具体的法庭审理环节中，根据刑诉法的规定，各检察院都依据不重复、不过剩的原则，积极尝试和探索能够最大限度发挥简易程序价值的公诉方式。在宣读起诉书的环节，各人民检察院都根据具体案件情况作了相应简化，如有的检察院的做法是不再宣读权利义务告知部分，因为在庭前确认犯罪嫌疑人是否同意适用简易程序时，主诉检察官已经详细告知其适用简易程序所享有的权利及义务，也有因为案情极其简单，被告人已经收到了起诉书副本，并对所有案件事实以及证据没有任何异议的情况下不再宣读起诉书的情况；在讯问被告人时,不再针对所有事实环节进行,而是重点针对有争议的部分,如被告人虽然对主要犯罪事实供认不讳,但却对一些非主要的犯罪事实持有异议,或者对起诉书中指控的罪名有异议,对共同犯罪案件中的责任承担有异议,对一些具体的量刑情节有异议的,则突出重点地进行讯问;在举证与质证环节,不再一证一质,而是概括出示,同时质证。几乎眉山地区所有的检察院在简易程序庭审中都只简要说明证据的名称、在证据目录的页数以及用以证明的内容及目的。彭山县人民检察院的做法是对于被告人没有异议的证据就不再专门出示,洪雅县人民检察院和丹棱县人民检察院均表示由于简易程序案件事实清楚、证据充分、被告人认罪,且这里所说的被告人认罪,在大多数情况下是完全认同起诉书指控的罪名和罗列的证据,所以在简易程序庭审过程中被告人一般没有新的证据提出,对自己的犯罪行为也不作过多辩解;相反,量刑建议环节由于更多地涉及到被告人的刑罚幅度,所以在案件事实与证据无争议的情况下,许多检察院在简易程序中将宣读起诉书、讯问、举证、法庭辩论等环节概括进行,重点突出量刑建议。青神县人民检察院指出,他们在开庭前会多次与犯罪嫌疑人及其辩护人沟通,以致双方在定罪方面的观点基本达成一致,所以在庭审中一般只针对量刑充分地发表意见。庭审环节结束之后,主审法官大多数时候会当庭宣判,我们从青神县人民检察院调研所得到的数据是,当地2013年所有适用简易程序的案件中,当庭宣判的案件数量占到了百分之九十,与2012年相比同期增长了百分之四十以上。除此之外,在简易程序的庭审过程中,也有被告人临时翻供的情况,这十分考验公诉人在庭前对案件的熟悉程序与准备情况,要求公诉人能够及时迅速地做出反应,当庭对被告人进行讯问,把握主动权。出现被告人在庭上临时翻供的状况时,眉山地区检察院通常的做法是,区分被告人的翻供是对犯罪主要事实的否认还是仅仅对次要事实的否认,对于次要事实的否认则不影响简易程序的适用,而如果是对于主要事实的翻供,就需要调取新的证据和相关材料,这种情况下,一般采用请求法官暂时休庭,择日再继续开庭审理的方式。

三、眉山地区人民检察院适用刑事简易程序情况特点归纳

(一) 由矛盾向接受过渡的检察官心理状态

眉山地区的检察官在简易程序新规定颁布之初心怀忐忑。一方面,近年来当地公诉案件数量与日俱增,公诉检察官刺刺不休,认为公诉人简易程序出庭的规定只需要公诉人员分配一些时间到庭审过程中去的看法

只是白往黑归的认识。因为为了应对出庭的需要,他们必须针对简易程序案件申请适用审批,制作审查报告、出庭预案、举证提纲、质证提纲、答辩提纲和出庭公诉意见书等各类法律文书,基于此,一些检察官透露他们最初有一定的抵触情绪;但从另一方面来看,检察官们也深谙,公诉人出庭简易程序进行公诉实乃必要。因为在新刑诉法实施前,当地曾经发生一些案例,例如在一起被告人系未成年人的简易程序审判中,该未成年被告人在整个庭审过程中都身带戒具;又例如在另一起适用简易程序审理的案件中,一位法官在开庭之前便拟定并下发了判决书。后来这些明显违反程序法的案件都因受到了当地检察机关的抗诉,才能及时保障了被告人的应有权利,维护了司法权威。彭山县检察院副检察长杨建认为,从前简易程序公诉人不出庭的规定确实有违法理。法庭上控辩审三方组成的三角结构,才有利于保障法官的中立性、公诉的有效性以及被告人、其它诉讼参与人的合法权利。在公诉人不出庭的情况下,即使案情简单、事实清楚、证据充分,但法官担任了审判者与控诉者的双重角色,导致许多被告人由于惧怕心理,难以自由表达自己的意志,因为在这种情况下所表达出的任何意见都可能是对法官的质疑与对抗。这不仅变相剥夺了被告人应有的辩护权,更可能使检察机关一项最基本的职能——监督职能的履行力度大打折扣。正如卞建林教授所提到的,不能一味追求效率而降低审理质量,妨碍程序公正,侵犯或损害当事人合法权益。[31]青神县人民检察院公诉科科长杨军在访谈中也表示,简易程序公诉人出庭的规定一方面可以有效弥补刑事审判监督的盲区,保障被告人的诉权,防止法官庭审形式化甚至司法腐败,另一方面还能借助法庭这个更庄严和神圣的场合对被告人进行训诫,其惩戒与教育效应犹如以汤沃雪。

(二)刑事简易程序适用率较高

随着简易程序的适用范围的扩大,眉山地区各人民检察院适用简易程序提起公诉的案件数量均有所增加。根据调研收集到的数据,眉山辖区内的东坡区人民检察院在2013年度共受理案件599件,共908人次,其中适用简易程序的案件比例高达80%;彭山县人民检察院2013年度共受理案件230件,其中适用简易程序的案件占总数的40%;丹棱县人民检察院2013年度共受理案件80件,161人次,其中适用简易程序的案件占总数的30%;洪雅县人民检察院2013年度共受理案件211件,其中

---

[31] 卞建林、李菁菁:"略论刑事简易审判程序中的若干问题",载《法学杂志》1998年第3期。

适用简易程序的案件占总数的 40% 左右；仁寿县 2013 年度共受理案件 400 件，其中适用简易程序的案件占总数的 50%。可见眉山地区刑事案件的简易程序适用率较高，并且除东坡区检察院以外，其余各院的简易程序适用率都相对接近。在访谈中我们得知，东坡区刑事案件简易程序适用率高达 80% 的原因在于，其地处眉山市市区，案件基数大，案件类型更多地符合简易程序适用条件。另外，该区检察院在审查起诉过程中还比较注重法制宣传，向每位嫌疑人讲明其在简易程序中将享有的权利和承担的义务，特别是坦白情节，在事实清楚证据确凿的情况下，嫌疑人往往会选择对自己更为有利的简易程序。

（三）公检法就刑事简易程序案件基本达成"三集中"原则

公安机关相对集中移送起诉，检察机关相对集中起诉，审判机关相对集中审判是"三集中"原则的表现形式。在眉山地区，公检法机关已在司法实践中就简易程序的"三集中"形成默契，而检察院是该项制度的中间纽带。在"三集中"制度中，最能体现司法效率的是集中审判。在眉山当地的各检察院中，目前建立了相对完备的集中审判制度的检察院有东坡区检察院与仁寿县检察院，他们在案件基数较大的司法现状下，通过与法院协商以达成共识的方式，将同期办理的案件集中在一定的时间开庭。东坡区检察院公诉科共有 9 位经验丰富的检察官以及几名新手，他们与同级法院视同期案件数量确定一周内简易程序集中开庭的天数，一般情况下，一个星期内有一到两天的时间集中进行简易程序开庭审判，一个工作日内可以完成十个左右简易程序案件的庭审程序。与此类似的，仁寿县人民检察院就简易程序集中开庭的问题专门与同级人民法院开展了座谈会，在简易程序集中开庭的情况下，仁寿当地半个工作日内可以完成四到五起简易程序案件的庭审程序，其一天的完成量与我们在东坡区检察院得到的数据相似。眉山地区其他各基层检察院虽然目前还没有就简易程序集中开庭与当地法院形成惯例性的制度，但仍然在积极探索这项制度，也都有在半个或者一个工作日内集中出庭支持多件简易程序案件公诉的司法实践。就其集中出庭的密度与最大限度来说，丹棱县人民检察院与青神县人民检察院最多有半个工作日内集中出庭三个简易程序案件支持公诉的司法实践，洪雅县人民检察院有半个工作日内最多集中出庭十个简易程序案件支持公诉的司法实践。

（四）尚未建立刑事简易程序专人出庭制度

在派专人出席简易程序支持公诉的制度方面，眉山地区的各个检察院都还没有做过多的尝试。一方面，这与当地各基层检察院公诉科的工作人员数量比较紧缺有关,如彭山县检察院公诉科的部分司法工作人员是与未检科共享的,平均下来公诉科只有四点五位工作人员,且这几位工作人员普遍年龄偏大,虽然有丰富的经验,但不能接受过大的工作强度。无独有偶,丹棱县人民检察院公诉科的人员编制是四人,青神县人民检察院公诉科连内勤在内共有四人,洪雅县人民检察院公诉科虽然有五名工作人员,但具有办案资格的只有三人。如今,检察院的每位司法工作人员都要应对大量的日常检务工作,如果再抽调专人专管简易程序案件,可能会带来更多的人案矛盾。除此之外,简易程序的庭前准备工作相较普通程序本就进行了简化,若是再由专人而非主诉检察官出庭,如果在法庭庭审过程中出现被告人翻供等突发情况,专人能否灵活应变、积极应对,以维护司法的公正与权威,也是当地检察院在设置简易程序专人出庭制度之前,所重点考虑的问题。

(五) 刑事简易程序案件聘请辩护人概率偏低

眉山地区刑事简易程序案件聘请辩护人的情况依地区不同呈现出不同的特点,不过刑事简易程序案件聘请辩护人的概率与刑事普通程序案件相比明显偏小。根据调研掌握的数据,彭山县刑事简易程序案件聘请辩护人的概率不到50%,而青神县的数据则不到5%。部分基层院提到,当嫌疑人家属向其咨询是否应当聘请辩护人时,公诉人员会向家属说明其有聘请辩护人的权利以及聘请辩护人的意义与价值。在嫌疑人家属坚持请求公诉人员给予建议的情况下,公诉人员会根据案件事实证据情况与嫌疑人认罪的特点,结合当地经济发展水平与家庭收入水平给出私人的建议,最终是否聘请辩护人仍然由嫌疑人及家属决定。不过,即使在聘请了辩护人的刑事简易程序案件中,当地辩护人一般也以递交书面材料的形式进行辩护,出席庭审的几率很低。

(六) 刑事简易程序的开庭时间短

眉山地区的刑事简易程序庭审时间都较普通程序大大缩短。上文已经介绍过,当地检察院普遍有半个工作日内出席三个或以上刑事简易程序案件庭审支持公诉的情况,其一个简易程序案件庭审的时间大多控制在半个小时以内。具体的情况是,东坡区一个刑事简易程序案件的庭审时间普遍在十几分钟左右,其法庭调查环节一般只需要五分钟;彭山县一个刑事简易程序案件的庭审时间在半个小时左右;丹棱县一个刑事简易程序案件的庭审时间需要一个小时;洪雅县一个刑事简易程序案件的庭审时间大约为十五分钟;青神县一个刑事简易程序案件的庭审时间为十到二十分钟;仁寿县一个刑事简易程序案件的庭审时间大概在二十分钟左右。

(七) 刑事简易程序转普通程序的情形偏少

刑事简易程序转普通程序的情形在当地比较少见,一个基层院平均一年遇到的这类案件可以个位数计。这些案件以交通肇事类为主,也有个别由于被告人翻供而导致简易程序不能继续的情形。出现类似情况,通常都是由法院经过审查后做出简易程序转普通程序的通知。

(八) 刑事简易程序的抗诉与上诉情形偏少

在抗诉方面,我们在彭山县人民检察院得到的数据是最近两年都没有针对简易程序抗诉的情况,丹棱县人民检察院平均每年有一个向刑事简易程序案件提起抗诉的案例,其他各检察院的情况也类似。在刑事简易程序的上诉方面,由于被告人都是主动认罪,所以上诉率几乎为零,我们在洪雅县人民检察院得到的数据便是2013年全年没有一起针对刑事简易程序案件上诉的案例。

四、眉山地区检察院适用简易程序遇到的问题

(一) 法院在审理简易程序案件时存在程序违法问题

这类违法问题主要集中在开庭通知、审判组织形式以及被告人权利保障三个方面。(1)通知问题。根据最高人民法院关于适用《中华人民共和国刑事诉讼法》的解释第二百九十二条的规定,适用简易程序审理案件,人民法院应当在开庭三日前,将开庭的时间、地点通知人民检察院、自诉人、被告人、辩护人,也可以通知其他诉讼参与人。但从眉山地区的司法实践来看,有个别的法院因为案件数量太多,而法官人数有限,导致法官过于繁忙,忽略了应当于开庭三日前通知人民检察院及其他诉讼参与人的规定,有时甚至在开庭当天临时打电话通知公诉人员出庭,为履行公诉职责带来诸多不便,导致公诉人员准备仓促,影响案件质量。(2)审判组织形式问题。新刑事诉讼法规定,适用简易程序审理案件,对可能判处三年有期徒刑以下刑罚的,可以组成合议庭进行审判,也可以由审判员一人独任审判;对可能判处的有期徒刑超过三年的,应当组成合议庭进行审判。眉山地区发生了一起故意伤人致人重伤的案例,虽然有法定从轻情节,但仍然属于"对可能判处的有期徒刑超过三年的,应当组成合议庭进行审判"的情形,然而当地法院却由一名独任审判员审理了该案,事后,当地检察院以抗诉的形式纠正了该案的程序违法。(3)被告人权利保障问题。在刑事简易程序中,切实保障被告人知情权和程序选择权对维护司法公正与权威意义重大,然而眉山当地在庭审过程中对被告人这两项权

利的维护还不尽如人意。在保障被告人知情权方面，部分基层法院法庭有时在简易庭审过程中省略掉法定环节，不把重要证据向被告人出示，或大量证据在相当短的时间内出示，使被告人不能完全了解和有效掌握证据材料所指证的事实。在保障被告人程序选择权方面，在简易程序庭审时，有部分被告人作无罪辩护的，法庭未依法启动"简转普"程序，甚至有变相威胁被告人的情况。

（二）"简转普"程序问题

眉山当地简易程序转普通程序的案件较少，且大多是交通肇事后和解的案件或者被告人当庭翻供的案件。我们在调研中，有多个检察院的检察官向我们反映，虽然当地简易程序案件聘请辩护人的概率较小，但现在有许多聘请了辩护人的简易程序案件，都采用被告人认罪而辩护人做无罪辩护的策略。根据《通知》的规定，如果出现被告人认罪而辩护人作无罪辩护、被告人的辩解对量刑有重大影响、对重要证据的合法性存在争议等情形的，也应建议法庭转为普通程序审理。然而眉山地区各检察院还没有因为被告人认罪而辩护人作无罪辩护，而建议简易程序转普通程序的案例。

（三）"集中出庭"的尴尬

在眉山当地实行的刑事案件简易程序"三集中"制度中，集中出庭制度原本是提高公诉工作效率的关键所在，然而在实际操作中，这项制度对于检察机关却没有发挥出应有的作用。问题的缘由在于，刑事简易程序案件的集中开庭制度是指将同一时期审查起诉至法院的刑事简易程序案件集中在一个时段内开庭审理，但是并未规定集中开庭案件的相对集中标准，而案件开庭时间的决定权又掌握在法院一方时，法院通常会本着方便法官的心态，将同一位法官主审的案件排在相对集中的时间开庭。然而，并非同一位法官主审的全部刑事简易程序案件，都是由同一位公诉人员出庭公诉的，这便导致了一位公诉人员出庭公诉了当日上午第一件开庭审判的刑事简易程序案件以后，也许要等到该日下午才有其他其当日应当出庭支持公诉的案件开庭的情形，这不仅没有充分发挥"集中出庭"制度的优势，反而大大降低了公诉人员的工作效率。

（四）对简易程序的监督不力

随着简易程序案件适用范围的扩大，简易程序案件已逐渐成为眉山当地各类刑事案件的主体。眉山当地各检察院应积极履行监督职责，给予每一件简易程序案件与普通程序案件等量的监督力度，以切实维护司法公正与权威，保障被告人及其他诉讼参与人的合法权益。但如上文所述，我们在调研过程中发现眉山当地的简易程序案件存在部分轻微甚至较为严重的程序违法情形,而当地各基层检察院每年针对简易程序抗诉的案件平均不多于一件,说明当地对简易程序实施的监督力度还有待加强。

五、对策与建议

根据此次调研掌握的情况,我们特向眉山当地检察院刑事简易程序实施的具体制度以及我国刑事简易程序的立法提出如下建议:

(一)切实保障犯罪嫌疑人、被告人的辩护权

被告人作为刑事诉讼中的被追诉方,往往处于较为被动的地位,为达到司法公正与保障人权的双重目的,刑事诉讼法赋予了被告人一系列用以自卫与抗辩的权利。我国刑事诉讼法第十四条规定,人民法院、人民检察院和公安机关应当保障犯罪嫌疑人、被告人和其他诉讼参与人依法享有的辩护权和其他诉讼权利。该条将辩护权单独列举,可见该项权利的核心地位。犯罪嫌疑人和被告人的辩护权主要是指由自己或者辩护律师对被控告和追诉的犯罪,从事实、证据、法律、量刑等诸多方面进行申辩、反驳、论证的权利。犯罪嫌疑人和被告人自身可以由书面表达或者口头表达的形式行使辩护权,也可以由律师代为行使辩护权。广泛来说,律师的辩护权利和责任包括了代理申诉、控告,申请变更强制措施,向侦查机关了解犯罪嫌疑人涉嫌的罪名和案件有关情况、提出意见,同在押的犯罪嫌疑人、被告人会见和通信,查阅、摘抄、复制案件的案卷材料,申请公安机关、人民检察院、人民法院调查取证,自行调查取证,根据事实和法律提出犯罪嫌疑人、被告人无罪、罪轻或者减轻、免除其刑事责任的材料和意见,维护犯罪嫌疑人、被告人的诉讼权利和其他合法利益等。简易程序在送达期限、询问证人、鉴定人、出示证据、法庭辩论等程序规定方面较普通程序有所放宽,辩护人可以根据案件具体情况,从专业的角度为犯罪嫌疑人、被告人提出应否同意适用简易程序的建议。不仅如此,在案件事实和证据都比较单一、犯罪嫌疑人认罪态度较好,危险性不大的情况下,辩护人也能以其专业知识和职业经验评估司法机关同意变更强制措施申请的概率,适时据理提出申请,更好地保障犯罪嫌疑人、被告人的合法权益。然而,简易程序案件聘请律师的概率却比较小。从我国刑事诉讼法对指定辩护的规定来看,犯罪嫌疑人、被告人是盲、聋、哑人,或是尚未完全丧失辨认或者控制自己行为能力的精神病人,没有委托辩护人的,犯罪嫌疑人、被告人可能被判处无期徒刑、死刑,没有委托辩护人的,人民法院、人民检察院和公安机关应当通知法律援助机构指派律师为其提供辩护。反

观指定辩护制度在简易程序中适用的可行性,一方面,新刑诉法规定被告人是盲、聋、哑人,或者是尚未完全丧失辨认或者控制自己行为能力的精神病人的不适用简易程序;另一方面,犯罪嫌疑人、被告人可能判处无期徒刑、死刑的案件在目前的司法实践中几乎没有适用简易程序,这样便把现有的简易程序排除在了指定辩护制度之外。基于此,一方面,侦查机关、人民检察院以及人民法院应当按照法律的规定及时告知犯罪嫌疑人、被告人有委托辩护人的权利,并向其阐释委托辩护人可能带来的各种法律后果,让其自行做出选择,不得强制干涉;也应该在询问犯罪嫌疑人、被告人是否同意适用简易程序时向其全面说明其在简易程序中所享有的各项权利以及因此可能带来的法律后果,以确保犯罪嫌疑人、被告人即使在没有聘请辩护人的情况下也能正确衡量适用简易程序对自己的利弊,并自愿做出选择。另一方面,国家应当加大对司法的投入,逐步扩大指定辩护律师的适用条件,以更好地保障犯罪嫌疑人、被告人的辩护权。

(二)逐步制定与完善简易程序快速办理机制,加大对简易程序的监督力度

《通知》对各地检察机关提出了探索建立简易程序快速办理机制的要求,即在刑诉法规定的简易程序规定框架内建立起一套能够顺利提高效率的工作制度,这项工作制度虽然名为快速办理机制,但仍应以保障司法公正为要旨。快速办理机制不一定要全国统一,而是要结合当地实际,但各地可以相互借鉴有益的经验。这一套快速办理机制的理想模式之一是就集中提讯、集中移送起诉、集中审查起诉与集中开庭为一体的系列简易程序办案流程。就眉山地区来说,当地就集中出庭制度作出了有意义的探索与尝试,所有检察院都积累了一定的集中开庭的经验,有部分检察院还通过与同级法院的座谈协商,就集中开庭制度达成了共识。为进一步深化简易程序集中开庭制度的实施,法检两家可以在现有经验的基础之上对集中开庭制度的细节进行斟酌与完善。该项制度应当不仅仅包括出庭时间的安排,还应当包括庭审程序的设置,比如如何针对个案情况在简易程序的庭审框架内灵活省略部分庭审流程,如何针对突发情况做出快速有效的应变措施。针对目前已经出现的问题,如集中开庭审理的简易程序案件主要是同一法官负责的案件,而非同一主诉检察官负责的案件,导致集中开庭制度在为公诉人员提高工作效率方面发挥的作用不甚理想。眉山当地的检察院应当积极与当地法院协商,并借鉴其他地区的有益经验,探索符合本地实际的简易程序专人公诉甚至专人审判制度。除此之外,检察机关还应加大对简易程序的监督力度,对法院简易程序一般

违法情形但未影响定罪量刑的,可以口头或书面形式纠正;对严重违法情形,影响定罪量刑的,应依法抗诉。

(三) 完善简易程序的启动、异议与变更程序

首先,从立法层面来讲,新刑诉法将被告人对适用简易程序没有异议规定为简易程序案件的适用条件,又规定适用简易程序审理案件,审判人员应当询问被告人对指控的犯罪事实的意见,告知被告人适用审理程序审理的法律规定,确认被告人是否同意适用简易程序审理。表面上看,这一系列规定似乎给予了被告人对于适用简易程序的选择权,但这种选择权其实是一种不完全的选择权,因为只有在检察院提起适用简易程序的建议,或者法院在做出是否适用简易程序的决定之前,才会履行询问犯罪嫌疑人、被告人表示是否同意适用简易程序的程序,这样的权利与其说是简易程序选择权不如叫做简易程序否决权更为确切。当检察机关或法院认为不应适用简易程序时,犯罪嫌疑人、被告人便无缘于简易程序,甚至不能表达其对适用简易程序的看法。虽然根据现有的刑事诉讼法规定,人民法院是决定是否使用简易程序的权力主体,即使犯罪嫌疑人、被告人提出适用简易程序的申请,如果人民法院站在中立和专业的立场,认为这个案件不宜使用简易程序,嫌疑人、被告人的申请也会受到否决。但就如被告人虽然享有辩护的权利,但是最终还是由法庭做出判决的道理相同,是否享有一项权利与行使一项权利后产生的后果是两个完全不同的概念。并且一般来讲,表达即会产生效果,无论影响的大小,都会引起检察官和法官的注意。因此,从程序的严谨性考虑,应当赋予犯罪嫌疑人、被告人建议适用简易程序的权利,并赋予其辩护律师与近亲属代为行使这项权利的权利。除此之外,简易程序在程序方面的简化特别是庭审过程中法庭调查和法庭辩论环节的简化,存在着一定的不能核实清楚案件事实的隐患,这对于案件的被害人来说无疑是非常不公平的,所以也应当赋予被害人对于适用简易程序的异议权。如果犯罪嫌疑人、被告人的申请或者被害人的异议没有被采纳,他们还应当享有一次复议的权利。其次,从眉山当地的简易程序变更程序来讲,其"简转普"的程序还应当进一步细化。开庭前,被告人明确不同意适用简易程序的,应直接适用普通程序;开庭时,若出现被告人不认罪等情形,应当休庭,并按普通程序重新审判;另外,还应考虑法院决定适用简易程序,但检察机关提出异议的情形怎么办。

(四) 建立符合我国司法现状的书面审查制度

世界上许多国家都建立了一套有自己特色的简易程序,如美国的辩

诉交易制度与英国的简易审判,但由于英美法系国家以"解决纠纷"为其刑事诉讼程序的根本目的,而我国作为大陆法系国家,有着以"发现事实"为刑事诉讼根本目的的司法价值观念,盲目照搬别国的简易程序制度不一定会得到预期的效果,必须在参考有类似司法理念国家简易程序制度的基础上,结合我国的司法实际。书面审查制度起源于德国,被称作处罚令程序。其具体的规定是,对于轻罪,检察院可以舍弃提起公诉,进而舍弃开庭审理程序,而是申请由法官签发处罚令予以处理。法官在处罚令中认定被告人有罪,确定对他的处罚。处罚令程序在德国司法实践中扮演着一个重要角色,约为整个刑事程序的一半左右,是以处罚令程序来处理的。[32] 近年来,我国人案矛盾愈演愈烈,法官们普遍感到工作压力过大,简易程序适用范围的扩大便是国家试图调控人案矛盾、提高司法效率的手段之一,在这样的背景之下,我国可以参考引入德国的处罚令制度,针对可能判处有期徒刑以下的案件,如管制、拘役、单处罚金等案件不再开庭审理,直接由法官通过书面审查做出判决,送达被告人处。当然,根据万毅教授的观点,由于这一程序实际上剥夺了被告人接受法院审判的权利和机会,因此,应当允许被告人提出异议。[33]

六、结语

公正与效率是刑事诉讼制度中两个永恒的主题,在二者不能兼得的情况下,许多国家选择了公正优先兼顾效率的司法制度,但实际上效率的高低也是评价公正与否的一项重要指标。简易程序是调节司法公正与效率的重要制度,虽然这一项制度设计可以借鉴别国的先进经验,但以本国的司法实际为基础,才能制定出在本国行之有效的简易程序制度。眉山地区的刑事简易程序实施状况就全国范围来说有其独特性,但也有一定的普适性,所以根据眉山当地情况所提出的建议具有一定的可采性。不过,只有收集更多更全面的各地司法实践的数据,方能全面分析和把握我国刑事简易程序的实施效果,出台一套更完善的简易程序制度。

---

[32] 陈卫东、李洪江:"正当程序的简易化与简易程序的正当化",载《法学研究》1998年第2期。
[33] 万毅:《超越当事人/职权主义——底限正义视野下的审判程序》,中国检察出版社2008年版。

我国减刑假释程序运行现状探究
——以 M 市检察院减刑假释程序实践为样本

彭欧健[*]

摘要：刑罚变更执行制度较一般的执行制度而言，更能体现刑罚的目的和功能，即教育改造罪犯和防卫社会。而减刑假释作为刑罚变更执行的重要内容，意义更加重大。减刑假释对罪犯进行矫正，使其接受教育改造后回归社会，成为奉公守法、对社会有用之人。虽然我国对于减刑假释程序在《刑法》《刑事诉讼法》《监狱法》和司法解释中都有相关的立法规定，但都过于笼统，不够详尽，以致减刑假释程序在司法实践中的运行情况并不理想。本文通过对 M 市减刑假释程序中相应的数据和资料进行分析研究，掌握了整个减刑假释程序的运作流程，针对司法实务人员的疑问和实务调查中所发现的问题，进而对减刑假释程序有了更深层次的理解。本文旨在将减刑假释程序中具体司法实践的操作情况上升到理论层面，从而为完善减刑假释程序尽绵薄之力。

关键词：减刑假释程序　运行现状　实证研究

一、研究背景

（一）研究对象

减刑假释作为我国刑罚变更执行程序中的重要一环，逐渐受到社会大众的广泛关注。较之过去，人们受制度背景、司法传统、诉讼观念等因素的影响，普遍关注的是整个案件的侦查、审判以及社会影响和背后隐藏的社会问题，即整个案件的审前、审判程序和社会影响。至于在犯罪分子受到法院公正裁判之后，其所受刑罚的具体程序执行问题，甚至于是最重要的刑罚变更执行问题，人们则关注甚少。刑罚执行程序是一个刑事案件的最后一环，刑罚变更执行又是刑罚执行程序中的关键环节，而减刑假释又是刑罚变更执行中的重要内容。由此可见减刑假释实施的好坏问题直接影响到对整个刑事诉讼的功能和效果的评判。

我国是一个犯罪率较高的国家，因而刑罚的主要目的在于改造罪犯，

---

[*] 彭欧健，四川大学 2013 级法律硕士研究生。

使之得以成为守法公民回归到社会中,而并非只是单纯地对其进行惩罚。对于罪犯更多的应该是教育改造和矫正,这便是刑罚的主要旨意所在,而惩罚只是教育改造的一种手段,绝非目的。减刑假释恰恰是对认真接受刑罚执行机关教育改造并达到一定考核分数的罪犯一种提前复归社会的可能性。减刑假释程序对于刑罚功能和目的的实现具有重要作用。

虽然相关法律对减刑假释制度的规定不少,且随着时代进步还会更加完善,但是这一切的基础必须是建立在对司法实践的具体需求之上的。立法不能只是为了立法而立法,它必须要牢牢地扎根在司法实务的土壤中。应对司法实践现状进行分析探究,从而找出立法的合理性与必然性。那么在司法实践中,究竟减刑假释程序在审判机关、检察机关、刑罚执行机关以及罪犯这四者之间是如何得以有效施行,在此过程中有无立法所无法限制或者未曾考虑的问题出现,上述三个机关的工作人员在具体司法实践中的有哪些心得体会,这一切问题的答案都是我国减刑假释程序所需要深入探究的。

(二) 研究方法

当前我国学术界对于减刑假释程序的研究主要集中在理论研究上,实证研究少之又少。理论研究大体上可以分为三类:(1)大多数学者根据我国《刑法》、《刑事诉讼法》、《监狱法》以及相关司法解释中减刑假释的具体规定来进行研究,即法条研究,着重从学理上比如刑罚本质、功能等讨论分析减刑假释在立法上所存在或面临的问题;(2)有学者采用比较研究的方法对英美法系、大陆法系的减刑假释程序进行对比分析,旨在西学中用;(3)采取历史研究的方法从纵向上对减刑假释程序的起始、发展过程进行梳理,对整个历史轨迹进行一番评述。实证研究这一方法也有学者采用,但主要在各级法院或检察院中使用较多,他们大都采取课题组调研方法来对减刑假释程序进行研究,与司法实务贴合紧密。

在我国减刑假释制度重要性日益凸显的今天,对减刑假释程序的研究不能只集中于对理论的探讨,而是要更加注重实证研究。司法实践的深度才能决定理论研究的高度。本文主要采用上述的实证研究的方法,以M市检察院的减刑假释程序实践为样本,充分了解我国减刑假释制度在地方检察院的运行情况,从而掌握该制度在司法实践中所存在的具体问题,并对其进行学理探讨。只有对具体司法实践进行调查研究之后,才能得到可靠的数据和资料,才会对立法中的相关问题有更深刻的理解和更透彻的感悟。但是,也不能一味强调实证研究而脱离学理的探讨,毕竟合理理论的支撑才能让司法实践走得越来越远,越来越好。所以,必须在注重实证研究的同时,将理论研究结合起来,双管齐下,才能对减刑假释制度的立法有更好的帮助。

(三) 国内外研究现状

减刑假释制度在中外都有较长的历史渊源,但由于不同的社会形态和经济模式,以致其在国内外的发展情况大不相同。西方国家,不管是英美法系还是大陆法系,对于减刑假释制度都有较为完备的立法规定,比如减刑假释的权力主体、具体运作上的四大程序(包括准备及提请程序、裁判程序、监督程序和撤销救济程序)、罪犯的权利保障等等规定都非常的详尽。与西方国家相比,我国的减刑假释制度起步较晚,历史基础较为薄弱,各种立法也较为滞后,具体规定还不够详实。往往只是有个大体轮廓,内容部分却很是空洞。因而在具体的司法实践中,西方国家的减刑假释制度运行情况虽然遇到一些问题,但总体实施情况较好,而我国的减刑假释制度却并没有起到其立法所期盼达到的效果和目的。但两者却都具有一个通病,即减刑假释程序并未得到国家民众应有的足够重视,且普遍不够完善,程序规范性比较薄弱。

具体来说,我国减刑假释制度此前主要还是从刑事实体法的角度来进行研究的,流于实体层面。大多数专著和论文都从减刑假释的本质属性、权力性质或是基本原理、模式分析、比较历史研究等内容上评述。最近几年,随着我国关于减刑假释制度的法律法规的完善,比如2014年4月10日由最高人民法院审委会第1611次会议通过的《最高人民法院关于减刑、假释案件审理程序的规定》、2010年2月8日,最高人民法院印发《关于贯彻宽严相济刑事政策的若干意见》、2011年11月21日最高人民法院审委会通过的《关于办理减刑、假释案件具体应用法律若干问题的规定》等等,大量关于减刑假释程序规范探讨、司法实务问题研究的专著和论文涌出。不能说减刑假释制度的研究现状彻底从实体法转向程序法和司法实践上,但至少这是一个新的研究方向。由此说明,理论界和实务界关注的重点有所转换。

二、M市减刑假释程序运行现状及疑问解析

(一) 提请程序

(1) 运行现状

我国目前的减刑假释程序,其提请机关为刑罚执行机关,包括监狱、看守所等。该制度的主要运行规则为:刑罚执行机关采用百分制的考核方式,以完成一定数量的劳动任务为主要考核指标来对服刑人员进行考

核,在每个月末、季末、年末时将总分统计出来,所得分数便作为服刑人员的考核成绩,然后刑罚执行机关再根据该考核成绩作出是否对某个服刑人员的减刑假释决定。[①] 随后刑罚执行机关再作出减刑假释建议书并提交给有审判权限的法院裁定。

M市的减刑假释制度运行规则也与前述大致相同。减刑主要通过劳动记分的方式来予以考核,较早前是100分减刑6个月,现在是80分减刑7个月,减刑比率有了小幅提升。并且对于服刑人员出现违纪、被关禁闭的情况还会予以扣分。这样在月末、季末、年末统计出总的分数作为考核成绩。然后刑罚执行机关(M市主要是M监狱)按照考核成绩来作出是否对某个服刑人员进行减刑假释的决定。该项考核制度的缺陷在于只能考核服刑人员的劳动能力,而对于服刑人员的其他方面比如主观恶性、社会危害性、人身危险性则很难作出考量。

虽然根据2013年新《刑事诉讼法》第262条第2款的规定:"刑罚执行机关在向法院提出减刑假释建议书的同时,也要将建议书的副本抄送给检察院,并且检察院可以向法院提出书面意见。"但是检察机关仅凭执行机关抄送的一份减刑假释建议书,很难掌握甚至了解某个服刑人员在服刑期间内的改造情况,考核数字并不能说明其悔改态度、人身危险性等变量因素。所以检察机关在减刑假释的提请程序中很难起到任何监督作用。并且注意该条款中使用的措词是"可以"而非"应当",这也就说明此项权利可由检察机关自由进行裁量。

(2)实务疑问解析:

1. 减刑假释程序的定性问题。

减刑假释程序由刑罚执行机关向法院提起,由法院根据案件情况来判断是书面审理还是开庭审理,最后经过审理作出相关减刑假释的裁定。庭审中,检察机关要派员出庭进行监督。庭审后,检察机关也会对减刑假释裁定以及整体的程序进行监督。那么,减刑假释程序究竟是一种什么性质的程序呢?是法院规定的一项审判程序,还是一种行政审批,又或者是法院作出的司法审查?笔者认为,减刑假释程序是个较为复杂的程序,是有多个程序组合而成,难以单独论断其程序的性质,需要对每个程序或者是重要程序予以拆分讨论,才能掌握整个程序的定性问题。

首先,减刑假释程序最先是由刑罚执行机关启动的,即由刑罚执行机

---

① 王玉:"服刑人员减刑假释参与机制研究",载《法制与社会》2013年第3期。

关根据罪犯在服刑期间的改造表现,经过一定的考核评分,最终根据考核成绩作出是否减刑假释的决定,随后刑罚执行机关再制作减刑假释建议书向法院提请减刑假释。刑罚执行机关对于服刑人员的考核分数加减、考核成绩规定以及减刑假释决定属于机关内部的行政管理活动,具有一定范围内的强制性。并且减刑假释程序是由刑罚执行机关单方面主动提出的,该提请程序权符合"行政权单方性、主动性、强制性"的特征,并且也遵循了行政管理规律。因此,刑罚执行机关的减刑假释程序提请权具有行政性的特点。

其次,根据我国《刑法》的规定,由人民法院行使对减刑假释案件的审判权,并且由法院内部具体的审判庭来进行审判。诚然,刑罚都是人民法院根据具体案件情况所作出的裁判来确定并执行的,更何况是刑罚执行方式的变更,也应当且只能由法院来裁定了。这是否就表明减刑假释案件的审理程序就是一种审判程序呢?其实不然,法院的审判权是以被动性和居中裁判性为主要特征。[②]虽然减刑假释案件的审理程序符合被动性的特征,即该类型案件由刑罚执行机关提请,法院被动审理。但是在庭审过程中,执行机关、检察机关和罪犯的利益趋于一致,没有利益或矛盾对抗的双方,有诉无讼,根本就不符合人民法院审判权的居中裁判性特征,也不符合刑事审判中等腰三角形的裁判结构,甚至更不适用审判规律。但是在整个减刑假释案件的审理过程中,法院始终遵循程序优先等司法规律,具有一定的司法性质,并且法院根据刑罚执行机关的减刑假释建议书就审理作出是否减刑假释的裁定,还具有单方审查批准的特点,因而也符合行政权单方性、强制性的特征,也具有一定的行政性特点。

至于救济程序和执行程序,因为二者主要依靠法院对减刑假释案件的裁定来作出反应,是对减刑假释裁定的异议解决方法和实施步骤的具体规定,没有涉及性质不明问题,所以无需进行深入分析,研究重点还是应该放在对减刑假释案件的提请和审理程序的性质上。

综上所述,我国减刑假释的提请程序具有行政性的特点,而审理程序又具有司法性和行政性,所以对减刑假释整个程序性质的界定就十分困难,很难作出一个绝对具体的定性。但绝不能因为具有行政权的相关特点,就简单地将减刑假释程序等同于行政审批。如果单就减刑假释案件的审理程序性质来讲,笔者比较偏向于是法院的一种司法审查。原因上

[②] 关宁:"减刑假释程序诉讼化问题研究",载《法学研究》2013年第5期。

文已经说明，此处不再赘述。

2. 刑罚执行机关考核机制问题

我国减刑假释程序的启动，是刑罚执行机关根据服刑人员在服刑期间所完成的劳动生产以及所获得的表扬、记功、嘉奖等转换成的考核分数来看服刑人员是否符合我国《刑法》规定的减刑假释条件，最后再做出减刑假释建议书，提交给法院作出减刑假释裁定。并且，在我国司法实践中，法院作出减刑假释裁定的依据主要来源于刑罚执行机关所提交的减刑假释建议书，法庭调查极为简单，庭审中也主要是调查服刑人员完成的劳动任务以及表扬、记功、嘉奖等奖励是否真实，计分、评审是否符合刑罚执行机关的相关规定、服刑人员的考核成绩是否符合减刑假释的必备条件等。对于罪犯的悔罪改造态度、实际思想认识，甚至是主观恶性、人身危险性等因素在庭审过程中则很少予以调查考量。由此可见，刑罚执行机关的考核机制对于服刑人员而言，显得异常重要和关键。

目前我国刑罚执行机关主要采用的考核机制是百分制。如前所述，此种考核方式是将服刑人员所完成的劳动任务以及所获得的记功、表扬、嘉奖等量化成具体的分数，然后根据考核分数对服刑人员作出是否减刑假释的决定。

该考核机制的合理性不禁令人生疑。刑罚执行机关中的每位服刑人员罪名各不相同，服刑期限也长短不一，其主观恶性、人身危险性、认罪悔过态度，甚至于是身体构造、性格特征也是大相径庭，对他们采用相同的考核标准，比如完成相同的劳动任务，就显得十分不科学以及不合理。比如在实践中，老弱病残的服刑人员其劳动任务完成的数量不多，质量不高，但这并不代表其就不具有良好的认罪悔过态度，也不意味着其不好好接受监狱机关改造。相反有些服刑人员完成劳动任务较快较好，这也只能反映其积极配合监狱机关的劳动改造，至于认罪悔过态度、主观恶性、人身危险性有无实质性变化就不得而知了。如果服刑人员只是一味追求符合减刑假释条件的考核分数，那么这就与减刑假释制度的初衷——"教育改造罪犯，使其得以回归社会"背道而驰。百分制考核机制的另一大缺陷就是，罪犯考核分数的计分、评比都掌握在刑罚执行机关手中，就意味着罪犯考核成绩的决定权和减刑假释程序的提请权也掌握在了刑罚执行机关手中，权力之大，不免会滋生权力腐败的现象，收受贿赂、钱权交易的情况不时发生。百分制考核机制的前景着实令人担忧。

针对刑罚执行机关考核机制的完善问题，有学者曾提出可以参照人力资源管理员工绩效考核理论中的360度绩效考核方式，即对员工的绩效考核,通过一个所谓的360度的圆圈将与员工发生一切工作关系的人员圈在其中,包括员工的上级、平级、下级等,当然也包括员工自己,然后让在这个圆圈内的人员对员工作出评价。③ 借鉴此种考核方式,其实是将服刑人员看作公司员工,其考核成绩不能只由服刑人员的管理执行者——刑罚执行机关来确定,还需要同监狱的其他服刑人员以及罪犯自己对自己的劳动改造、认罪悔过态度、主观恶性等作出相应的评价,对于假释,还需要由罪犯所在社区的矫正机构出具意见等,最后全部转换成考核分数,再由刑罚执行机关作出是否减刑假释的决定。这样一来,才能保证考核方式是科学合理的,考核成绩是公平公正的,考核机制是切实有效的。并且符合我国刑罚个别化的刑罚执行原则,还可以减少甚至是杜绝刑罚执行机关中的权力腐败现象,让减刑假释程序得以顺利有序进行,进而实现其初衷。

(二)开庭程序

(1)运行现状

法院对于刑罚执行机关提交的减刑假释建议书中的减刑假释意见,如果同意,那么就立案并按照具体案件情况来决定审理方式,随后就进入庭审程序。如果不同意,则直接作出不予减刑假释的决定书。本文主要讨论法院同意减刑假释建议书中的意见,并予以开庭审理减刑假释案件的情况。

在2014年《最高人民法院关于减刑、假释案件审理程序的规定》出台并实施之前,M市减刑假释案件的开庭审理主要是在监狱中进行,但是也曾有一起涉黑案件是在中级人民法院内审理的。关于当时审理地点发生区别的原因,主要是出于对社会影响的考量,M市一般都会将社会影响较大的案件放到中级人民法院审理,允许社会大众旁听。这也算是减刑假释审理程序逐步向社会公众公开的趋势所在。

本文主要研究在监狱内进行的减刑假释案件的开庭审理过程。在M市的M监狱,2013年共进行了4次减刑假释案件的开庭审理,每批次大概有100多人;2014年则计划进行6次,按照2013年的人数,2014年将会增加200多人进行减刑假释,由此可见减刑假释程序的适用率将会得到提高。每一个案件的具体审理时间不一,但都不超过10分钟。

在监狱内进行减刑假释案件开庭审理所采用的是罪犯就餐休息场所

---

③ 王玉:"服刑人员减刑假释参与机制研究"载《法制与社会》2013年第3期。

临时改成的审判庭,整个构造似一个长方形,审判长、审判员以及人民陪审员组成的合议庭和书记员位于长方形的上方;检察机关在右边;刑罚执行机关在左边;*而长方形下方则是罪犯;在检察机关和罪犯的夹角处的是监狱的工作人员;在整个长方形结构的右下方则是庭审笔录的签字处。整个结构简单明了,与一般的庭审结构无太大出入。

减刑假释案件的完整开庭流程如下:一、审判员首先对服刑人员的身份及人数进行核对;二、审判员宣读开庭流程以及告知出庭人员的相关权利,并询问出庭人员是否听清楚以及有无异议;三、进入法庭调查环节:(1)执行机关宣读某罪犯的减刑或者假释的建议书,书中主要对该罪犯的身份信息、所判罪名和刑罚以及在监狱内改造情况进行阐述,最后提出减刑或假释建议;(2)审判员询问罪犯对执行机关的减刑或假释建议有无异议和补充;(3)审判员询问检察机关是否对执行机关的减刑或假释建议已进行了相关审查;(4)审判员对罪犯的原判罪名、原判刑罚、案情、服刑时间、减刑次数以及个人家庭情况分别进行了解,在此过程中,人民陪审员对罪犯进行询问;(5)检察机关对罪犯进行询问;(6)审判员询问监狱工作人员关于该罪犯的狱内改造情况,比如有无违纪违法现象、每月消费情况等;(7)检察机关对监狱工作人员进行罪犯相关情况的询问;四、审判员询问罪犯是否需要作最后陈述;五、罪犯对庭审笔录进行签字。

(2)对 M 市既有审理模式评析

虽然 2014 年 4 月 10 日出台的《最高人民法院关于减刑、假释案件审理程序的规定》(以下简称《规定》)对于减刑、假释案件的审理程序已经有了大致详细的规定,**但是在此规定通过之前,当时的刑诉法以及相关司法解释还未对减刑假释案件的庭审程序作出具体细致的规定,在实践过程中不同地区甚至是不同的审判员审理的差异性都很大,所以笔者认为 M 市中院关于减刑假释案件在 M 监狱内的审理程序不仅与 4 月份出台的《规定》无太大出入,而且完全贴合紧密,充分符合了《刑事诉讼法》的精神内涵,无太多的地方特色审判。M 市中院对于减刑假释案件的开庭审理在没有具体详实的《规定》出台之前其许多做法还是可圈可点的:一是审判员在对罪犯的具体情况进行询问时,并不是流于形式的逐条依次发

---

* 在中院内审理的减刑假释案件,检察机关和刑罚执行机关的位置是互换了的,检察机关在左边,而刑罚执行机关在右边,而不同于此处监狱内的审判构造。

** 本文主要对《规定》出台前的 M 市的减刑、假释案件的审理程序和实务问题进行调研,因而此处并未讨论《规定》出台后 M 市的做法,仅仅稍作提及。

问,而是针对不同的罪犯进行有侧重点的发问,这样一来,便于更好地了解罪犯的真实情况,从而作出最符合实际情况的判决。二是出庭的两名检察官在询问罪犯时的侧重点不同,一个主要询问罪犯悔罪认错的态度和相关认识,一个主要询问罪犯在狱内的具体改造情况。二者相互配合,避免了重复和机械的询问,提高了庭审效率。三是审判员和检察官都注重在庭审过程中对罪犯的教育和劝导,使减刑假释程序的意义不致落于法律的条条框框和庭审的形式中。四是针对100多件的减刑假释案件,M市中院每次都会有侧重点地选择具有代表性的10多件来进行开庭审理,通过这种以点概面、审理代表性案件的方式大大地节约了庭审资源,提高了庭审效率。

仔细研究M市减刑假释案件的审理过程也会发现不少问题。首先是人民陪审员在审理过程中对罪犯的询问过于形式化,始终只有两个单一的问题:(1)某某,你是否认罪伏法? (2)某某,你出去后如何打算? 并未贴合减刑假释案件中罪犯的具体情况。其次是审判员在审理过程中对财产刑的执行情况特别注重,可能会出现因罚金刑执行情况的差异而导致法律适用不平等的现象。然后是对作为证人的同案犯的询问过于随意,太具有偶然性,完全视减刑假释案件当庭审理的需要,不像普通的诉讼程序必须事先将证人名单上报那么正式。再次是针对具有代表性的10多件减刑假释案件的审理,由两个审判长、一个书记员、一个人民陪审员分别组成两个合议庭对案件进行审理。诚然,长时间的审判容易造成疲劳,从而引起审判效率的降低,甚至是形成对保障罪犯权利的隐患,但是,较之上述的缺点却更容易让审判过于随意,法院乃至司法的公信力降低,人民群众对司法判决的不信任性大大增加。最后是减刑和假释两类案件交叉开庭,并未分类进行,容易造成一定程度的混淆或者法律适用错乱。

(3) 实务疑问解析:

1. 庭审结构及角色定位问题

如上文所述,减刑假释案件的审判结构不是传统的"控辩平等、法院居中裁判"的等腰三角形,其诉讼格局已经发生了变化,由普通审理程序中的控辩审三方发展成了减刑假释程序中的罪犯、刑罚执行机关、检察机关和法院四方。这四方各自拥有不同的权利,也代表了不同的利益。

首先,罪犯既是减刑假释程序的请求者,又是减刑假释决定的客体,更是减刑假释裁定的承担者,因而作为减刑假释程序的最大利益关联者,其天然地参与到减刑假释程序中来。罪犯在减刑假释程序中享有所谓的请求权,即当罪犯自身的考核成绩符合我国《刑法》规定的减刑假释条件,就可以向刑罚执行机关予以申请减刑假释,由刑罚执行机关根据考核成绩及情况,作出是否减刑假释的决定。

其次,刑罚执行机关作为减刑假释程序中必不可少的环节,是整个程序的启动者,即由刑罚执行机关享有减刑假释程序的提请权。如前所述,刑罚执行机关根据具体服刑人员的考核成绩,作出是否减刑假释的决定,随后制作减刑假释建议书,向法院提请减刑假释程序。

由此可以看出,罪犯和刑罚执行机关在一定程度上具有相同的利益,即希望法院对提出的减刑假释建议书进行审查,作出是否予以减刑假释的裁定。因而都属于减刑假释的申请方。但至于是否必须得到减刑假释的肯定裁定,二者的期许就不是必然的一致了。所以罪犯和刑罚执行机关的利益只是某种程度上的重合,但并不完全重合。

再次,法院作为减刑假释程序的审判机关,是整个减刑假释程序的中心,并且减刑假释的审理程序更是非常重要的环节。法院享有减刑假释的决定权,即其有权作出是否予以减刑假释的裁定。

最后,检察院作为减刑假释程序的监督机关,派员出席该程序的开庭审理环节,并对审理程序以及减刑假释裁定予以监督。作为监督方,检察院当然享有监督权。

减刑假释程序中的这四方分别代表了四种不同的权利,但其实也只是三方势力(申请方、审判方、监督方)。与一般的审判构造相比,减刑假释的审判结构中并没有利益或矛盾对抗方,申请方(罪犯和刑罚执行机关)与监督方(检察机关)二者的利益重点并不一致,前者旨在其减刑假释决定需要经过法院作出是否准予的裁定,而后者旨在对整个减刑假释程序包括减刑假释建议书和裁定进行监督。并且审判方(法院)也并不具有居中裁判这一特征,因为整个减刑假释程序中并无利益对抗。

观察减刑假释的具体庭审机构不难发现,这种庭审特点颇有我国明朝时期"三司会审"的意味在其中。三司会审是指明朝时期刑部、大理寺、都察院针对重大疑难案件三法司共同进行审理的一种司法制度。其中刑部是审判机关,大理寺主管死刑案件的复核,都察院是监督机关,罪犯当然也在其列。这与减刑假释的庭审机构十分相似,也是一种拥有四种角色、四方主体的线性结构,即作为一个整体的三类国家司法机关与罪犯这一两方组合,共同推进司法活动的有序进行。④ 但三司会审制度中也是

---

④ 刘天响:"减刑、假释开庭审理形式化之检讨",载《中国刑事杂志》2011年第11期。

缺乏最基本的利益对抗和抗辩,庭审过程难免流于形式。

笔者认为减刑假释程序的审判构造虽然不能适用普通诉讼审理程序中的等腰三角形构造,但等腰三角形构造毕竟是诉讼程序中最基本最普遍适用的构造,因而可以此等腰三角形构造为蓝本予以变体——圆锥体构造。所谓圆锥体构造,即指法院位于圆锥体的顶点位置,是减刑假释程序的裁定者;刑罚执行机关、检察机关和罪犯分别位于圆锥体底面上的三个点,依次作为减刑假释程序的提出者、监督者和抗辩者以及裁定的承担者,并由该三点构成一个等边三角形。基于减刑假释程序中缺乏利益或矛盾的对抗,有诉无讼,因而笔者特意设计此圆锥体构造,让法院处于居中裁判位置,其到刑罚执行机关、检察机关和罪犯三点的距离相等,并且底面的等边三角形使刑罚执行机关、检察机关和罪犯三点之间的距离相等,由此诉讼地位平等,能够进行相互抗辩,为罪犯辩护人制度在减刑假释程序中的引进埋下了伏笔。此种圆锥体构造旨在将减刑假释程序类诉讼化,便于该程序的科学合理运行,也促使该程序的裁定更加公正合理。

2. 减刑假释适用比例问题

在司法实践中,减刑、假释的适用比例是有很大差别的,就M市2011年到2013年减刑假释适用的情况来看,罪犯适用减刑的数量一直高于假释,甚至高出很多。

至于减刑、假释适用比例差别明显的原因,笔者认为有以下四点:

第一,假释的适用条件难以把握。根据我国《刑法》第78条规定:"对于被判处有期徒刑、无期徒刑的罪犯,在刑罚执行期间,认真遵守监规,接受教育改造,确有悔改表现,没有再犯罪危险的,并考虑假释后对居住社区的影响,可以予以假释。"此条款中的"认真遵守监规,接受教育改造,确有悔改表现,没有再犯罪危险的,并考虑假释后对居住社区的影响"即为假释的适用条件,但是其中的"没有再犯罪危险"这一条件较之其他而言,较难把握。"没有再犯罪危险"这是一个主客观统一、综合进行判断的标准,很难经过一系列劳动改造所量化成的考核分数来进行预测,对于未来违法、犯罪的可能性也无法通过一定的考核标准来把握和预测,因而不具有减刑制度那样较强的操作性。

第二,社区矫正机构难以协调,且拒绝接收。假释主要针对的是被判处有期徒刑、无期徒刑的罪犯,具有一定的社会危险性,尤其是被判处无期徒刑的罪犯,社会危险性更高。接收罪犯的社区矫正机构所在的社区民众对此顾虑颇大,由于传统思想观念中对罪犯的畏惧和反感情绪,社区民众大都不愿与之交流,唯恐避之不及。所以法律才会在假释条件中作出要考虑假释后对社区影响的要求。出于对罪犯所犯罪名以及社区民众意见的考虑,社区矫正机构除非是在法律予以要求的情况下,否则是一律不同意承担假释罪犯的社区矫正工作。

第三,减刑与假释相较而言,适用条件规定更为具体明确,操作性较强。对刑罚执行机关而言,对罪犯作出假释决定比作出减刑决定的责任要大。罪犯如果被减刑,就意味着该罪犯减掉的那一部分刑罚已经执行完毕,原判刑期缩短;而罪犯一旦被假释,只是意味着刑罚执行方式被变更,原判刑罚还在执行中,只有在考核期结束后,原判刑罚才算执行完毕。并且,罪犯假释后是由社区矫正机构予以监督矫正,执行场所在监狱之外,且假释考核期较长,这都使违法、犯罪可能性大大增加;然而不管罪犯是否减刑,其执行场所始终都在监狱之内,便于执行机关监督管理,违法、犯罪可能性较小,且没有考验期,也无需再设置监管体系,节约了行刑成本。

第四,假释制度适用对象范围过于狭隘,主要针对被判处有期徒刑、无期徒刑的罪犯。重刑犯尚可以实行假释制度,纳入社区矫正体系中去,为何轻刑犯不可呢?更何况我国还有缓刑犯这样的轻刑犯也被纳入到社区矫正体系中来。而且在我国司法实践中,轻刑案件较多,被判处管制拘役的犯罪分子也较多,这就为扩大假释对象范围提供了现实条件。

针对上述减刑假释比例差距问题以及原因分析,笔者认为应当扩大假释制度的比例,尤其是对轻刑犯,要将其纳入到社区矫正体系中来。扩大假释比例,可以使假释的功能和优点得到最大化的实现,可以更有利于地实现指引示范作用,节约行刑成本,增强行刑效益,帮助罪犯回归社会,降低再犯率。并且我国的社区矫正制度也在不断完善的过程中,这也为扩大假释比例提供了制度和技术条件。我国公民的法律意识和法制观念不断提高,这也为扩大假释比例提供了现实环境。

3. 罚金刑罪犯和黑社会性质犯罪罪犯的减刑问题

首先,针对原判决中对罪犯判处的罚金刑,如果罪犯在刑罚执行期间,没有履行或者没有完全履行该罚金刑的,即使罪犯在服刑期间所完成的劳动任务和所获得的记功、表扬、嘉奖等奖励量化成具体考核分数,并且符合我国《刑法》规定减刑的条件,刑罚执行机关在作出减刑假释建议书并交由法院后,法院会在减刑假释裁定时对该减刑在标准幅度上予以少减。并且此项做法,在罪犯的罚金刑履行完毕之前,每次符合减刑条件予以减刑时,每次都要予以少减。虽然我国2014年新出台的《最高人民法院关于减刑、假释案件审理程序的规定》第5条明确规定:"人民法院审理减刑、假释案件,除应当审查罪犯在执行期间的一贯表现外,还应当综合考虑犯罪的具体情节、原判刑罚情况、财产刑执行情况、附带民事裁判履行情况、罪犯退赃退赔等情况。"但是综合考虑并非就是作为硬性要求甚至前提条件之一。这种做法直接导致了不同罪犯之间因为罚金刑执行情况的差异即经济能力的差异而在法律适用上不平等的现象。[5] 减刑这一对主刑刑罚执行的变更,与附加刑罚金刑的执行情况如何实在无关。

其次,因黑社会性质犯罪而被法院判处相关刑罚的罪犯,在服刑期间所完成的劳动任务和所获得的记功、表扬、嘉奖等奖励量化成具体考核分数,并且符合我国《刑法》规定减刑的条件,刑罚执行机关在作出减刑假释建议书并交由法院后,法院会在减刑假释裁定时对该减刑在标准幅度上予以少减。此类黑社会性质犯罪的罪犯和上述未履行完毕罚金刑的罪犯一样,每次在符合减刑条件予以减刑时,每次都要予以少减。我国黑社会性质组织是指"以暴力、威胁或其他手段,有组织的进行违法犯罪活动,称霸一方,为非作恶,欺压、残害群众,严重破坏经济、社会生活秩序的组织"。[6] 可见,黑社会性质组织是一种特殊的、危害较为严重的犯罪集团。根据我国《刑法》第294条规定,具体有"组织、领导、参加黑社会性质组织罪"、"人境发展黑社会组织罪"等罪名。所谓黑社会性质犯罪即为以黑社会性质组织为主体所进行的犯罪活动,它并不局限于某一个或某几个罪名,而是根据犯罪主体来确定。

该两类罪犯在进行减刑时,都有一个共同点:即每次予以减刑时,每次都要予以少减。根据我国《刑法》第78条规定:"对于被判处管制、拘役、有期徒刑、无期徒刑的罪犯,在刑罚执行期间,认真遵守监规,接受教育改造,具有悔罪表现或者立功表现的,可以予以减刑,具有重大立功表现的,应当予以减刑。"其中"认真遵守监规,接受教育改造,具有悔罪表现或者立功表现"和"具有重大立功表现"即为减刑的条件,相关司法解释对"立功表现"和"重大立功表现"也作了范围规定。其中均无"未履行完毕罚金刑和黑社会性质犯罪的罪犯每次减刑时每次予以少减"的规定。

虽然我国2012年的《最高人民法院关于办理减刑、假释案件具体应用法律若干问题的规定》第2条第3款列明:"罪犯积极执行财产刑和履行附带民事赔偿义务的,可视为有认罪悔罪表现,在减刑、假释时可以从

---

[5] 李忠诚:"未缴罚金不应阻却自由刑的减刑——兼谈罚金刑执行的对策",载《人民检察》2005年第2期(下)。

[6] 张定乾:"我国黑社会性质犯罪的特点、趋势及预防",载《中国市场》2013年第1期。

宽掌握；确有执行、履行能力而不执行、不履行的，在减刑、假释时应当从严掌握。"笔者认为此条款是国家在对待负有财产刑和附带民事赔偿义务的罪犯在减刑假释时的一项刑事政策，对适用减刑假释的裁定具有指导性的作用，但是其针对的也只是"确有执行、履行能力而不执行、不履行的"这一类情况，对于确无执行、履行能力以致无法执行、履行以及尚未执行完毕的罪犯，还是应当按照减刑假释的一般规定来执行的。因而，司法实践中的此项做法可谓于法无据。

我国减刑制度的目的就是在惩罚和教育中改造罪犯，使其成为守法公民得以回归社会，成为社会有用之人。然而却对未履行完毕罚金刑和黑社会性质犯罪的两类罪犯在减刑时予以区别对待，将这两类情形作为罪犯自由刑减刑时的阻却事由，实在不符合刑罚教育改造罪犯的目的。法律面前人人平等，那么法律规定下的刑罚变更执行也应该人人平等。服刑人员应该平等地享有符合减刑条件获得相应减刑幅度的权利，而不应该在减刑幅度上予以区别。此举将会严重影响到对罪犯的改造，造成狱内管理的不稳定，更是会破坏对法律面前人人平等原则的适用。

（三）救济程序

(1) 运行现状

最高人民法院在2014年4月出台的《规定》第20条："人民检察院认为人民法院减刑、假释裁定不当，在法定期限内提出书面纠正意见的，人民法院应当在收到纠正意见后另行组成合议庭审理，并在一个月内作出裁定。"该条最新规定与我国《刑事诉讼法》早前《关于减刑、假释程序司法解释》第154条的规定一致，并无出入。从上述新、旧的规定中可以看出，减刑假释案件的救济程序与一般诉讼的救济程序还是有差别的，人民检察院对于认为裁定不当的减刑假释案件，只能提出书面纠正意见书，而不能进行抗诉。对于诉的承受者或者利益最大相关者——罪犯，对于法院作出的减刑假释裁定更是无法提起上诉，甚至于是申诉。这明显是不符合诉讼规律的，更是不利于对司法权的监督制约的，也使得检察机关对法院审判的监督职能无法完全体现出来。笔者认为，赋予检察机关、刑罚执行机关以及罪犯相应的抗诉权和上诉权十分必要。

(2) 对检察机关监督职能的评析

检察机关作为我国的法律监督机关，代表国家行使检察权，属于国家的司法机关。根据我国《刑事诉讼法》第八条的规定："人民检察院依法对刑事诉讼实行法律监督。"该条表明，检察机关在刑事诉讼中除了扮演公诉机关的角色外，还是诉讼活动的监督机关。而减刑假释程序作为整个刑事诉讼活动的一环,当然地也要受到检察机关相应的监督。

旧刑诉法第221条与新刑诉法第262条两者在关于检察机关对减刑假释案件监督的叙述上并无太大出入,但是却在旧法的基础上增加了"并将建议书副本抄送人民检察院。人民检察院可以向人民法院提出书面意见"这样两句话。同时我国《高检规则(试行)》第649条也规定:"人民检察院收到执行机关抄送的减刑、假释建议书副本后,应当逐案进行审查,发现减刑、假释建议不当或者提请减刑、假释违反法定程序的,应当在十日以内向审理减刑、假释案件的人民法院提出书面检察意见,同时可以向执行机关提出书面纠正意见。"对于上述法律修改的区别以及相应的司法解释,有学者认为,这是检察机关对减刑假释案件的监督提前到了审前,也就是说,检察机关对减刑假释程序的监督已由审中、审后扩展至全程。根据我国《高检规则(试行)》第651条的规定:"人民法院开庭审理减刑、假释案件,人民检察院应当指派检察人员出席法庭,发表意见。"通过该规定可以看出,检察机关在人民法院对减刑假释案件的开庭审理中承担的是监督者的角色,即对人民法院的审判过程予以监督,因而审中监督不言而喻。至于审后监督,我国《刑事诉讼法》第263条已经阐明,只是监督力度与普通诉讼程序相比可能会有明显弱化,毕竟书面纠正意见书与抗诉还是不能相提并论的。上述所提的我国《刑事诉讼法》第262条以及《高检规则(试行)》第649条是否真的如有些学者所言的是审前监督呢?虽然根据2013年新《刑事诉讼法》第262条第二款的相关规定,刑罚执行机关在向法院提出减刑假释建议书的同时,也要将建议书的副本抄送给检察院,并且检察院可以向法院提出书面意见。但是检察机关仅凭执行机关抄送的一份减刑假释建议书,很难掌握某个服刑人员在服刑期间内的改造情况,考核数字并不能说明其悔改态度、人身危险性等变量因素。所以检察机关在减刑假释的提请程序中很难起到任何监督作用。并且注意该条款中使用的措词是"可以"而非"应当",这也就说明此项权利可由检察机关自由进行裁量。这就与检察机关审后监督中的"应当性"有着巨大的差别。因而,在笔者看来,上述规定只是规范完善减刑假释程序的一个步骤,是检察机关针对刑罚执行机关在减刑假释的提请中有无违法行为的一种形式审查,实质意义并不大,不具有学者们所言的审前监督那样的作用。

(四)执行程序

根据我国2014年4月份出台的《最高人民法院关于减刑、假释案件审理程序的规定》的第18条规定:"人民法院所作出的减刑、假释裁定,应当在七日内送达报请减刑、假释的执行机关、同级人民检察院以及罪犯本人。作出假释裁定的,还应当送达给社区矫正机构或者基层组织。"假定该提请减刑、假释的执行机关、同级人民检察院以及罪犯本人对人民法院作出的减刑假释裁定并无异议,且该减刑假释裁定是支持刑罚执行机关的减刑假释意见书的,那么该裁定的执行情况如何呢?是否会出现法院的相关判决文书已经到达刑罚执行机关,而其延迟执行或者执行不及时的情况呢?且在裁定假释的情况下,是否能够与社区矫正机构快速地进行衔接并将档案材料及时移送,不会出现人到材料未到,或者材料到人未到的情况?如果罪犯遭遇到此种情况,那么应该如何维护自己的合法权利呢?当然这只是后话,只有在将减刑假释的执行程序进行系统化规范之后,上述问题才会得到行之有效的解决。

在对 M 市进行调研的过程中,笔者发现 M 市管辖下的 R 县城的社区矫正曾出现过因外地刑罚执行机关抄送法律文书不及时,从而导致出现罪犯先到达社区矫正机构,而法律文书滞后一两个月才到达的情况。当时对罪犯应该如何处理比如应否羁押以及羁押地点等问题产生了很大争议,法律在此问题上没有相关的说明,只能由当地司法机关根据司法实践甚至是司法习惯来处理。由上述情况不难看出,笔者对减刑假释裁定的执行程序的担忧还是有据的,即减刑假释裁定执行程序中执行不及时或者拖延执行的情况是存在的。

新刑事诉讼法特别程序的眉山经验
——检察环节特别程序实践初探

杨大庆[*]

摘要：新修订《刑事诉讼法》中的特别程序给检察机关带来了新的工作理念与挑战。基层检察院在对特别程序的实践中取得了一些成绩也存在一些问题。在这种新形势下,检察机关应当积极应对,转变观念,创新工作模式,贯彻新《刑事诉讼法》特别程序立法目的,进而履行公诉职能,推进司法改革,维护社会公正。

关键词：检察机关　未成年人诉讼程序　刑事和解程序　强制医疗程序　强制没收程序

2013年1月1日,修改后的新《刑事诉讼法》(以下简称新刑诉法)正式实施。这部有小宪法之称的法律在立法阶段将公开度、透明度与民众参与度都提高到了一个前所未有的高度,受到了全社会极高的关注度,其进步之处是有目共睹的。追究犯罪与保护人权是刑事诉讼永恒的一对矛盾,侧重于其中哪一方面体现了我国在不同时期的政策重心。21世纪以来,保护人权越来越成为整个理论界、司法界乃至全世界的共识。在这样的背景之下,新修订的《刑事诉讼法》高度体现了党和国家保护人权的决心,是我国刑事诉讼法的一大革新。

新刑诉法自实施以来效果明显。侦查机关的侦查手段越来越正规化,采取羁押性强制措施时越来越慎重;新的证据制度让侦查人员的证据意识和案件质量意识得到提高;被追诉人的辩护权得到强化;诉讼时效和审判程序等诸多细节得到合理性调整,更加体现了立法技术,符合办案需要,缓解了实践中各方诉讼参与人的困难。[①]

能举出的可圈可点之处还有很多,其中不得不提的就是新刑诉法中专章设立的特别程序。特别程序共有四部分组成:未成年人诉讼程序,刑事和解程序,强制医疗程序和强制没收程序。作为《刑事诉讼法》中的新面孔,特别程序带来了焕然一新的感觉,将新刑诉法保护人权的立法意图

---

[*] 杨大庆,四川大学2013级诉讼法硕士研究生。
[①] 龙宗智:"新刑事诉讼法实施:半年初判",载《清华法学》2013年第5期。

提到了新的高度,响应了各界呼声和实践需求,体现了宽严相济、未成年人保护等政策,"特别"二字体现了特别程序与传统刑诉程序的区别,传统刑诉侧重于逻辑与法理结构,特别程序跳出了这一传统,带有明显的政策性、社会性与时代性,在整个刑事诉讼序列中具有明显的不同,可以说是对传统刑诉程序的一种补充与衡平。

特别程序中的未成年人诉讼程序和刑事和解程序,在新刑诉法修订之前就已经在各地有着多年的试点经历,总结了很多实务经验,且与群众生活联系较紧密,适用面较广泛,受到了良好的社会评价,做到了政治效果、司法效果和社会效果的和谐统一。

当然,任何一部法律都只能是无限接近于完美。在看到新刑诉法成就的同时,还需要看到在实践中的不足。对于广大司法机关人员来说,特别程序还是新事物,对部分人来说甚至还是初次接触。首先,全新的工作职能与原先的工作方法还有思想理念存在一定出入,如何在新与旧之间寻找平衡点,如何同时实现立法意图与实务效果的问题不可忽视;其次,新刑诉法对特别程序部分谨慎的作出了原则性、探索性的设计,基层司法机关在使用的时候就需要在原则性的法条之外能有一个更为具体的工作指导,这也是亟待解决的命题;最后,随着工作领域的扩展,新的问题也摆在了基层办案人员的面前,例如,在刑事和解法定范围之外的重罪案件能否调解?否定方认为保守性是法的传统,应当严格按照法律规定,不能扩大适用,这是法治精神的要求,也是为了防止"以钱买刑"等司法腐败现象的出现。赞成方则认为应当依据宽严相济的刑事政策,罪责刑相适应的刑法原则,将和解精神贯彻到重罪案件中去,以鼓励犯罪人真心悔过,恢复被破坏的社会关系。这些新问题都需要用巧妙的司法智慧去解决。

最高人民检察机关明确指出新刑诉法有近一半以上的条款内容涉及检察部门,从证据制度到辩护制度,从法律监督到客观义务。[②] 在这样的背景下,检察部门的职能得到了前所未有的延伸,权力得到加强。面对新的机遇与挑战,四川省检察机关在基层展开广泛调研。"法律的生命在于实施。"我们不仅要关注书本中的法律,更要关注社会生活中的法律。为了响应号召,眉山市检察机关与四川大学法学院共同成立课题调研组,选取了新刑诉法在检察环节有代表性和实务性的调研目标。调研期间课题组得到了眉山市检察机关与六个区县检察机关的热情配合,通过座谈、问

---

② 董潇:"新刑事诉讼法给公诉工作带来的挑战及应对",载《学理论》2013年第5期。

卷和采访等方式,采集到了来自检察工作第一线的珍贵反馈。

本文主要围绕特别程序在检察环节的适用情况展开讨论,眉山地区检察机关在特别程序的适用过程中慎重探索,善于总结,得出了不少很有建设性的经验,由于特别程序相对较新且缺少细则的缘故,还没能摸索出模式化的规律,故暂以"眉山经验"称之。

限于各地情况各有不同而调研范围有限,笔者姑且抛砖引玉,希望能为司法机关实务工作以及理论界研究提供一些有价值的参考,为国家的司法进步做出一定的贡献。

一、未成年人诉讼程序

未成年人是一个国家的未来与希望,我国历来重视对未成年人的司法保护,在新刑诉法修订之前,对未成年人的保护散见于《刑法》《民法》、《未成年人保护法》等多个部门法中。新刑诉法特别程序将未成年人诉讼程序作为首章,在内容上对程序的总方针、原则以及具体运用方面做了较为全面的规定,这是对过去二十年我国少年司法改革以及未成年人立法工作的充分肯定,长期边缘化的少年司法制度之地位得到极大提高。对未成年犯罪嫌疑人、被告人而言,这些人将受到更加有力的司法保护,保护力度的地域性差异也将缩小。[③] 从基层到中央,自下而上的改革受到肯定,也预示着今后少年司法制度建设将走向常态化。

未成年人诉讼程序不仅完善了未成年人的法律体系,改变了过去立法分散的尴尬,还表达了对未成年人的人文关怀,展现了国家对未成年人犯罪的新思路。新刑诉法第266条第1款规定:"对犯罪的未成年人,试行教育、感化、挽救的方针,坚持教育为主,惩罚为辅的原则。"这是刑罚个别化和轻刑化原则在未成年人诉讼领域的体现。

当然,尽管未成年人诉讼程序相对于1996年刑诉法已经取得了长足的进步,但依然还存在着可供推敲和讨论之处。

首先,法条规定得较为原则性和宏观性,指明了程序的原则与方向,却不能为司法实务提供较强的可操作性。这可能在基层适用中导致两个问题:一方面各地独立摸索,导致实际效果各自不同,难以统一;另一方面模糊的法条要么让基层难以开展工作,要么间接赋予基层较强而没有有效监督的自由裁量权,导致权力的过度适用。

---

③ 田相夏:"未成年人刑事诉讼程序若干疑难问题研讨会综述",载《青少年犯罪问题》2012年第5期。

其次，未成年人诉讼程序的改革力度还可再深入。在新刑诉法修订之前，各地多年的司法实践已经积累了较为成熟的具体制度，而此次出于审慎的目的并未完全吸收。例如少年审判环节的圆桌审判制度，在实践中得到了较良好的评价，在此次刑诉法修改中却并没有被提升到法律层面。而被新刑诉法所吸收的那些制度，也相对显得保守。以未成年人犯罪记录封存制度为例，国外大多采用的是犯罪记录消灭制度，此制度在之前国内的部分试点中也取得了较好的效果。而最终新刑诉法还是采用的是"封存"而不是"消灭"，只是有条件得保存起来，让未成年犯身上犯罪的标签始终处于不稳定状态。

最后，未成年人诉讼程序给检察机关带来了挑战。未成年人刑事检察工作如今主要面临个问题：一、工作独立性不强，包括未成年人检察理论独立性不强、未成年人检察机构的独立性不强以及未成年人刑事检察规则的独立性不强三个方面[④]；二、相关制度实际操作性低；三、新的工作领域增加了工作人员的工作负担与工作压力；四、部分办案人员执法观念相对滞后，不能适应新形势下未检工作的需要，偏重于追究犯罪的办案效果，忽视了犯罪预防与保护人权的效果；五、与其他司法机关以及社会相关团体个人衔接不畅。未检工作的开展需要公检法司多个国家机关以及社区、家庭、学校等多个社会主体的配合，而协调如此多的主体也将是一个不小的挑战。

社会调查制度、附条件不起诉制度、犯罪记录封存制度是未成年人诉讼程序的三大主体，本部分将结合眉山地区未检工作的实际情况，以三大制度为主要研究对象，以展开对未成年人诉讼程序的研究。

（一）社会调查制度

新刑诉第 268 条规定："公安机关，人民检察机关，人民法院办理未成年人刑事案件，根据情况可以对未成年犯罪嫌疑人、被告人的成长经历、犯罪原因，监护教育等情况进行调查。"同样的，在《人民检察机关刑事诉讼规则（试行）》第 468 条中指出："人民检察机关根据情况可以对未成年犯罪嫌疑人的成长经历，犯罪原因，监护教育等情况进行调查，作为办案和教育的参考。"这些条文构成了新刑诉法未成年人诉讼程序中社会调查制度的法律来源。

新刑诉法将社会调查制度设立为司法机关的一项强制性义务主要有

---

④ 徐东、李晓辉、张红霞："新刑诉法实施背景下的未成年人刑事检察制度构建"，载《法制园地》2013 年 10 月下旬刊。

两方面的考虑：首先是未成年人犯罪的特殊性。未成年人由于身心发育尚未成熟，缺乏足够辨别是非与自我控制的能力，容易受到外界不良环境与别有用心者的撺掇。为了慎重处理未成年人犯罪问题，就需要全面了解其犯罪的主客观原因，为司法机关即将做出的适当处理提供准确依据；其次是贯彻刑罚个别化原则。刑罚个别化原则要求法官在裁量之时，要根据犯罪嫌疑人的个人情况、犯罪原因等情况，有针对性的适用刑罚，以达到个别公正与个别预防的目的。建立社会调查制度，正是为了更好的贯彻该原则，实现未成年人犯罪预防与矫正的需要。

社会调查制度对于整个未成年人诉讼程序都有着基础性影响，在每个具体阶段都发挥着难以替代的作用。在审查逮捕阶段，新刑诉法明确规定："对于未成年犯罪嫌疑人、被告人应当严格适用逮捕措施。人民检察机关在审查公安机关提请批捕逮捕的未成年人犯罪案件，应综合考量后作出是否逮捕的决定。"这就需要检察机关在审查逮捕时对未成年人进行社会调查，通过对其在家庭、社会学校等的表现，确认其是否具有社会危害性，继而评估其羁押必要性；在审查起诉阶段，对于未成年人不起诉、附条件不起诉案件，新刑诉法赋予了检察机关更多的自由裁量权，在该阶段适用社会调查制度，有助于检察机关对未成年人的心理特性、道德品质、成长环境等有一个全面的了解，从而得出对涉罪未成年人的最佳处理方式；在量刑建议阶段，通过社会调查，检察机关可以全面掌握量刑情节特别是酌定量刑情节，从而向法院提出科学合理的量刑建议，也更容易受到法院的认同和采纳；在检调对接阶段，社会调查有助于促成轻微案件和解，化解社会矛盾，修复社会关系；最后，在教育挽救和犯罪预防阶段，社会调查有助于挖掘出未成犯罪人犯罪思想根源，以针对性的对其进行教育与改造，无论是个别预防还是全面预防，都能提供有的放矢的参考。[⑤]

社会调查制度尽管具有基础性的重要性，不过在检察实务当中还存在着两个主要问题。

第一，关于调查报告的制作主体。根据相关规则，在制作过程中由公安机关制作调查报告，公安机关没有制作的情况下，可以由检察机关制作。从理论上来说，公安机关和法院都是制作报告的首选。公安机关最早接触案件，掌握了第一手资料。法院则拥有天然的中立性和独立性，而检察院毕竟是公诉方，难免会带有主观判断于其中。但在实务调研中公

[⑤] 吕艳蓉："新刑诉法下检察机关未成年人社会调查制度运用"，载《法制园地》2013年3月上旬刊。

安机关要么对调查报告的制作不够重视要么制作的报告流于形式,所以多数情况下报告直接由检察院来制作。但这就引出了另外一个问题,现阶段检察机关本身就承担着较为繁重的工作负担与压力,尽管基层检察院的经费问题近年得到了相对缓解,但人力资源紧张依然未得到好转。让检察人员在紧张工作之余还要挤出时间走村串户,从群众的家长里短中提取信息,不仅可能导致办案质量降低,而且由于没有接受过相关的走访培训,能获得的资料也将有限。

实务中,眉山地区各检察机关普遍采取了与社会团体进行了合作,构建了检察机关主持、多个团体机构合作的模式。当地学校、社区、共青团委、关工委等团体与未成年人的学习生活紧密关联,对未成年人心理特点和生活习惯有长期深入的接触,且有着充裕的时间、精力和热情,与这些团体的合作首先解决了检察机关人手不足的问题;其次这些团体也有着检察机关所没有的专业优势,更加善于与未成年人沟通交流,比如仁寿县检察机关,在与其他团体合作的基础上还组建了志愿者队伍,队伍中有教师、关工委、心理咨询师等,这些志愿者不仅在调查报告的制作过程中发挥了作用,在未成年人诉讼程序的其他环节比如合适成年人到庭等环节也发挥了重要作用;最后,与检察机关的合作在整体上为未成年人营造了更好的生活学习环境,这也是这些团体工作的目标,形成了双赢的良性局面,带动了各方参与的积极性。

在看到社会团体优势的一面也要留意其在实务中所存在的缺陷。首先,这些团体或许会存在管理散漫、人浮于事的工作作风;其次,部分人员由于来自于当地,难免在协助调查时带有其自身的主观性于其中;再次,在未成年人工作上这些团体也许具有丰富的经验,可如何把社会性的经验和思维方式转化为司法工作所要求的形式,这还需要由检察机关接下来进行一定的培训。

第二,关于报告的内容与形式问题。在实务当中主要面临内容不统一和流于形式问题。丹棱县、彭山县和青神县等多地检察机关一开始都是交给公安机关制作,由于公安机关重视程度不够,导致制作的报告没有规范性,常常是敷衍了事。后来检察机关自己着手进行调查报告的制作工作,不过由于还在摸索阶段,对报告的内容和形式没有一个统一的规范。在调研过程中,丹棱县检察机关提出可以参照法院之前的判刑评估模式,由司法局牵头,公检法三家联动,采用数据化的打分模式,配以详细的选项。笔者对这种方法比较赞同,一来可以统一标准,避免出现不同地区评估差异大的问题;二来可以设置符合未成年人特点的选项如性格特点、家庭情况、成长经历、社会交往等以与成年人犯罪情况相区别；三来表格化报告比起写材料的方式更加客观。

仁寿县检察机关在六个区县中最早采用了标准格式的调查报告，不过他们也表示在实务中还是以写材料为主。笔者认为可能是因为表格式调查报告过于详细，比起写材料需要占用更多的时间，另外由于是摸索阶段，还没有建立起科学合理的评估选项，写材料反而更有助于实现调查报告的立法目的。

（二）附条件不起诉制度

附条件不起诉，又称"缓诉"或"起诉犹豫"，是指检察机关在审查起诉阶段，根据案件性质和情节、犯罪嫌疑人的年龄、一贯表现、悔过态度等，对应当负刑事责任的犯罪嫌疑人，认为暂不提起公诉有利于矫正犯罪嫌疑人、使其早日回归社会，同时也有利于被害人在物质方面得到补偿、使其被侵害的权益得到修复，则对该犯罪嫌疑人设置一定的条件和考察期，如其在考察期内积极履行相关社会义务，并完成与被害人和检察机关约定的义务以证实其悔罪表现的，检察机关将依法作出不起诉决定。[6]

一般认为附条件不起诉制度是起诉便宜主义理念的产物，最早发端于19世纪末的日本，与当时日本国内犯罪率持续走高以及司法资源相对紧缺的司法背景有关，从这个角度来说，附条件不起诉也符合诉讼经济原则。[7] 在减轻司法资源紧缺压力的同时，使刑事追诉更加符合刑事诉讼的目的，切实发挥其预防和控制犯罪的功能，也更符合当今宽严相济刑事司法的世界性趋势，美国、法国、德国等多个国家和地区都有附条件不起诉的明文规定。在新刑诉法制定之前，我国刑诉法虽然没有相关法规，但理论界与司法实践却一直保持着一定的热度，不少专家学者提出了很多有建设性的建议，福建、山东、上海、江西等地司法实务部门还进行了实践探索。

新刑诉法第五编特别程序未成年人诉讼程序中首次规定了未成年人附条件不起诉制度："对于未成年人涉嫌刑法分则第四章、第五章、第六章规定的犯罪，可能判处一年有期徒刑以下刑罚，符合起诉条件，但有悔罪表现的，人民检察院可以做出附条件不起诉的决定。"从法条来看，附条

---

[6] ［日］西原春夫：《日本刑事法的形成与特色——日本法学家论日本刑事法》，法律出版社1997年版，第154页。

[7] 鄢占川："未成年人犯罪暂缓起诉制度在我国的实践及立法构想"，载《兰州学刊》2011年第6期。

件不起诉制度有三个特点：一、行使主体只能由检察机关在审查起诉的特定阶段作出，这赋予了检察机关较大的自由裁量权；二、适用对象相比国外和较早前国内实践有所收缩，仅限于犯罪情节轻微、有悔改表现、暂不起诉不致再危害社会的犯罪嫌疑人，且年龄仅限于未成年人；三、从法律效果看，附条件不起诉制度并非终局性程序，这区别于纯粹的不起诉制度。⑧

未成年人附条件不起诉制度的确立有着其合理性：一方面，近年来我国未成年人犯罪数量和所占比例有所提高，各地司法实务部门与理论界都取得了一些突破，但立法相对有所滞后；另一方面，现有的不起诉制度需要补充和完善，相对不起诉适用于"犯罪情节轻微"的案件，但是对于轻微程序的界定却找不到相关法律和司法解释用于界定，立法的模糊性导致了实务阶段的可操作性。原刑诉法不起诉规定具有终局性，对不起诉人的悔过性难以起到有效的监督作用。

尽管附条件不起诉制度相比旧刑诉法的相关制度有所进步，但在使用过程中依然有三点需要注意的地方：首先，适用时应当符合社会公共利益与监督制约原则，不矫枉过正，不能笼统地以宽容的态度对待具有相当危险性的未成年犯罪人，这就如同一条钟摆，一旦摆动幅度过大，很可能使刑事诉讼陷入丧失程序和实体双重价值的尴尬境地。其次，创新工作方式。由于是新的制度又针对未成年人，这对检察部门提出了更高的要求，听证形式、人民监督员等之前检察工作未常用的模式应当进入检察部门的视野中。最后，与其他配套制度如社会调查制度、社区矫正制度等做好协调工作。不同制度之间联系紧密，相互促进体现了新刑诉法特别程序立法工作的科学性，也对各个制度的良好运行提出了更高的要求，以免出现"短板效益"影响其他制度的法律效果。

检察实务当中，结合理论研究，眉山地区检察部门在附条件不起诉环

---

⑧ 1992年，上海市长宁区检察院借少年公诉制度改革之机，率先在未成年刑事犯罪案件中引入附条件不起诉制度，为避免争议，改称"诉前考验"；2000年武汉市江岸区检察院也开展了附条件不起诉制度探索实践；2001年，浙江省杭州市某基层检察院制定了《关于缓诉的实施办法（试行）》以及《缓诉期内帮教对象改造行为规范》等一系列配套文书和表格；2001年5月，河北省石家庄市长安区检察院制定了《关于实施"社会服务令"暂行规定》，实质内容就是附条件不起诉制度；2002年10月22日，南京市检察院检察委员会通过了《检察机关暂缓不起诉试行办法》；2006年，广州珠海区检察院制定了《关于办理未成年人犯罪案件的若干规定》；2012年，江苏省宿迁市检察院制定了《未成年人附条件不起诉实施细则》……如火如荼地拉开了附条件不起诉制度在全国范围内的探索之路。

节主要面临的问题有两个方面,分别是部门自身建设问题与案件范围争议之问题。

1. 检察部门自身建设问题

附条件不起诉制度主要由检察部门开展。新刑诉法规定:"人民检察机关对被附条件不起诉的未成年人犯罪嫌疑人进行监督考察。"笔者认为按照新刑诉法的规定,作出不起诉决定、实施监督考察和考验期满考核均是由检察部门负责,似有不妥。一方面检察部门定位为法律监督机关,所有环节事必躬亲有违司法机关的中立性;另外一方面,检察机关由于人力物力等司法资源的相对有限,要保质保量的完成附条件不起诉的所有环节压力较大。所以笔者认为,正如社会调查制度一样,将琐碎的工作交由其他社会团体负责,检察部门居中做好统筹协调与监督考核工作即可,既能合理减少工作量又能提高工作的完成质量。

同时附条件不起诉制度中考察阶段应当遵守的四项规定笔者也认为还有可改进的潜力。根据新刑诉法第272条第3款之规定:"被附条件不起诉的未成年人犯罪嫌疑人,应当遵守下列规定:(一)遵守法律法规,服从监督;(二)按照考察机关的规定报告自己的活动情况;(三)离开所居住的市、县或者迁居,应当报经考察机关批准;(四)按照考察机关的要求,接受矫治和教育。"从法律条文中可以明显感觉到与缓刑、假释制度的相似性。既然是针对未成年人的制度,就应当结合未成年人之特点设定,例如设立"禁止令"制度,禁止被附条件不起诉的犯罪嫌疑人在考验期限内从事特定活动、进入特定区域、接触特定的人,从而尽量将未成年犯罪嫌疑人与外界的不良因素隔离开来,以实现监督效果和附条件不起诉的立法目的。

检察部门在审查起诉阶段拥有一定的自由裁量权,附条件不起诉制度更是扩大了检察部门的起诉裁量权,这样做尽管提高了检察部门的工作效率和效果,但也存在司法腐败的风险。有权力就应当有监督制约。比较法视野内,国外法治国家和地区针对类似情况创设了三种基本的模式。

(1)德国强制起诉模式。德国刑诉法规定了以法官为主导的强制起诉程序,犯罪嫌疑人对决定不满的,可以向法院提出异议或者委托律师提出,效力视为已经提起公诉,进入正常审判程序。[9] 我国新刑诉法部分借

---

[9] 王鸿杰、朱珊珊:"未成年人附条件不起诉制度与检察工作应对",载《第八届国家高级检察官论坛论文集:特别程序与检察监督》,2012年11月。

鉴了德国的经验,新刑诉法规定:"对于有被害人的案件,检察机关在作出附条件不起诉决定以前应当听取被害人的意见。如果被害人不服决定的,可以自收到决定书后七日以内向上一级检察机关申诉,请求提起公诉。检察机关应当将复查决定告知被害人。对检察机关维持决定的,被害人可以向法院起诉,被害人也可以不经申诉,直接向法院起诉。法院受理案件后,检察机关应当依法向法院移送起诉。"

(2)台湾地区再议模式。除检察官作出的缓起诉已得到告诉人同意外,告诉人不服决定的,可以由作出决定之检察官向上级法院检察署检察长或检察总长申请再议;在没有被害人的案件中,原检察官应依职权将决定送上级法院检察署检察长或者检察总长再议。[10] 我国新刑诉法部分借鉴了台湾地区的类似规定。新刑诉法规定:"对于公安机关移送起诉的案件,人民检察机关在作出决定以前应当听取公安机关的意见。公安机关认为决定有错误的可以要求复议,如果意见不被接受,可以向上一级人民检察机关提请复核。"新刑诉法同时规定:"辩护人、诉讼代理人认为公安机关、人民检察机关、人民法院及其工作人员阻碍其依法行使诉讼权利的,有权向同级或者上级人民检察机关申诉或控告。人民检察机关对申诉或者控告应当及时进行审查,情况属实的,通知有关机关予以纠正。"

(3)日本检察审查会模式。日本《检察审查会法》规定:"被害人不服检察官所作的不起诉处分时,可以向办理案件的检察官所属的检察厅所在地有管辖权的检察审查会申诉。检察官应检察审查会的要求,必须提出必要材料,并出席会议,陈述意见。检察审查会审查申诉后,做出决议,并做出附理由的决议书,将副本送指挥监督检察官的检察厅及检察官资格审查会。在决议后七日内,检察审查事务局公布决议内容,并将内容通知申诉者。检察官收到决议书后,必须参考决议,考虑是否变更原不起诉决定。"检察审查会的起诉决定虽然没有程序上的约束力,但是能引起检察官及上级的重视和关注。

以上的制度笔者认为具有一定的借鉴意义,但基本属于事后监督。结合我国实际,笔者认为可以考虑以下三点。

第一,坚持贯彻检察一体原则,完善检察机关内部监督制约机制,比如应当报上级检察机关备案,赋予上级检察机关一定干预和制约的能力。

第二,建立健全案件管理系统。科学合理的案件管理系统能够实现

---

[10] 王亚男:"略论未成年人犯罪案件诉讼程序",载《北京青年政治学院学报》2013年第2期。

对办案程序、办案过程和办案期限的跟踪、预警等监督功能。笔者在眉山调研时对检察机关新投入使用的案件管理中心印象十分深刻，该制度在眉山各地区都在推广与开展。案件受理与管理中心改变了以往不同部门分别接受不同单位不同性质案卷的情况，在源头上统一受理，不仅提高了效率，还为分案管理提供了制度前提，而这在未成年人案件当中的程序意义不言而喻。同时所有案卷统一管理也为检察机关纪检监察部门开展检务监督工作提供了便利。

第三，人民监督员介入附条件不起诉程序进行监督。该制度有利于提高司法透明度，切实发挥人民监督员在理解、监督和支持检察工作中的正面作用。也是切实贯彻群众路线的应有之意。

2. 案件范围之争议

新刑诉法第271条规定附条件不起诉制度适用的案件范围为"对于未成年人涉嫌刑法分则第四章、第五章、第六章规定的犯罪，可能判处一年有期徒刑以下刑罚，符合起诉条件，但有悔罪表现的，人民检察机关可以做出附条件不起诉的决定"。

有观点认为该条款过于狭窄，难以适应青少年犯罪之特点，从而缺乏实务中的可操作性。一方面，如今未成年人犯罪有着暴力化和严重化趋势。刑法规定已满14周岁不满16周岁的未成年人属于相对负刑事责任年龄段，需要承担八种犯罪行为的刑事责任。该八种行为均属于较为严厉的犯罪行为，很难纳入附条件不起诉的案件范围。另一方面，从刑法分则进行解读，法定最高刑为一年以下有期徒刑的只有两条，分别是侵犯公民通信自由罪和危险驾驶罪。综上所述，附条件不起诉制度在实务工作中面临被架空的境遇。

对于以上的观点，笔者认为不能从法条文字中片面理解，而是应当运用法解释方法进行解读。首先，关于案件适用范围过窄的问题。笔者在眉山地区实务调研中发现未成年人犯罪案件范围高度集中，这些案件基本能被刑法第四、五、六章所规定之罪名覆盖，故再没有必要将其他一些与未成年人关系不大之罪名纳入，以免造成司法资源之浪费；其次，关于"一年以下有期徒刑"的说法，笔者认为应该是指实际宣告刑而非法定性。

（三）未成年人犯罪记录封存制度

新刑诉法第275条规定："犯罪的时候不满18岁，被判处5年有期徒刑以下刑罚的，司法机关和有关部门应当对相关犯罪记录予以封存。犯罪记录被封存的，不得向任何单位和个人提供，但司法机关为办案需要或者有关单位根据法律法规规定进行查询的除外。依法进行查询的单位，应当对被封存的犯罪记录的情况予以保密。"

笔者在调研中认为封存犯罪记录封存制度在实务中的问题主要在于管理与配套措施,这直接影响着该制度预期效果的实现。

首先是封存记录的保存问题。在调研中笔者发现和新刑诉法的很多新制度一样,还没有一个统一的标准,都在各地摸索之中。现如今还有一些新问题就是电子犯罪记录的保存问题等,[11]相关案例在实务中还很少,笔者认为可以与其他电子类保密文件一样,以设置权限密码的方式来进行管理较为适宜。另外检察机关在作出不起诉决定或者收到人民法院已经生效的判决书后,应当立即依据职权进行封存。

其次是查询机构的范围和保密义务问题。据不完全统计,我国颁布的兵役法、公务员法、人民警察法、检察官法、法官法、律师法、教师法、执业医师法、注册会计师法等多部法律都将曾经受到过刑事处罚的人拒之门外或者设置了较高的门槛。面对如此多的法律,就算对法条中可以查询的单位主体作限缩解释,如果上述的法律没有做出配套的修改,犯罪记录封存制度的效果依然将会大打折扣。另外,这些单位也不像是检察机关等办案机关一样是封存的义务主体,所以他们应当遵守的是保密义务,而非封存义务。检察机关应当对这些查询的单位进行保密告诫或者制作送达《保密告诫通知》等文书,以加强其保密责任感。[12]

最后,无惩罚就无保障,无救济就无权利。对于泄密的单位的惩罚制度和被封存未成年人的救济这两个配套措施应当尽快落实。只要是被封存,就有被泄密的可能,低廉的犯罪成本让泄密人有恃无恐,而新刑诉法规定了应该怎么做,却没有规定如果不这样做有什么样的后果。

有观点认为该条款过于狭窄,难以适应青少年犯罪之特点,从而缺乏实务中的可操作性。一方面,如今未成年人犯罪有着暴力化和严重化趋势。刑法规定已满14周岁不满16周岁的未成年人属于相对负刑事责任年龄段,需要承担八种犯罪行为的刑事责任。该八种行为均属于较为严厉的犯罪行为,很难纳入附条件不起诉的案件范围。另一方面,从刑法分则进行解读,法定最高刑为一年以下有期的,尤其是对于未成年人。又比如《日本少年法》第60条规定:"少年时犯罪被处以刑罚但已经执行完毕

---

[11] 张敬博:"关注未成年人司法制度新动向——新刑事诉讼法实施与未成年人司法工作机制创新研讨会综述",载《人民检察》2012年第11期。

[12] 魏再金:"浅析未成年人犯罪记录附考察期封存制度",载《法制博览》2013年2月中旬刊。

或者免除刑罚者,在适用有关资格的法令时,视为未曾犯罪。"[13]

我国的犯罪记录"封存"不同于国外的前科"消灭"。封存意味着如果该未成年人再次犯罪,不管其再犯时是否成年,其现有的犯罪记录都将在未来的诉讼中出现,用以评价其是否构成累犯或者评估其社会危害性。而消灭则意味着未成年时的犯罪记录在成年后的犯罪案件中不得出现,从法律意义上被视为不曾发生。

前科消灭制度或许更加有利于防止未成年人由于偶然失足而影响其人生发展进而对社会产生报复情绪,无法顺利回归社会。相比之下,我国的犯罪记录封存制度显得略微保守,然则笔者认为这样反而更为适宜,一方面由于犯罪记录封存制度是新的制度,谨慎对待更加有利于发挥制度的社会效果;另外一方面,除了对未成年人顺利回归予以高度和首要的重视之外,结合当今我国未成年人犯罪案件低龄化、暴力化等趋势,我们也需要兼顾保障社会秩序与安全的需要。

二、刑事和解制度

刑事和解指的是在司法实践中,在国家司法机关的主持下,加害人与被害人进行协商,通过赔礼道歉,物质补偿等手段弥补既存损失,一方面达到从物质和心理层面补偿被害人的目的,另一方面为加害人减轻罪过、减少刑罚提供途径。在实践中,采用刑事和解结案的案件多数以相对不起诉、缓刑或者相对减刑为结果。

刑事和解制度自从20世纪70年代在英美等国司法实践中适用以来,已经有二三十年的发展,随着世界刑事司法轻刑化的趋势,刑事和解制度为越来越多的国家和地区所接收。2013年我国新刑诉法的生效将刑事和解制度法制化,不过由于立法审慎的态度,新刑诉法关于这一程序的设置非常单薄和原则性。尽管如此,刑事和解制度在一定程度上赋予了刑事纠纷当事人,特别是被害人对于纠纷解决的部分主动权、参与权和决定权、改变了传统纠纷解决机制中国家及其代表机关决定一切的垄断地位,是我国一次刑事纠纷解决理念和价值的转型。

传统的刑事法律思想强调罪刑法定,即严格按照法律规定进行审判和判决,其优势在于最大限度体现程序正义,维护了司法权的权威。同时这种思想强调社会报应主义,采用以惩罚为主的方式使罪犯受到侮辱性

---

[13] 姜敏:"刑事和解:中国刑事司法从报应正义向恢复正义转型的路径",载《政法论坛》2013年第5期。

和标签化，不仅使犯罪个体自身难以回归正常的生活，也不利于修复被破坏的社会关系，甚至可能引发新的犯罪问题。

虽然国家是由个人和社会组成，但国家并不是个人和社会，或者说国家和个人或者社会的利益并不总是具有同构性。对比过去的法律形式主义思想，霍姆斯提出"法律的生命不是逻辑而是经验"，卡多佐也认为"法律的最终根据是社会的福利"。这些思想被认为是法律现实主义的源头。该主义认为法律不是经验的、普遍的存在，而是实现特定社会目标的手段。如今的时代斗转星移，更多的人开始专注法律是如何运作的，而不是仅仅拘泥于上诉法院的判例和精美的辞藻。而对于被害人，最初因受到犯罪侵害的报复性心理逐渐消退，理性逐渐恢复，产生了物质赔偿和精神赔偿的需要。对于加害人，也会出现后悔甚至悔过自新的心理，并且产生从宽处理以获得自由的心理需要。[14]

具体到刑事纠纷解决领域，比起过去的刑事纠纷中关注的被害人和社会外在的、表面的需要以及加害方的法律责任，一种关注被害人和社会内在的、根本的理性需要以及加害方的社会责任的新的纠纷解决思路越来越引起理论界和实务界的重视，即恢复性司法。[15] 恢复性司法试图将犯罪人、被害人、他们的家庭和社区等都纳入广义的谈判、调解之中，一改过去对被害人需求和利益的漠视，不再过分依赖监禁等惩罚措施。将犯罪视为一种对人们之间的社会关系的损害和对社区安宁的撕裂，从而将修补被犯罪所损害的社会关系作为首要。这一点是恢复性司法与刑事和解的契合点。本部分将从法条解释问题、存在的风险和检察机关角色与定位三个角度解读新刑诉法刑事和解制度。

(一) 法条解释问题

新刑诉法第 277 条规定："下列公诉案件，犯罪嫌疑人、被告人真诚悔罪，通过向被害人赔偿损失、赔礼道歉等方式获得被害人谅解，被害人自愿和解的，双方当事人可以和解：(1) 因民间纠纷引起，涉嫌刑罚分则第四章、第五章规定的犯罪案件，可能判处三年有期徒刑以下刑罚的；(2) 除渎职犯罪以外的可能判处七年有期徒刑以下刑罚的过失犯罪案件。"

首先是关于民间纠纷的界定问题。最高检、最高院以及司法部均未

---

[14] 刘磊："恢复性司法的正名与我国未成年人刑事司法的转向"，载《青少年犯罪问题》2013年第2期。

[15] 陈卫东、程晓璐："当事人和解的公诉案件诉讼程序配套规定之评析与建议"，载《中国刑事法杂志》2013年第7期。

对民间纠纷进行正面规定,仅《公安部规定》在第 323 条以除外的方式进行了反向规定:"不属于因民间纠纷引起的犯罪案件(一)、雇凶伤害他人的;(二)、涉及黑社会性质组织犯罪的;(三)、涉及寻衅滋事的;(四)、涉及聚众斗殴的;(五)、多次故意伤害他人身体的;(六)、其他不宜和解的。"由于民间纠纷概念过于宽泛且与群众生活联系紧密,或将在司法实践中造成困惑,笔者认为应当对民间纠纷进行扩大解释,认为民间纠纷就是公民之间有关人身、财产权益、家庭关系和其他日常生活中发生的纠纷,只要是人民内部矛盾引发的轻微刑事案件都可以看做是因民间纠纷引起。[16]

其次,法条规定"涉嫌刑罚分则第四章、第五章规定的犯罪案件,可能判处三年有期徒刑以下刑罚"主要考虑了这一类犯罪涉及公民人身权利,民主权利和财产权利,与民众联系紧密,基本不涉及国家和公共利益,且比较轻微。"除渎职犯罪以外的可能判处七年有期徒刑以下刑罚的过失犯罪案件"主要是对国家机关工作人员履行职责有了更高的要求。但是法条只规定了案件范围,却没有对犯罪主体进行细化,同时和解程序的启动主体也规定得模糊不清。笔者建议在规定案件范围的同时,对犯罪主体按照未成年犯、初犯、偶犯等进行划分,同时考虑到刑事和解制度的设立初衷,对启动主体应当做扩大解释,公检法均有权启动且应当主动启动和解程序。

最后,法条规定的案件范围为轻微刑事案件,反映了立法的审慎性。但在司法实践中,不少司法机关已经尝试将刑事和解适用到可能被判处三年以上有期徒刑甚至死刑的重罪中,在双方达成和解后,检察机关可以提出量刑建议,法院可以对被告人作出相应的减刑。从刑事和解的初衷出发,重罪案件的刑事和解符合我国司法界提倡的能动司法理念,顺应了社会主义法治理念,体现了刑罚个别化原则,同时也有利于修补被损害的社会关系以及提高办案效率。所以,尽管重罪案件的刑事和解存在着风险,但本着保护人权和维护社会稳定的优先目标,笔者认为是可以尝试在部分犯罪人真诚悔罪和得到被害人谅解的重罪案件中适用刑事和解制度,但是和解结果也只能作为检察机关提起公诉、提交量刑建议和法院审判的参考依据,不具有减刑当然性,同时应当配套更加严格的审查和监督制度。

---

[16] 姚显森:"公诉案件中当事人和解协议效力扩张及法律规制",载《现代法学》2013 年第 5 期。

(二) 存在的风险

"风险"一般指的是某一事件出现的实际情况与预期情况有背离,从而产生的一种损失。作为人的行为和选择,刑事和解效力扩张的过程和结果具有不确定性,也会产生诸多风险。另外由于协议双方以及办理案件的公诉人和审判人员承担多重社会角色,不同角色的期待会对和解效力的异化和扩张造成不同程度的影响,这也增加了出现风险的可能。[17]

在讨论刑事和解存在的风险之前,还需要辨析刑事和解与刑事附带民事诉讼程序以及辩诉交易的区别。

刑事附带民事诉讼制度指的是司法机关在刑事诉讼的过程中,在解决被告人刑事责任的同时,附带解决被告人的犯罪行为所造成的物质损失的赔偿问题而进行的诉讼活动。刑事附带民事诉讼与刑事和解在财产赔偿这一部分有所重合,但刑事附带民事诉讼仅仅解决财产赔偿问题,其目的并不直接指向修复社会关系,且赔偿方式单一。刑事和解制度以修复性司法为指导思想,将民事财产赔偿等看作是手段,将修复社会关系当做目的,不仅要求物质赔偿,还要求犯罪人诚心悔罪得到被害人的谅解,同时和解方式以物质赔偿为主又不仅限于物质赔偿。

根据《布莱克法律辞典》解释,辩诉交易指的是刑事被告人就较轻的罪名或者数个指控中的一项或者几项做出有罪答辩以换取检察官的某种让步,通常是获得较轻的判决或者撤销其他指控的情况下,检察官和被告人之间经过协商达成的协议。辩诉交易的交易主体主要是公诉人与被告人,与被害人没有必然关联,目的在于提高司法效率,背景为英美法系。刑事和解并非简单的公诉人与被告人在刑事上进行和解并达成协议,而是被告人与被害人达成私人之间的协议,司法机关再根据双方当事人达成的协议终止诉讼或者依法做出从宽处理的决定。这是刑事和解与辩诉交易之间的本质区别。其次,刑事和解的前提是案件涉及的主要犯罪事实已经查明且涉案证据证言已经收集充分,而辩诉交易的前提则正是由于客观原因不能完全查明其全部案件事实或者在涉案证据还存在一定瑕疵的情况下,公诉人的一种妥协手段。再次,在刑事和解中公诉人是监督人,而在辩诉交易中公诉人是主要参与者。最后,根据英美法系国家的法律与司法惯例,辩诉交易达成的协议具有约束控辩双方的法律效力,法官只能进行程序性审查,而我国刑事和解达成的协议并不必然对司法机关

---

[17] 谢佑平、姚石京、刘晖:"刑事和解尚需厘清的八个问题",载《人民检察》2013年第13期。

产生约束力，只是作为一种参考依据。

在明晰刑事和解与刑事附带民事诉讼以及辩诉交易的区别后，可以将刑事和解的风险限缩到刑事和解的内部，即所谓"花钱买刑"问题。从目前全国实际情况和眉山调研情况来看，加害人赔偿被害人物质损失，主动承担民事赔偿责任以取得被害人谅解是最主要的和解方式。加害人是否真诚悔罪，被害人是否真心谅解都再所不问，实务当中强烈的功利性不得不让刑事和解异变为花钱买刑的金钱交易，并衍生为加害人天价赔偿、被害人漫天要价和加害方与被害人合力应付检察机关的三种极端情况，无论是哪一种结果，都会严重地伤害司法机关的公正以及刑事和解的立法精神。

首先是加害方天价赔偿的问题。实务中，经济条件较好的加害方或者是极其看重自身社会地位的公务员等，强烈愿意承担物质赔偿，甚至会主动提出这一解决方案，竭力筹措资金，积极争取与被害方达成和解协议，认为钱与罪成反比，希望以物质赔偿换来较轻的处理。可是刑事和解协议并不必然导致罪行的减轻，这样的落差感不仅会导致加害人很难真诚悔罪，对司法过程和结果产生怨恨情绪，还可能导致协议履行受阻或者协议被冻结。其次，实务中还存在着被害方借罪讹钱的现象。无论是出于以牙还牙的复仇心理、出于借机捞一笔的算计还是出于来自其他方面如加害方等的压力，在刑事和解中，被害方往往漫天要价，给加害方带来了极大的经济压力，迫于为获得较轻指控后的较轻刑罚之目的，加害方非自愿地承担了超额赔偿的负担，现实中不乏卖房卖地的情形，结果导致加害方经济窘迫，被害方怒气难消，对于修复社会关系毫无裨益。甚至还有被害方在收钱以后继续追究加害方的完全刑事责任，导致冲突升级的复杂局面。最后，颇为讽刺的是，在调研中，笔者发现存在愿意赔钱的加害方与愿意获得经济利益的受害方一拍即合的局面，此时严格依法办事的检察机关反而成为双方共同隐瞒和躲避的对象。

有经济能力的加害人因为更容易满足被害人的要求而获得被害方的谅解，家境不好的加害人则更容易获得较重的刑罚，这不得不给社会公众留下一种"花钱买刑"的错觉，也将留下司法腐败的温床。笔者认为出现花钱买刑的原因在于赔偿标准不统一。刑事和解的初衷在于修复社会关系，而社会关系的修复是无法用金钱来进行量化，犯罪当中的诸多情节以及新刑诉法赋予被害人的更多的自由裁量权都不能作为赔偿标准可量化的参数，所以从这个角度而言，制定一个可量化的赔偿标度难度很大，而且可能也很难有实际操作性和实务价值。

刑事和解的风险往往来自于花钱买刑问题。而花钱买刑的关键在于赋予被害人的自由裁量权。可是被害人被侵害的法益却不能完全等同于犯罪侵害的法益。在有被害人的刑事案件中，犯罪不仅侵害了被害人的私人权益而且也对社会整体法益造成了侵害，即侵犯了"双重法益"。私人法益部分可以由被害人自由裁量，这也是修复社会关系的主要部分，可是如果任由花钱买刑发展，过度使用的被害人自由裁量权可能就会通过损害社会整体利益来满足其私益。同时，如果对于被侵犯的社会利益这一部分如果国家公权力不能良好的干预与把握，同样也会产生风险。所以，无论是私人法益还是社会法益的风险防控，都需要有合理的监督与引导，这些都离不开检察机关的参与，而如何正确找寻检察机关自身的角色与定位，这是这一切的关键。[⑬]

(三) 检察机关角色与定位

检察权兼具行政属性与司法属性双重属性，受到恢复性司法理念的影响，作为司法守护人的检察权逐步由"重打击，轻保护"转向"惩罚犯罪与保障人权并重"发展。同时，刑事和解制度避开了传统司法程序，在减少了司法资源投入的同时，保证了案件处理的质量；采用更温和的协商方式来解决刑事纠纷，使纠纷各方对判决结果的接受程度更高。良好的诉讼效益与社会效益也促使检察机关选择适用刑事和解。不过在实务调研中，笔者发现比起加害人及其家属强烈的和解意愿，多数被害人及其家属却持观望态度。检察机关也一直持保守的谨慎态度，除了因为办案人员相对不足、相关配套制度和标准不够完善、传统司法正义观的影响和人员培训尚未全面跟上外，容易被社会大众误认为是以钱买刑，也是重要的原因。即使有检察机关重视刑事和解，在实际推行中也没有收到预期的效果，原因主要有人力资源紧张，和解程序繁琐，时间成本较高，内部考核体系不够科学，和解结果具有不确定性，一旦一方反悔，整个和解则宣告失败。这些客观的困难因素造成了刑事和解立法期待与实际效果的落差。

波斯纳认为："法律程序在运作过程中会耗费大量的经济资源，为了提高司法活动的经济效益，应当将最大限度地减少这种经济资源的耗费作为对法律程序的一项基本经济标准，并在具体的司法活动中实现这一目标。"一起刑事和解案件通常的流程为：案件承办人根据案情及当事人意愿提出刑事和解建议——科室讨论—分管检察长同意或者检委会讨论

[⑬] 郗琳、黄福涛："论检察环节新刑事和解制度之风险防控"，载《中国检察官》2013年第7期。

通过——承办人主持加害人与被害人进行和解。虽然检察机关在刑事和解过程中可以增加案件分流等一些技术性手段在具体环节上节约司法资源,可是比起传统的办案方式依然要花费更多的时间与精力,一般要多1—3倍的时间,如果和解失败,检察机关还要重新使用传统追诉程序。

除此之外,检察机关在进行刑事和解时还要防范自身一味追求和解效果和产生司法腐败的风险。首先,作为现在热门的新制度,多数检察机关对于刑事和解都尽量尝试与推进,鼓励以刑事和解进行结案。为了提高和解结案率,强迫双方进行和解,违法给予加害方法律规则以外的从宽处理,向被害人允诺法律之外的超额的经济赔偿等手段背离了刑事和解修复社会关系的初衷。在这种情况下,即便双方勉强和解,但和解的自愿性与公正性得不保障,双方的心结无法解开,不但达不到和解效果,还要对社会关系造成二次伤害,为下一次的犯罪埋下了隐患。其次,刑事和解不仅赋予了被害人较高的自由裁量权,看似置身事外的检察机关也获得了一定的"隐形"自由裁量权,但检察机关却没有形成配套的监督机制,容易形成司法腐败的温床。

不论是客观的困难与压力,还是主观的迎合性和解以及司法腐败,都需要检察机关通过正确定位自身的角色来解决。对于检察机关在刑事和解中的定位,笔者认为应当是启动者、监督者和确认者。在审查批捕阶段和审查起诉阶段发现案件符合法律规定的和解范围和条件,可以向当事人提出和解建议,一方当事人有和解意向的,可以告知对方当事人。同时还应当告知当事人和解的相关规定和双方的权利义务、法律后果等。和解过程中,检察机关尽量以主持人的身份置身事外,让双方当事人自行协商,检察机关只需要在必要时提供法律咨询。和解结束后,检察机关主持制作和解协议。[19] 至于具体的调解技术性问题,可以邀请人民调解员等经验更加丰富的专业人士来进行,这样不仅能提高调节效果,而且也减少了检察机关的工作量。

最后,针对迎合性和解以及司法腐败问题,一方面需要对检察机关内部的评价考核体系进行调整,让考核更加科学,使办案人员既愿意适用刑事和解又不唯刑事和解为圭臬。至于司法腐败问题,"一切有权力的人都容易滥用权力,这是一条万古不易的经验,有权力的人使用权力一直到遇到有界限的地方才停止。"孟德斯鸠数百年前的话在今天的语境下依然适

---

[19] 陈荣飞:"赔钱减刑之理论困境及超越",载《兰州学刊》2013年3月刊。

用。笔者认为应当在不过多影响司法效率的前提下加强检察机关内部监督以及纪委监督,群众监督等外部监督,还要设置和解后的当事人回访机制、当事人投诉救济机制等制度来进行牵制。

(四)设置与完善配套措施

《高检规则》第514条规定:"双方当事人可以自行达成和解,也可以经人民调解委员会,村民委员会,居民委员会,当事人所在单位或者同事、亲友等组织或者个人调解后达成和解。"让调解经验更加丰富的社会调解力量的介入,不仅可以大大减轻检察机关的工作量,提高调解的效果与质量,也可以让检察机关坐稳置身事外的主持人的角色,加强对司法腐败的防控。同时这些社会机构对于能够参与刑事调解工作也表现出了很高的热情和积极性。

笔者曾经旁听过我省L市检察机关组织的"诉前会议"的一次试点会议,会议的一个主要内容就是对纠纷双方进行刑事和解,作为会议主持人的检察官对于把握和解的节奏还相对生疏,事后的总结会上也感言"没有想过能促成双方和解,只要别在会议上吵闹起来就算顺利"。笔者认为面对刑事和解,检察官们还留有一定的"我是公诉人"的高高在上的观念。不过那次会议最让笔者印象深刻的是会议也邀请了当地基层人民调解员的参加,在会议和解陷入一定僵局的时候,人民调解员的作用逐渐发挥出来,调解员没有检察官的正襟危坐,直接与当事人勾肩搭背套近乎,为后面双方达成和解发挥了建设性的作用。

除了人民调解员,检察机关还可以打造一个平台,例如以委员会的方式,把调解员,政协委员、人大代表,律师,社会人士等都吸纳进来,调解员有常年基层调解的经验、了解基层群众想法,政协委员、人大代表具有权威性,律师具有专业知识、对当事人的影响相对更大,社会人士如当事人的长辈等更容易把控局面,让这些社会力量在检察机关的主持下,发挥合力解决问题,笔者认为是相对较好的一种模式。

除了和解的模式,笔者认为还应当研究能够取代现有单一金钱赔偿的赔偿方式。如今的"赔偿——谅解——减刑"模式过于单一,不得不让人产生花钱买刑的怀疑,也与刑事和解的初衷相违背。[20] 然而,新刑诉法中的赔礼道歉等措施还显得很苍白无力。笔者认为在之后的实践中可以多创造新而有效的方式,例如暂扣汽车、公益劳动、劳动补偿、禁止令等多

---

[20] 刘延祥、李兴涛:"检察机关强制医疗法律监督问题研究",载《中国刑事法杂志》2013年第5期。

样化方式。

最后,笔者认为还可以考虑构建国家赔偿体系。通常情况下,犯罪人对犯罪造成的损害承担第一位的责任是理所应当的,可是现实中还存在着由于客观原因无法履行赔偿义务的情形,为了保障已经受到伤害的被害人之合法权益,世界多国或者 NGO 都有建立有被害人损害的国家补偿机制。[21] 2012 年,国务院新闻办发布的《中国的司法改革》白皮书就表明:"中国近年来正积极探索建立对刑事被害人的救助制度,2009 年—2011 年间,司法机关共向 25 996 名刑事被害人发放救助金 3.5 亿余元人民币,提供法律援助 11 593 件,完善了刑事被害人权益保障体系。"考虑到我国目前的经济水平,这一制度的真正实现还具有难度,但这一理念却与我国"合和"的传统思想以及社会主义的道德理念相一致,在实务中,对于生活遭遇艰难的被害人,政府、司法机关和社会力量在力所能及范围内还是会伸出援手,这种行为由于没有上升到制度化,可以姑且称之为习惯。

三、精神病人强制医疗程序

新刑诉法第 284 条规定:"实施暴力犯罪行为,危害公共安全或者严重危害公民人身安全,经法定程序鉴定依法不负刑事责任的精神病人,有继续危害社会可能性的,可以予以强制医疗。"新刑诉法将强制医疗程序纳入特别程序,实现了该程序的司法化,程序构造带有明显的刑诉色彩:公安机关发现移送——检察机关审查——法院审理决定——强制医疗机构执行。比起过去的杂乱无章,新刑诉法对强制医疗程序在法律上的确认具有鲜明的进步性,但由于立法笼统,实务中还存在一些问题,同时精神病人的个体自由让位于社会公共利益的时候,对精神病人的保护也显得格外重要。

在强制医疗程序的发展与完善中,发挥检察机关的独特优势,对于问题的解决将具有建设性的作用。但是强制医疗程序中涉及检察机关法律监督的法条只有一条且较为抽象,即第 289 条:"人民检察机关对强制医疗的决定和执行实行监督。"同时,结合实际,检察机关的监督具有程序性监督而非实体性监督的特点,更多表现为请求建议权,监督手段为检察建议和纠正意见,具有事后性和弱强制性。

---

[21] 张守良、鞠佳佳:"强制医疗执行监督的实践探索",载《中国检察官》2013 年第 8 期。

实践中，按照程序流程，检察机关首先是对公安机关进行监督，监督方式主要以强制医疗意见书和案卷材料为主。实体上对公安机关提出的强制医疗申请进行实质审查，程序上对公安机关侦查行为的合法性、精神病鉴定程序、临时保护性措施和移送医疗意见书等行为进行合法性监督。

对于法院，检察机关主要对法院审理强制医疗案件、决定强制医疗和接触强制医疗的活动进行监督。主要表现为以检察机关派员出庭支持公诉的方式进行监督。然而，根据新刑诉法第285条的规定，法院对强制医疗的处理方式是决定而非判决或者裁定，这也就意味着检察机关不能以抗诉的方式来监督，而代之以检察建议。[22] 可是检察建议监督手段不具有特别的强制效力，仅仅是提出问题，供被建议单位在具体工作中加以参照改正或者参考改进。故检察建议很难对法院产生实质性的约束力，理论上法院完全可以置之不顾。

对于强制医疗的执行阶段，检察机关主要监督精神病人的生活待遇、医疗状况和人权保障，这一块还是空白。笔者认为可以建立常规监督和巡视监督相结合的灵活模式，除了传统常规的监督方式外，检察机关还可以邀请社会监督力量和医疗专业人士组成巡视监督委员会，定期或者不定期地在各执行医院之间流动巡视，这样不仅缓解了检察官人力紧缺的问题，提高了监督的质量，保障了精神病人的正当权益同时还充分发挥了社会监督力量和医疗专业人士的特长，弥补了检察人员专业知识上的缺失。[23]

由于精神病人的特殊性和社会危害性，就需要专业的医疗机构来进行看护和治疗。可是目前全国仅有24所安康医院，平均一个省不到一所，供求关系极度紧张。开放社会力量建设民营安康医院可在短期内缓解供求问题，可是民营医院鱼龙混杂，对于政府管理和检察机关进行监督都要带来更多的挑战。笔者在仁寿调研的时候与检察人员讨论过该问题，提出可以集中力量在一个市设立一个统一的安康医院，可是依然面临建设资金和专业医护人员短缺等问题，而如果折衷一下，在普通医院开设特殊看护室等，一来难以解决实质问题，二来让具有社会危害性的精神病人与社会大众近距离接触，存在一定的安全隐患，三来监督对象的过度分散将增加检察机关的工作负担。

---

[22] 刘延祥、李兴涛："检察机关强制医疗法律监督问题研究"，载《中国刑事法杂志》2013年第5期。

[23] 万毅："独立没收程序的证据法难题及其破解"，载《法学》2012年第4期。

最后,在精神病人的救济方面,新刑诉法第287条和第288条赋予了精神病人和近亲属申请复议权和解除医疗的申请权。可是申请复议以及人民法院对复议的审理等都是书面形式的,不开庭审理,透明度不高,公正性和准确性难以确保;强制医疗的机构、当事人以及近亲属可以提出结束医疗的申请,但仅仅是意见性质,是否解除还要由法院做决定。可见救济的力度和实际可操作性还有待提高。

四、独立没收程序

独立没收程序是特别程序的最后一部分,其设立主要是为了建立一种缺席审判程序,一种对物诉讼,授权司法机关在犯罪嫌疑人、被告人因逃匿或死亡而缺席审判时没收其违法所得以及其他涉案财物,克服实践中因"贪官外逃、自杀"等造成的诉讼障碍问题。独立没收程序有着诸多亮点,例如将审理的法院限定在中级人民法院,体现了对该程序的慎重;规定利害关系人参加诉讼的,法院应当开庭审理,保障了相关方的参与权;对于法院做出的没收裁定,利害关系人和检察机关可以提出上诉,抗诉等,保障了利害关系人的救济权和检察机关的监督权。在独立没收程序中,检察机关应当发挥启动者、参与者和监督者的多重身份。

独立没收程序首先带来的问题就是其诉讼性质到底为民事诉讼还是刑事诉讼,有观点认为既然被纳入到刑诉法中则当然为刑事诉讼性质,笔者不敢苟同,对于划分两种性质的标准和关键,笔者认为应当在于诉讼标的。刑事诉讼所要解决的是国家与被追诉人之间就被追诉人的刑事责任问题而产生的纠纷,涉及的是人身自由和生命权等重大事项,而民事诉讼则解决的是平等主体之间的通常为经济性质的纠纷。所以,从诉讼标的标准来看,独立没收程序当然属于民事诉讼性质。

既然是民事诉讼性质,这应当使用民事诉讼程序的证据规则,特别是在举证责任上要按照"谁主张,谁举证"的原则进行分配。但是在特殊类型的案件比如毒品、涉黑等案件中由于案情复杂、隐蔽性高等原因,定罪容易,析财困难,导致《刑法》的威慑作用不能充分体现。为了适应实践的需要,笔者认为正如万毅教授所说,可以效仿《刑法》中巨额财产来源不明罪的设定,在独立没收程序中设立举证责任倒置。同时因为是缺席审判,所以为了做到抗辩平等,一方面推定制度要严格限制在毒品、涉黑、涉恐等少数特定犯罪类型中;另一方面,违法所得推定制度只是减轻了检察机关的举证责任,而不是完全免除,检察机关依然要证明财产来源不明和高度可疑。

除此之外,检察机关在办案过程中还尤其要注意的是独立没收程序在证明对象上的特殊性,新刑诉法第 280 条第 3 款规定:"没收违法所得的申请应当提供与犯罪事实、违法所得相关的证据材料,并列明财产的种类、数量、所在地及查封、冻结的情况。"因此,从法解释的角度而言,提出没收申请的检察机关在举证时除了需要证明没收的财物与犯罪行为之间存在着实质联系之外,还需要证明犯罪事实的客观存在。不过有人认为这样的规定与独立没收程序"不以刑事定罪为前提"的性质和目的相冲突。笔者认为并不冲突,"不以刑事定罪为前提"、"不经定罪而没收"并非指的是检察机关完全不需要证明被告人的行为是否构成犯罪,而是说只需要在程序上证明对方的犯罪行为受到了刑事追诉,无需达到实体的证明力度。

最后,由于是缺席审判,如何保障对缺席犯罪嫌疑人、被告人的权利保护,防止"文革"式抄家现象的出现,救济权利的设定显得尤其重要。但是新刑诉法及相关司法解释还尚未对犯罪嫌疑人、被告人的救济权利尤其是获得律师帮助权给出详细的规定。这一点有待进一步的法律解释和法规的填补。

图书在版编目(CIP)数据

刑事诉讼法2012年修正案实施情况调研:以四川省眉山市人民检察院为样本/万毅等著. —上海:上海三联书店,2015.10
ISBN 978-7-5426-5298-0

Ⅰ.①刑… Ⅱ.①万… Ⅲ.①刑事诉讼法-研究-中国 Ⅳ.①D925.204

中国版本图书馆 CIP 数据核字(2015)第 203879 号

刑事诉讼法2012年修正案实施情况调研
——以四川省眉山市人民检察院为样本

著　　者 / 万　毅　等

责任编辑 / 冯　静
装帧设计 / 张　鹏
监　　制 / 李　敏
责任校对 / 张大伟

出版发行 / 上海三联书店
　　　　　(201199)中国上海市都市路 4855 号 2 座 10 楼
网　　址 / www.sjpc1932.com
邮购电话 / 24175971
印　　刷 / 上海叶大印务发展有限公司

版　　次 / 2015 年 10 月第 1 版
印　　次 / 2015 年 10 月第 1 次印刷
开　　本 / 640×960　1/16
字　　数 / 280 千字
印　　张 / 15.75
书　　号 / ISBN 978-7-5426-5298-0/D·294
定　　价 / 48.00 元

敬启读者,如发现本书有印装质量问题,请与印刷厂联系 021-66019858